朱军 著

社会权限制的原理、要素及其控制机制

Theory, Elements and
Control Mechanism of
the Limitation of Social Rights

社会科学文献出版社
SOCIAL SCIENCES ACADEMIC PRESS (CHINA)

目录
contents

绪　言 …………………………………………………………… 001

第一章　社会权限制的基本概念界定 …………………………… 005
第一节　社会权的定义 ……………………………………………… 005
第二节　作为权利束的社会权保障范围 …………………………… 013
第三节　社会权限制与相关概念的厘清 …………………………… 035

第二章　社会权限制的正当性基础：理论与实践 ……………… 051
第一节　基本权利限制理论缺失社会权的成因与补正 …………… 052
第二节　实践层面社会权限制的必要性考量 ……………………… 068
第三节　社会权实现程度的判断标准需要限制理论 ……………… 087

第三章　规范主义视角下社会权的内在限制 …………………… 100
第一节　国际和地区性人权公约中的社会权限制 ………………… 100
第二节　宪法规范中的社会权限制 ………………………………… 115
第三节　社会权的立法限制 ………………………………………… 141

第四章　功能主义视角下社会权的客观限制因素 ……………… 156
第一节　社会权客观限制要素的功能主义选择 …………………… 156
第二节　社会权的经济限制：财税收支决定社会权的给付总量 …… 160
第三节　社会权的政治限制：国家能力决定社会权的保障质量 …… 184
第四节　社会权的文化限制：政治文化观念影响社会权的实现程度 … 198

第五章　社会权客观限制要素的合宪性控制方法 ………………… 202
- 第一节　社会权客观限制要素的规范化 ……………………… 202
- 第二节　社会权客观限制要素的独立意义及宪法控制 ……… 215

第六章　社会权规范限制的合宪性审查模式与原则 ……………… 235
- 第一节　社会权限制规范合宪性审查的正当性证成 ………… 235
- 第二节　社会权限制规范的对话式合宪性审查模式 ………… 238
- 第三节　社会权限制规范的审查原则与审查基准 …………… 257

结　语 …………………………………………………………………… 284

参考文献 ………………………………………………………………… 285

绪　言

社会权的保障程度不仅关系到公民个体的切身利益和生活质量，也对国家与社会的安定团结及可持续发展产生影响，同时决定了全体人民的整体幸福感。我国自古以来就有大同世界的思想，这一传统思想蕴含着社会福利和社会救助的理念。时下我国宪法的社会主义属性更是为社会权保障提供了最根本的理论依据，而社会主义的本质内涵便是充分保障个人作为社会一分子的生存权、发展权等。另外，我国宪法规定了大量有关社会权的内容，这成为公民的社会权保障最基本的文本依据，也是进行社会权研究的起点。而权利保障本身就是排除对权利的限制，权利限制的研究为划定权力/权利界限提供前提。基本权利的限制研究也成为宪法学和热衷于基本权利理论研究的学者所难以回避的课题。由此可见，保障公民中社会权的重要程度几无争议。但与自由权的保障显著不同，社会权虽然要求国家履行一定程度的消极不干涉义务，但重点是需要国家动用所掌握的资源积极介入权利保障过程中。众所周知，确定的共同体范围内其可资运用的资源是有限的，并且国家给付额度与国家整体租税能力呈现正相关。因此，社会权的保障不仅受规范上国家对个人权利的干涉程度所影响，同时也受限于整体社会资源和国家自身的分配能力。本书即从宪法维度出发，思考如何实现保障公民社会权与共同体可持续发展之间的内在平衡。

从实践层面来看，对社会权的限制及其合宪性控制的研究具有重要的现实意义。首先，权利主张与经济发展水平之间的实践张力要求科学地限制社会权。经济体制改革的推进以及国家对民生的重视，唤起公民的社会权保障诉求。在当前的实践中，劳动合同解除权的保护与限制使劳资平衡保护的基点问题成为学界关注的重点；城乡统一的社会保障体制带来的财政压力与趋于平缓的经济发展之间难以协调一致。另外，国家应为全民免费提供医疗保障和长期照护、全民义务教育延伸至高中阶段、社会救助范围与标准应该扩大等需求也使得国家必须在社会权保障、国家财税能力以及经济发展水平之间找到平衡点。其次，近年来地方立法权大范围下放带来的立法对社会权保障的限制不容忽视。社会权虽然最终需要行政机关以行政给付等行政行为来实现，但"无授权即无行政"的基本原则要求行政机关的行政行为必须于法有据，即使是给付行政亦不可例外。地方立法权的下放势必导致立法主体不断扩大，而各地立法水平参差不齐，立法质量难以保障。这一现状必然使公民基本权利招致地方立法侵犯的可能性增大。社会权由于其特殊的权利属性，其实现大多要求具体立法予以细化，这一具体化过程可能会存在不当限制问题。

研究社会权的限制及其合宪性控制除了能够通过立法实践纾解权利保障与经济发展之间的张力外，还能够在理论层面推进基本权利限制与社会权保障理论的相关研究。社会权作为基本权利的组成部分没有被纳入基本权利限制理论的涵摄范围，社会权与自由权在当前的基本权利限制理论中无法并行不悖。基本权利的行使必然要受到一定限制已经成为宪法学界的共识。我国宪法学对基本权利限制理论的研究成果蔚为大观，研究深度已由单纯介绍德、美等国理论走向结合我国宪法文本和宪法事例进行具象化、本土化研究。然纵观其研究成果，可显见其对社会权的关注程度较低，甚至将该理论直接理解成对自由权的限制。从我国宪法文本出发，劳动权、受教育权、物质帮助权等社会权规范作为基本权利的重要组成部分同样需要限制其行使程度和空间。关注对社会权的限制及其与自由权的特殊性，能够实现基本权利限制理论的内部融贯。

当前社会权的相关研究没有对其限制予以关注。相对于自由权而言，社会权理论体系因缺少社会权的限制而有失完整性。学界对社会权的研究主要强调社会权本体论、社会权构成论、社会权救济论以及社会权的国家义务论等层面。然而，从限制视角考察社会权的成果却微乎其微。究其原因，大体上可以总结为两点。第一，基本权利限制理论本身具有鲜明的域外法色彩，而无论英美还是德法，社会权在宪法文本中所占比例均较少，甚至没有。有关社会权的宪法判例较之于自由权也少之又少。第二，社会权本身的属性很难直接运用传统的基本权利限制理论。如社会权具有鲜明的积极权利和国家给付义务属性，其限制并不应当仅仅局限于规范化的要素，也不能直接套用"基本权利的构成、限制和限制之限制"的三层次理论。

基于此，本书针对社会权限制的合宪性控制这一主题进行研究，以回应理论和实践的需要。其基本内容主要包括社会权限制的基础理论、合理的社会权保障标准体系构建、社会权限制的正当性基础、社会权的规范主义限制内容、社会权的功能主义限制内容以及社会权限制的合宪性控制模式。

社会权限制基础理论部分的内容主要介绍有关社会权及其限制两个层面的问题。首先，在对社会权的基本概念和保障范围等予以界定的基础上，对社会权限制在权利限制和基本权利限制理论中的地位予以明确，其中最主要的前提是划清权利冲突、权利侵犯和权利限制之间的界限，从而区分社会权限制与社会权具体化。其次，重点介绍合宪性控制理论在社会权限制中的运用。通过总结基本权利限制的一般模式，运用合宪性解释和宪法审查等方法，对社会权限制的合宪性控制理由、目的、方法及其程序予以阐述。

构建合理的社会权保障标准以使其成为社会权限制的外在框架乃是本书研究的另一重要问题。社会权保障标准的构建是评价社会权限制是否合理、合宪的重要标准。本书主要从社会权的"人性"、"社会性"和"权利性"三个层面界定社会权实现程度的理论模式。实现社会权的"人性"标准主要包括建立符合人性尊严、满足人的基本需要，以实现人的规范能动性为主要目标的价值判断体系。社会权"社会性"的实现则要求社会权的保障能达到恢复个人正常参与社会的能力、能营造机会平等的社会氛围，且与经济发展水平相妥适。另外，社会权的"权利性"则主要强调社会权作为个人与社会发展的重要权利类型，要具有可诉性，也需要国家提供最低程度的给付和保护义务。

作为公民基本权利类型之一的社会权，国家如要对其作出限制则需提供合理理由和正当程序。本书认为一项基本权利被限制的正当理由，一是源于权利自身，二是源于社会发展和公共利益。因此，社会权限制的正当性基础主要包括基于权利实现的正当性限制基础和基于社会发展的正当性限制基础。众所周知，权利内部以及权利与权利之间的冲突解决需要国家提供合理有效的调适机制，这种机制就包括权利的限制。另外，权利的实现是有成本和条件的，这种条件在当前社会中也只能依靠国家予以提供。但是，国家自身的能力并不是无限大，其所提供的资源亦是有限，因此国家基于整体公共利益的考量需要限制权利，但这种限制必须在合理限度之内。一般而言，国家基于公益有必要在规定权利的过程中予以限制，这种限制的理论基础包括公共资源有限性、社会连带关系下的公共利益本位论以及国家实现经济社会永续发展的责任等。

本书基于规范主义和功能主义两种理论模式对社会权的限制内容作了梳理。规范主义视角下的社会权限制主要体现为宪法、国际条约等法律文本的规范限制形式，主要包括社会权的本质限制、国际条约中的限制、宪法限制以及立法限制等。功能主义的社会权限制，则是有别于规范文本限制的另一种限制形式。功能主义者认为规范主义仅局限于文本的规定，以至于缺少相应的社会回应性和有效性，导致规范本身的规定不够清晰明确，其在具体执行中也存在一定问题。具体到社会权限制领域，规范限制固然是社会权限制的主要内容，并且具有较为清晰的规范模式和救济途径。但是对于社会权这种极具社会现实性，并具有鲜明的政策色彩的基本权利而言，除了规范上的限制之外，还包括一些现实性的限制，如经济发展水平、国家政治体制以及社会文化环境等。

社会权限制因内容和因素上的差别而存在不同。由于社会权相对于自由权而言对社会资源的总体要求较高，实现难度较大，仅仅从规范主义角度考察其限制因素明显不足。因此，社会权的限制因素大致包含规范主义下的文本限制和功能主义下的客观限制。既然存在两种不同的限制内容，在对限制内容进行合宪性控制方面也会存在差异。规范主义限制因素的合宪性审查大致遵循基本的宪法审查原则，即在形式审查上采用法律保留和正当程序原则，在实质审查上采用平等保护和比例原则。而功能主义限制因素的合宪性控制则与之不同，其大致采用一种符合宪法精神的民主商谈模式。

第一章　社会权限制的基本概念界定

探讨社会权的限制首要解决的乃是如何确定社会权的内涵与外延问题。无论宪法上的基本权利限制理论，还是对权利抑或人权的限制，都离不开对该权利或该权利束的基本范畴加以界定。本书围绕社会权的限制问题展开研究，其前提就需要将学界对社会权内涵界定的争议予以理清。

第一节　社会权的定义

近年来，社会权的研究成果呈洋洋大观之势，对于社会权的具体权利内涵进行探讨，也不在少数。虽然社会权已然成为人权与基本权利的重要组成部分，甚至是最主要的类型之一，但是社会权权利属性的最终确定，仍存在争议。

一　人权法范畴中的社会权

人权法中的社会权研究主要依托于对《经济、社会和文化权利国际公约》的解释与应用。由于意识形态、价值观以及具体国情等原因，人权委员会先后通过了并行的《公民权利和政治权利国际公约》与《经济、社会和文化权利国际公约》，基于此我国人权法学者一般认为中国特色社会主义人权的内容至少应该包括五个方面，即公民权利、政治权利、经济权利、社会权利和文化权利。[①] 人权法学界关于社会权的内涵存在广义和狭义之二分：广义的社会权与自由权相对，包含经济权利、社会权利和文化权利，甚至特殊主体（如妇女、儿童、残疾人等）的权利；而狭义的社会权则主

---

① 陈佑武：《中国特色社会主义人权理论体系论纲》，《政治与法律》2012 年第 5 期。

要是指《经济、社会和文化权利国际公约》（以下简称《公约》）中的社会权利部分。本书认为，社会权应该具有特定的内涵，而经济权利和文化权利虽然与社会权利存在密切关系，但不宜将之纳入社会权的范畴，因此狭义上界定社会权更能突出其特殊性，也能够更好地采取措施加以保障。

社会权在人权法范畴中具有特殊的意义，不仅因为社会权条款在《公约》中占比较大，还因社会权与自由权之间具有明显的冲突，而如何处理两种权利之间的冲突直接关系到公民权利的保障程度，也关系到国家的政治伦理取向。因此，社会权在人权法范畴中具有鲜明的特点。

第一，社会权的权利类型比较清晰。由于人权法范畴中的社会权主要围绕《公约》展开，因此社会权的内容在《公约》中有清晰地展现。其主要内容包括工作权（第6、7、8条）；社会保障权（第9条）；家庭、母亲和儿童受保护的权利（第10条）；适当生活水准权（第11条）；健康权（第12条）；受教育权（第13条）；等等。这些权利类型是《公约》明确规定的，也是社会权作为重要人权的主要规范依据。

第二，人权法范畴中社会权的外延更加开放。虽然《公约》和经济、社会和文化权利委员会通过的"一般性意见"共同对社会权的具体类型和内容作了较为详细的规定，但是人权研究中并没有严格按照这种分类，而是保持了一定程度的开放性。这种开放主要表现在三个方面。其一，权利名称上的开放性。主要是指在某项权利的具体保障过程中，该权利可能会以其他名称出现，最典型的就是工作权。工作权虽然在《公约》中明确规定，但是在研究与应用过程中一般又可称为"劳动权"[①]。其他如生存权、最低生活保障权与适当生活水准权等，亦是如此。其二，权利构成上的开放性。一项权利虽然在规范文本中予以清晰规定，但其实质内容仍然需要进一步具体化，在此过程中不可避免地应对权利的具体构成予以明确。以社会保障权为例，经济、社会和文化权利委员会在2007年通过的第19号"一般性意见"中对社会保障权的概念进行了解释，认为"社会保障的权利包括在没有歧视的情况下获得和保留现金或实物福利的权利，保护人们免受（1）因为疾病、残疾、分娩、工伤、失业、年老或家庭成员死亡而丧失

[①] 李步云：《人权法学》，高等教育出版社，2010，第214页。

工资收入；（2）无钱求医；（3）无力养家，尤其是赡养儿童与成年家属"①。我国虽然批准加入了《公约》，但在具体形成社会保障权内容时并没有局限于上述意见的内容。现实生活中，我国的社会保障体系主要包括社会保险、社会救助、社会福利和优抚安置、住房保障等内容。② 其三，权利类型上的开放性。人权法中的社会权类型虽然立足于《公约》的规定，但是并不局限于此，而是结合具体生活对社会权的权利类型予以扩展。最为典型的莫过于环境权，有学者直接认为"环境权的积极权利性质、受益权和程序权相结合的性质、集体权利性质、实现的义务规范性、环境利益的社会公共性决定了环境权是一种社会权"③。另外，有学者认为社会权除传统的劳动权、受教育权和社会保障权之外，还包括婚姻和家庭方面的权利、公民资格权、生存权、发展权和环境权等一系列相互联系的权利类型。④ 由此可见，人权谱系中的社会权在权利类型上具有扩大化的趋势，这种开放性十分明显。

第三，人权法范畴中的社会权更加强调国家义务的履行。人权法，尤其是国际人权法虽然十分强调社会权的国际保护，但更加重视国家义务的履行。《公约》第2条至第5条规定国家义务，即对缔约国在保障经济、社会和文化权利时应该履行的义务类型予以明确。有学者根据义务的性质将缔约国保障社会权的义务分为程序性义务和实质性义务，并进而认为实质义务具有多层次性，而程序义务则明显具有单一性。⑤ 由于程序性义务主要强调的是国际社会对国家履行义务的一种监督，其并不涉及社会权国家义务的实质内容，本书不做重点研究。社会权要求的国家义务主要是一种实

---

① 中国人权网：《第19号一般性意见1：社会保障的权利（第9条）》，http：//www.humanrights.cn/html/2014/1_1009/1883.html。
② 黄金荣：《〈经济、社会和文化权利国际公约〉国内实施读本》，北京大学出版社，2011，第61页。
③ 白平则：《论环境权是一种社会权》，《法学杂志》2008年第6期。该文并不是持此观点之孤例，其他可参见张震《环境权的请求权功能：从理论到实践》，《当代法学》2015年第4期；王锴、李泽东《作为主观权利与客观法的宪法环境权》，《云南行政学院学报》2011年第4期；等等。
④ 莫纪宏：《论对社会权的宪法保护》，《河南政法管理干部学院学报》2008年第3期。
⑤ 柳华文：《论国家在〈经济、社会和文化权利国际公约〉下义务的不对称性》，北京大学出版社，2005，第8~9页。

质义务,即要求国家如何做的义务。在《公约》第 2 条中有关实质性义务的表述主要涉及"采取适当步骤""逐步实现""核心义务""权利实现与可获得的资源"等语词的解释。当然,关于社会权国家义务,学界通常有不同的看法,最常见的分类方法有"二分法""三分法""四分法"等[①],都涉及国家保障社会权实现的实质义务。本书认为以尊重、保护和给付等为核心内容的"二元三层次多位阶"[②]的国家义务构造能够系统化地梳理社会权国家义务体系,建立更为全面的社会权保障国家义务的评价标准。由此可见,人权法视角下的社会权保障更加强调国家义务的履行,并形成较为系统的国家义务体系。

第四,在自由权与社会权的关系问题上,我国学界一般在强调两者相互依存关系的同时,突出社会权的优先性。公民权利、政治权利与经济、社会、文化权利之间的关系应该为何?我国主流人权法学者认为:"任何将公民权利、政治权利与经济、社会、文化权利割裂开来的观点都是错误的。失去公民权利和政治权利,便不可能享有经济、社会和文化权利,反之亦然。"[③] 当然,强调自由权与社会权的相互依存关系不仅是理论上的坚持,在一系列国际和地区公约中也有所涉及,例如《维也纳宣言与行动纲领》第 5 条就明确规定"一切人权均为普遍、不可分割、相互依存、相互联系"。在实践上,自由权实现的前提乃是社会权的充分保障,可以想象公民在衣不遮体、食不果腹的情况下是无法行使选举权的。

自由权与社会权之间的紧密联系不可否认,但是何者具有优先地位则存在争议。有学者针对何种权利优先的问题,认为应"从以人为本的视角出发,何为'首要人权'需以不同时期、不同国家人们的不同需求来界定"[④]。长期以来,我国根据自身国情,将生存权和发展权作为首要人权,这符合我国发展的实际情况,也能够满足人民生活的需要。生存权是典型

[①] 具体可参见朱军《国家义务构造论的功能主义建构》,《北京理工大学学报》(社会科学版)2018 年第 1 期。

[②] 参见朱军《国家义务构造论的功能主义建构》,《北京理工大学学报》(社会科学版)2018 年第 1 期。

[③] 广州大学人权理论研究课题组:《中国特色社会主义人权理论体系论纲》,《法学研究》2015 年第 2 期。

[④] 陈佑武:《中国特色社会主义人权理论体系论纲》,《政治与法律》2012 年第 5 期。

的社会权,也是一直以来我国人民最重要的人权,但是生存权并不是一成不变的,生存权的保障水平也是随着国家的不断发展而逐步提高的。因此,"发展中国家强调生存权和发展权是首要人权,是正当和必要的"①。

综上可知,人权法范畴中的社会权主要是基于《经济、社会和文化权利国际公约》展开的。一方面,无论社会权的内涵和外延,还是社会权与自由权的关系,都没有脱离相关国际公约的文本规定,只是在《经济、社会和文化权利国际公约》基础上作出的延伸和扩展。另一方面,人权法范畴中的社会权实现主要强调的是国家义务的履行,国家成为保障公民的社会权的最重要主体,并在实践中形成了多层次、多位阶的国家义务体系。可见,在人权法领域,社会权的内涵界定和保障主体的确立都离不开国家的参与。

二 基本权利体系中的社会权

社会权作为一项权利,其不仅广泛应用于人权法领域,也同样是宪法基本权利体系的重要组成部分。从规范文本看,历史传统和法律文化的差异造成社会权在各个国家的宪法中,甚至在一国宪法学研究中都呈现不同的权利样态和权利类型。要深入剖析社会权的限制问题,其前提乃是对社会权在宪法中的不同表现形式加以分析,以形成其内涵和外延。

(一) 域外基本权利体系中的社会权

虽然作为广义社会权重要组成部分的生存权与发展权是发展中国家公民的首要人权,但是社会权的概念在发达资本主义国家亦多有涉及,最典型的乃是西欧和日本。在德国,虽然《基本法》中对典型的生存权、工作权和受教育权没有十分明确的规定,但是并不能否认德国《基本法》中有社会权内容。有学者认为德国宪法对社会权的保障可以分为三个方面:一是宪法直接规定的社会权,如母亲获得保护和照顾的权利;二是从平等权条款和其他基本权利条款推导出的派生社会权,如最低生存保障权等;三

---

① 广州大学人权理论研究课题组:《中国特色社会主义人权理论体系论纲》,《法学研究》2015年第2期。

是宪法中的一些原则性、纲领性的规定，如社会国原则。① 在这里需要强调的是，社会国家原则在形成给付请求权过程中发挥着重要作用，其中"推动社会平衡和加重社会强势群体负担以保护弱势群体的作用"② 最为显著。

日本宪法学者对社会权也十分关注，主要以生存权的保障为核心内容展开研究。在日本，有学者甚至将生存权等同于社会权进行论述，即将生存权的范畴扩大为生存基本权，认为其应包括狭义生存权、教育权、工作的权利和劳动基本权等。③ 与以上观点不同的是，三浦隆教授在坚持广义的生存权前提下，认为社会权应该包括国务参政权、国务请求权以及生存权（广义），此时的生存权则又包括家庭权、生存权（狭义）、受教育的权利和劳动权等。④ 当然，日本宪法学界的主流观点并不是扩大化适用生存权以替代社会权，而仍然是将生存权作狭义理解，将国务参政权与国务请求权作为独立于社会权以外的基本权利类型，而社会权则主要包括生存权（狭义）、受教育的权利和劳动基本权等。⑤

在美国，社会权一词的使用频率很低，一般主要运用"福利权"来表达相关意涵。而福利权能否成立，能否作为独立的一项权利，至今并无定论。但正如桑斯坦教授所言，一些在欧洲受到保障的福利权利实际上在美国也已经有了同样的保障体制，只不过这些保障的获得可能并不来自于联邦政府而是州政府。⑥ 桑斯坦教授进而认为："实际上，福利权应该塑造成古典权利的模样——公共服务、选择性投资、对自律的激励、促进合作和

---

① 谢立斌：《宪法社会权的体系性保障——以中德比较为视角》，《浙江社会科学》2014年第5期。
② 〔德〕英格沃·埃布森：《德国〈基本法〉中的社会国家原则》，喻文光译，《法学家》2012年第1期。
③ 〔日〕阿部照哉、池田政章等：《宪法（下）——基本人权篇》，周宗宪译，中国政法大学出版社，2006，第234~280页。
④ 〔日〕三浦隆：《实践宪法学》，李力、白云海译，中国人民公安大学出版社，2002，第145~265页。
⑤ 〔日〕芦部信喜：《宪法》（第三版），林来梵、凌维慈、龙绚丽译，北京大学出版社，2006，第232~240页。
⑥ 〔美〕史蒂芬·霍尔姆斯、凯斯·R. 桑斯坦：《权利的成本——为什么自由依赖于税》，毕竞悦译，北京大学出版社，2011，第153页。

稳定各种伦理冲突的交易。"① 虽然美国一直以来的传统都是强调国家过度介入社会事务可能存在的风险,但自20世纪"新政"以来,国家干预个人生活和企业活动的范围剧烈膨胀。因此,当今的问题并不是宪法是否禁止任何一种福利国家,更确切地说,而是采纳的政策是否满足公共福利目的。② 可见,在美国福利权的争论虽然一直不停歇,但是公民福利权的保障范围和力度则呈现持续扩大的趋势。

综上,社会权的概念和内容在国外也已经得到了确认,即使是在一向秉持自由主义传统的美国,与社会权相类似的福利权③保障也呈现不可逆之势。虽然各国关于社会权的定义、权利类型和保障范围等存在差异,但是不难发现,从以下两个层面探讨社会权乃是共识:其一,社会权是公民的一项权利,这项权利的实质内容虽存在差异,但核心的内容,如提供最低生活保障、接受教育等是一致的;其二,社会权要求国家的参与,并且将这种参与定义为对国家的一种强制性义务。因此,从国外社会权一般概念的梳理可以发现,公民权利与国家权力乃是社会权不可缺少的两个维度。

(二)我国基本权利体系中的社会权

无论是宪法解释学还是规范宪法学,甚至政治宪法学最终都要依据文本、回归文本,也可以说"对法律文本的权威的大致承认,是法律解释所必须坚守的最后底线,否则就是对法治的根本性否定"④。对于社会权的考察,宪法文本仍然是其根本,不仅因为作为整体宪法规范的权威性,更重要的是基本权利的实施本身就是对宪法中基本权利规范的解释过程,而社会权规范亦是如此。我国《宪法》中的社会权规范按照法条所处的章节可以分为"总纲中的社会权规范"和"基本权利章中的社会权规范"。其中,后者涉及具体社会权的内容,因此又可以称之为直接的社会权规范,与此相反,总纲中的社会权条款则可以理解为是一种间接的社会权规范。具体

---

① 〔美〕史蒂芬·霍尔姆斯、凯斯·R. 桑斯坦:《权利的成本——为什么自由依赖于税》,毕竞悦译,北京大学出版社,2011,第155~156页。
② 〔美〕保罗·布莱斯特、桑福·列文森等:《宪法决策的过程:案例与材料(下册)》,陆符嘉、周青风、张千帆等译,中国政法大学出版社,2002,第1342页。
③ 参见胡敏洁《福利权研究》,法律出版社,2008,第10~11页。
④ 张翔:《宪法释义学:原理·技术·实践》,法律出版社,2013,第54页。

的社会权规范内容，见表1-1。

表1-1 我国《宪法》中具体的社会权规范内容

总纲中的社会权规范	第14条	第1款：国家通过提高劳动者的积极性和技术水平，推广先进的科学技术，完善经济管理体制和企业经营管理制度，实行各种形式的社会主义责任制，改进劳动组织，以不断提高劳动生产率和经济效益，发展社会生产力。 第3款：国家合理安排积累和消费，兼顾国家、集体和个人的利益，在发展生产的基础上，逐步改善人民的物质生活和文化生活。 第4款：国家建立健全同经济发展水平相适应的社会保障制度。
	第19条	第1款：国家发展社会主义的教育事业，提高全国人民的科学文化水平。 第2款：国家举办各种学校，普及初等义务教育，发展中等教育、职业教育和高等教育，并且发展学前教育。 第3款：国家发展各种教育设施，扫除文盲，对工人、农民、国家工作人员和其他劳动者进行政治、文化、科学、技术、业务的教育，鼓励自学成才。 第4款：国家鼓励集体经济组织、国家企业事业组织和其他社会力量依照法律规定举办各种教育事业。 第5款：国家推广全国通用的普通话。
	第21条	第1款：国家发展医疗卫生事业，发展现代医药和我国传统医药，鼓励和支持农村集体经济组织、国家企业事业组织和街道组织举办各种医疗卫生设施，开展群众性的卫生活动，保护人民健康。 第2款：国家发展体育事业，开展群众性的体育活动，增强人民体质。
公民基本权利章中的社会权规范	第33条	第3款：国家尊重和保障人权。
	第42条	第1款：中华人民共和国公民有劳动的权利和义务。 第2款：国家通过各种途径，创造劳动就业条件，加强劳动保护，改善劳动条件，并在发展生产的基础上，提高劳动报酬和福利待遇。 第3款：劳动是一切有劳动能力的公民的光荣职责。国有企业和城乡集体经济组织的劳动者都应当以国家主人翁的态度对待自己的劳动。国家提倡社会主义劳动竞赛，奖励劳动模范和先进工作者。国家提倡公民从事义务劳动。 第4款：国家对就业前的公民进行必要的劳动就业训练。
	第43条	第1款：中华人民共和国劳动者有休息的权利。 第2款：国家发展劳动者休息和休养的设施，规定职工的工作时间和休假制度。
	第44条	国家依照法律规定实行企业事业组织的职工和国家机关工作人员的退休制度。退休人员的生活受到国家和社会的保障。
	第45条	第1款：中华人民共和国公民在年老、疾病或者丧失劳动能力的情况下，有从国家和社会获得物质帮助的权利。国家发展为公民享受这些权利所需要的社会保险、社会救济和医疗卫生事业。 第2款：国家和社会保障残废军人的生活，抚恤烈士家属，优待军人家属。 第3款：国家和社会帮助安排盲、聋、哑和其他有残疾的公民的劳动、生活和教育。

续表

公民基本权利章中的社会权规范	第46条	第1款：中华人民共和国公民有受教育的权利和义务。 第2款：国家培养青年、少年、儿童在品德、智力、体质等方面全面发展。
	第48条	第1款：中华人民共和国妇女在政治的、经济的、文化的、社会的和家庭的生活等各方面享有同男子平等的权利。 第2款：国家保护妇女的权利和利益，实行男女同工同酬，培养和选拔妇女干部。
	第49条	第1款：婚姻、家庭、母亲和儿童受国家的保护。 第4款：禁止破坏婚姻自由，禁止虐待老人、妇女和儿童。

经过以上梳理，我们大致对社会权的定性有了明确认识：（1）社会权是公民的权利，而不是社会权力；（2）社会权在人权法领域表现为经济、社会和文化权利，其依据也基本上渊源于《经济、社会和文化权利国际公约》；（3）宪法规范层面的社会权无论域外还是国内都涉及较多，也都存在不少争议。本书认为，所谓社会权乃是一种权利类型，这类权利因与传统的自由权在规范结构、行使规则、权利效力以及义务类型等方面存在区别而具有独特属性，且在宪法规范中予以明确或隐含规定的一种要求国家积极介入予以保障的权利总称。

第二节 作为权利束的社会权保障范围

以上对于社会权的定义做了介绍，但是社会权的具体内容和保障范围仍需要界定。一般而言，规范上的社会权主要体现在《经济、社会和文化权利国际公约》和宪法层面，两者有关社会权的部分条款在上文都已做简单介绍，但是对于社会权相较于其他权利类型有何特殊之处，以及社会权在基本权利体系中的具体地位如何，还有待论证。

一 社会权在基本权利分类中的地位

宪法中的基本权利分类不仅直接受制于权利划分的标准，同时也决定于分类者对权利属性的认识。社会权在基本权利分类中的表现形式同样体现了社会权的角色定位。纵观我国宪法学界对基本权利的分类，社会权的表现形式概括而言主要包括三种：（1）广义社会权下的自由权与社会权之二分；(2) 狭义社会权下的多种权利类型之分；(3) 否定社会权类型，而将之作为基本权利的一种功能属性。

1. 广义社会权下的自由权与社会权之二分。这种分类方法直接受两大公约的影响，将基本权利概括为自由权类型和社会权类型。当然，传统上由积极自由与消极自由引发的积极权利与消极权利的二元分类方法也对上述分类路径产生了影响。如何华辉教授就将宪法基本权利分为政治生活、社会生活和个人生活等三个方面的权利。[①] 也有学者认为，依据与国家权力关系之不同，可以将基本权利划分为自由权与社会权两大类。[②] 这种分类方法因为过于粗糙，同时容易与基本权利的双重属性相混淆。另外，以"自由权—社会权"的二分法作为分析框架，基本权利的规范内涵就没有充分理清的可能[③]，因此目前学界已基本不采用此种分类方法。

2. 狭义社会权下的多种权利类型之分。这种分类方法在学界较为流行，典型代表为林来梵教授所提出的"六分法"和"八分法"。"六分法"是将基本权利分为六种类型：平等权、政治权利、精神自由、人身自由和人格尊严、社会经济权利以及获得权利救济的权利；而"八分法"则是在"六分法"的基础上作出的更为详细的分类，即人格权、平等权、人身自由权、精神自由权、经济自由权、参政权、社会权和权利救济权。[④] 笔者认为"八分法"更加突出基本权利属性的区别，并形成相对全面的权利体系，更为重要的是该种分类方法将社会经济权利作了再细化，将社会权独立出来成为专门的权利类型，更加方便社会权的专门研究。虽然"八分法"并不是所有基本权利分类都采用的方法，但是目前基本权利基本上都采用这种分类，或者是作出微调。但无论作出何种调整，社会权都是其中的重要组成部分。然而，这种分类方法带来的最大弊端是要严格划定社会权的权利类型，而要想划清社会权与其他权利的界限，还是要去考量权利实质内涵的区分，因此形式上依据宪法条文的分类方法同时也必须对实质权利内容加以考察，而社会权的实质内容仍然需要通过对各个子权利的共同属性加以抽象化提取。

[①] 何华辉：《比较宪法学》，武汉大学出版社，2013，第 195 页。
[②] 秦奥蕾：《基本权利体系研究》，山东人民出版社，2009，第 78~86 页。
[③] 张翔：《基本权利的规范建构》，高等教育出版社，2008，第 42 页。
[④] 林来梵：《宪法学讲义》，法律出版社，2015，第 311~312 页。

3. 否定社会权类型，而将之作为基本权利的一种功能属性。这种观点主要渊源于基本权利的双重性质理论，即认为基本权利是主观权利、是个人性的权利，同时也是共同体客观秩序的基本要素[①]，也可以说基本权利既有自由权的内涵又有社会权的功能。由此，有学者认为应该"将自由权和社会权视为相同基本权利的两种不同功能，前者体现为公民请求国家不作为的防御权功能，后者则体现为公民请求国家积极作为的给付义务功能"[②]，而基本权利则主要包括自由权和平等权两类。这种观点明显混淆了基本权利分类与基本权利功能之间的区别。当前对基本权利的分类，基本权利的功能及其基本权利的国家义务之间的关系问题已有较多探讨，三者之间的关系可作以下说明：基本权利的分类是按照基本权利的性质和主要内容对权利作出的一种技术化区分，其主要作用在于更方便对不同性质的基本权利展开研究；而基本权利的功能则主要是从"作用面向"的角度对基本权利进行观察和诠释，其目的在彰显基本权利的内涵，为基本权利的解释与适用提供全方位的思考空间和发展方向[③]；基本权利的国家义务则主要是基本权利功能的自然延伸，由于宪法中的基本权利主要是制约国家权力，因此基本权利功能自然也就指向了国家义务。故有学者认为基本权利具有防御权功能、受益权功能和客观价值秩序功能，同时对应国家消极义务、国家给付义务和国家保护义务。[④]

综上可知，基本权利的类型、基本权利功能体系与基本权利的国家义务之间存在区别，但同时也具有密切的联系。可以说，基本权利功能体系沟通着基本权利类型和基本权利国家义务，功能是分类的前提和标准，而国家义务则是功能的自然延伸。一言以蔽之，所有的基本权利都具有双重性质或者多重性质，也都要求国家履行多层次的义务，社会权亦是如此，故社会权乃是一种重要的基本权利类型，其具有宪法规范基础，同时也具有区别于其他基本权利类型的特殊形态，如实质保障内容、具体的国家义务等。

---

① 〔德〕康拉德·黑塞：《联邦德国宪法纲要》，李辉译，商务印书馆，2007，第 226 页。
② 陈征：《国家权力与公民权利的宪法界限》，清华大学出版社，2015，第 89 页。
③ 李建良：《基本权利理论体系之构成及其层次》，《人文及社会科学集刊》1993 年第 1 期。
④ 张翔：《基本权利的规范建构》，高等教育出版社，2008，第 44~46 页。

二 社会权的权利内涵

社会权作为重要的基本权利类型，是多种属性相同或相近的权利组成的权利束，而社会权权利内涵的确定则成为证成这一权利束成立的关键。本书拟选择从人和国家两个层面展开对社会权内涵的界定。

（一）人的层面

作为社会权主体的人，并不是特指公民。此时的"人"主要是抽象层面的，而要想成为具有独立人格的"人"，就必须诉诸人之为人的一般要素，这些要素主要包括尊严、平等、自由等。

第一，人的"尊严"层面。何谓"尊严"，伦理学认为的人的尊严主要是指人的自我完善，其可以通过道德自律和不断进取来实现。在此基础上，人的尊严在三个方面体现、保障并展开。首先是物质层面：衣、食、住、行基本需求的满足。其次是情感、心理层面：被爱与爱。最后是精神层面：自我实现的可能性。[1] 但是人的尊严并不是抽象的道德理念，其已成为一项重要人权，尤其是在德国。宪法学界对于人性尊严条款的争议主要来自对我国《宪法》第 38 条的解释。林来梵教授提出了人格尊严条款的双重规范意义说，认为第 38 条的规定既可以作为一种基础性价值原理的"人格尊严"，也可以作为个别性权利的"人格尊严"[2]。也有学者根据德国基本法的规定认为，我国的人格尊严条款通过宪法解释只能得出其乃是一项重要的基本权利，尚不构成一项宪法原则，如欲成为一项宪法原则，则必须通过修改宪法来完成。[3] 除此之外，最保守的解释方法认为宪法中的人格尊严条款只是"人身自由"的组成部分，是一项重要的基本权利。[4] 纵观上述各种解释方法，都是为确定我国《宪法》第 38 条的法律效力提供的解释方案，不难发现其中的共识乃是将人格尊严条款列于重要位置，无论是一项基本

---

[1] 成海鹰：《论尊严》，《伦理学研究》2012 年第 4 期。
[2] 林来梵：《人的尊严与人格尊严——兼论中国宪法第 38 条的解释方案》，《浙江社会科学》2008 年第 3 期。
[3] 谢立斌：《中德比较宪法视野下的人格尊严——兼与林来梵教授商榷》，《政法论坛》2010 年第 4 期。
[4] 郑贤君：《宪法"人格尊严"条款的规范地位之辨》，《中国法学》2012 年第 2 期。

权利还是宪法价值原则，其内涵都与社会权的保障密切相关。综上可知，社会权与人的尊严具有密切联系，社会权实现的程度乃是人的尊严得以保障的前提，也是最低限度的人的尊严得以满足的基础，而人的尊严也为社会权的司法救济提供依据。总之，人的尊严的实现是社会权作为基本权利的重要内涵，也是其能够成为基本权利的伦理基础。

第二，人的"平等"层面。对于平等，德沃金在《至上的美德：平等的理论与实践》一书开篇就指出，"平等是一个既受人喜爱又令人费解的政治理想"[1]。就社会权而言，其最早便是渊源于人们对社会不公正、不平等的批判。资产阶级革命之后，平等原则乃成为重要的宪法原则，其内涵主要包括形式意义的平等和实质意义的平等，前者主要是指法律面前人人平等，而后者则意味着并不是所有法律关系都是毫无差别地平等对待，而是相同事物应同样对待。

平等原则在社会权保障中的应用主要有两种路径。一是宏观地将社会权保障看作是一种国家为了保障实质平等而进行的资源再分配，这种适用方式主要强调的是价值选择层面，即公民的社会权能够更好地促进平等原则的实现。但事实上并不止于此：社会权不仅可以促进社会各个阶层的和谐互助[2]，也一定程度上实现了平等原则的具体适用，即"从功能的角度分析，平等原则只有在经济和社会的领域中同社会权等携起手来，才能起到实质上的作用"[3]。二是平等本身也是社会权的适用方式之一，可以理解为社会权适用的平等侧面。具体到各个子权利，我们可以发现无论是劳动权、受教育权还是生存权都涉及平等的问题，而且平等的受教育权曾经一度成为我国受教育权关注的重点。生存权则更是如此，由于我国现存的城乡分割的二元社会保障体制，导致城乡在最低生活保障标准和社会保障服务之间存在较大的差距。可见，社会权的平等侧面在当前的中国社会乃是关注的重点，

---

[1] 〔美〕德沃金：《至上的美德：平等的理论与实践》，冯克利译，江苏人民出版社，2012，第3页。
[2] 吴德帅：《阶层和谐视阈下的社会权研究》，博士学位论文，吉林大学，2014。
[3] 〔日〕大须贺明：《生存权论》，林浩译，法律出版社，2000，第35页。

而社会权的平等适用也成为社会权进入司法救济的可行路径。① 在国外，平等原则与平等权也成为社会权的重要来源。以德国为例，在一些情况下国家"通常采取扩大受益群体范围的做法，使得最初没有获得优待的公民，通过主张平等权能够得到相应的给付"②。在美国，虽然社会福利权还没有被视作一种基本权利，但是学界与实务界已纷纷提出从平等保护原则出发对公民的社会福利权和教育权益予以保障，其理论基础就是"生活贫困者应有权获得最基本的利益，以成为对社会有用的成员；法院应该运用比合理性审查更为严格的标准，来保护对这项基本利益免受政府剥夺"③。综上可知，平等理念在社会权的实现过程中已然不再简单地是一项值得追求的价值目标，实质上两者已经在具体的适用过程中成为一体，而随着权利司法保障进程的加快，平等与社会权已经难解难分。

第三，人的"自由"层面。历来探讨社会权就无法撇开其与"二分法"的自由，即积极自由和消极自由之间的关系，而消极自由与积极自由的划分也多被看作是自由权与社会权分野的前提。在法律上一般认为积极自由是与积极权利相对应的，相应的消极自由则等同于消极权利。积极权利与消极权利的区分，最关键的因素是看国家在权利实现中的地位，相对于消极权利而言，积极权利是要求国家必须积极履行义务，即个人的这些权利必须借助于政府的积极作为才能实现。④ 将社会权理解为一种积极权利乃是当下国内外宪法学界的通说，从上文对社会权定义的论述中可知从积极权利的属性出发证成社会权存在的合理性乃是最常见的路径。但是将社会权与积极权利相等同，则无论在理论还是实践上都存在可以商榷的地方。实质上，将社会权等同于积极权利和积极自由的说法是站不住脚的。社会权同样具有消极自由和积极自由双重属性，只不过相对于消极自由而言，社会权要求国家履行积极保障义务的属性更为突出。社会权所要实现的最终自由是包括积极自由和消极自由在内的人类所欲达到的整体自由，即承认

---

① 张雪莲：《平等保护视角下社会权的可诉性及其程度》，《湖北警官学院学报》2014 年第 11 期。
② 谢立斌：《宪法解释》，中国政法大学出版社，2014，第 142 页。
③ 张千帆：《美国联邦宪法》，法律出版社，2015，第 329 页。
④ 程燎原、王人博：《赢得神圣——权利及其救济通论》，山东人民出版社，1993，第 99 页。

社会权的双重自由属性是研究社会权保障的理论前提，而国家保障公民的社会权也同样是为了实现人的全面自由。

第四，人的"幸福"层面。对于幸福的探讨古已有之，可以说古希腊和古罗马时期就对什么是幸福以及如何实现幸福展开过深入的探讨。当前流行的幸福观主要有主观主义幸福论和客观主义幸福论两种：前者认为幸福乃是一种主观体验，是指快乐或者不痛苦；后者认为幸福是客观的，是一种实现自我的客观活动。但这两种幸福观都回避了德行与幸福的关系而导致幸福概念的功利主义色彩浓厚。幸福作为重要的法律价值与上述幸福观有着密切联系，因为失去德行品质内涵的幸福观只有依靠法律来加以规制。一般认为，正义、人权和秩序构成了传统的法律价值体系，"幸福"的价值往往被忽略了。然而，传统法律价值观逐渐显露出其弊端，面对急剧变化的社会，幸福作为一种法律价值可以弥补上述缺陷。[1]

幸福作为法律价值之一，其具体到权利领域则体现为一种权利，而理解幸福权利主要有两个维度：一是幸福本身就是一种权利；二是享有和追求幸福是一种权利。[2] 一般认为，幸福作为权利主要体现为追求幸福的权利，其不仅在美国《独立宣言》中有明确规定，在日本宪法中也有具体规范。可见，幸福权利的成立是有规范依据的。然而，日本学界围绕幸福追求权的性质展开了一系列探讨，其观点有二：一说认为"幸福权"是其他基本人权的总称，不能从中推出具体的法性质的权利；另一说认为追求幸福的权利是未被宪法所列举的新人权之根据的一般性且概括性的权利。[3] 当前，主张"幸福追求权"具有概括权利条款的性质并是"新人权"宪法依据的见解，成为日本学界和实务界的通说。[4] 这些"新人权"中也包括具有社会权属性的权利类型，如健康权、环境权、接近使用媒体权、和平生存权等。

既然在日本，幸福追求权可以延伸出一些具有社会权性质的"新人

---

[1] 付子堂：《法理学进阶》，法律出版社，2013，第116~117页。
[2] 黄爱教：《论弱势群体幸福权利及其保障》，《内蒙古社会科学（汉文版）》2014年第5期。
[3] 〔日〕芦部信喜：《宪法》（第三版），林来梵、凌维慈、龙绚丽译，北京大学出版社，2006，第104页。
[4] 张薇薇：《论作为日本宪法概括权利的"幸福追求权"》，《河北法学》2010年第10期。

权",那么追求幸福本身能否作为社会权的重要内涵呢?答案显然是肯定的。首先,个人幸福的达成离不开社会权得到充分保障。荷兰社会学家卡洛斯在其著作《幸福原理》中提出了著名的幸福等式:幸福=正确的思维方式+基础生存条件+健康+爱+天伦+友谊+其他。这一公式列举了实现幸福不可缺少的条件,其中关键的基础生存条件和健康两项乃是社会权的重要内容,可见保障公民的社会权对实现幸福具有至关重要的意义。其次,追求幸福乃是民生法治的重要内涵。一直以来保障和改善民生乃是执政党和国家的重要任务,而民生法治就是通过法治的手段来解决民生问题,民生法治最重要的目标价值就是个人幸福的实现。有学者认为:"人的幸福追求作为民生法治理论视阈下法律激励功能的内在动力之一,不仅要求实现个体层面的个人幸福,而且要求实现社会层面的整体幸福。"[1] 可见,幸福是民生法治的题中之意,也是社会权保障的终极目的之一。最后,幸福的实现需要每个人拥有自我实现的能力,而这种可行能力的获得离不开社会权的保障。阿玛蒂亚·森提出了著名的可行能力的概念,其认为福利的保障"应该是一个人选择有理由珍视的生活的实质自由——即可行能力"[2]。而"可行能力"与"功能性活动"这两个概念一道对幸福生活提出了一种可能的理解。[3] 可行能力的概念为社会权保障提供另一种目的意义,同时也勾连其社会权与幸福的关系,使两者在实践层面产生了直接关联。至此,幸福作为社会权保障的最终归宿得以证成。

无论作为权利的幸福还是作为法律价值的幸福都与社会权密切相关,但是幸福本身建基在对个人的尊重上,个体幸福与社会幸福的实现都离不开对权利滥用的禁止,社会权亦是如此。如果个体在行使社会权的过程中造成他人权利损害,而国家在保障公民社会权的同时致使自由权利被过度限制,都会造成个人和社会幸福感的降低,因此合理限制社会权的行使也是实现幸福的必由之路。社会权保障围绕人的根本价值展开:首先,实现人的尊严是保障公民的社会权的价值基础,也是社会权成为公民基本权利

---

[1] 付子堂、崔燕:《民生法治视野下的法律激励功能探析》,《法学论坛》2012年第6期。
[2] 〔印度〕阿玛蒂亚·森:《以自由看待发展》,任赜、于真译,中国人民大学出版社,2012,第62页。
[3] 刘科:《权利、德性与幸福生活》,《华东师范大学学报》(哲学社会科学版)2015年第2期。

的本质所在；其次，社会平等价值的彰显是保障社会权的出发点和落脚点，毕竟社会权本身便是践行实质平等理念的具体形式；再次，个人自由是社会权保障的理论前提，即所有权利的保障与限制都是为了实现个人自由的最大化，社会权也是如此；最后，实现个人幸福是保障社会权的最终归宿，无论是尊严、平等还是自由，归根结底都是为了提升个人以及社会大众的幸福感，实现幸福程度的最大化。

（二）国家层面

社会权的权利内涵除了包括实现个人层面的一系列价值以外，国家层面也是其权利构成的重要组成部分。在社会权的权利内涵中，国家主要表现为积极的权力介入和消极的义务履行两个层面。

1. 国家权力：社会权实现的可行性条件

社会权的实现需要国家具有一定的物质基础，即国家应该有能力参与权利保障的全过程。国家的这一能力不仅包括拥有雄厚的财政实力，还应该具有相应的有效行使权力的能力以及合理分配资源的能力。

首先，国家权力的正当性：民主与福利。政治正当性的讨论肇始于古希腊，并贯穿整个政治学和政治哲学的发展过程。近代以来，围绕着个体"同意"而展开的社会契约论就是为国家正当性提供依据，在此基础上，民主理论也逐步成为证成国家正当性的主要方法之一，虽然这种方法自始就受到持续不断地批判。有学者认为"即便是对身属多数的公民而言，选举民主也没能很好地表达他们的利益，没能把他们的利益转变成适当的公共政策。将选举民主本身当成建构正当性的工具，这个想法看起来是错误的"[①]。虽然到目前为止，一系列替代民主作为国家权力正当性依据的理论层出不穷，然而仍未彻底撼动民主理论的地位，而仅仅是对其的一种发展而已。因此，对于民主理论的正当性证成功能，虽然代议制政府的缺陷已然显现，"但是，依据这条线进行思考，考虑到当代的条件，我们将把它看成是合乎情理的次优的近似值"[②]。故而，有学者认为"正义仅仅是国家证

---

① 王绍光：《选主批判：对当代西方民主的反思》，欧树军译，北京大学出版社，2014，第196~218页。
② 〔美〕伊恩·夏皮罗、卡西亚诺·海克考登：《民主的价值》，刘厚金译，中央编译出版社，2015，第5页。

成性的一个面向，除此之外，国家证成性还包括维持安全稳定的社会秩序、提高和促进人民的生活福利等等"①。由此可见，就国家正当性而言，经济持续发展、社会保持安定和社会福利不断增长等普罗大众更为关心的问题往往比民主正当性更为重要。

国家权力的民主属性为其合法限制公民自由权利、保护公共福利提供正当性依据，然而民主已非证成权力正当性的最重要来源，民主正当性效果也已大不如前。以国家能力为代表的政府质量②已然成为权力正当性的又一来源，因此"只有在权力行使中消除腐败、歧视以及对公平原则的违背，才能创造出政治正当性"③。

其次，国家权力的高权属性。人民主权原则是我国宪法基本原则之一，其在规范上表现为《宪法》第 2 条"中华人民共和国的一切权力属于人民"，人民通过行使选举权来实现主权。人民主权原则渊源于卢梭的《社会契约论》，其关于"人民=主权者"④ 的论断是人民主权原则的经典范式。经过不断发展，作为宪法基本原则的人民主权理论已推导出两个基本的宪法原理：国家权力是人民通过宪法授予的，其主体根源是也只能是社会成员的大多数；国家权力从根本上讲是公民权利的派生物，其目的在于保证公民权利和人民主权的实现。这一论断不仅明确了国家权力与公民权利之间的关系，同时也将公民权利派生出的国家权力作为独立系统予以规范。

根据民主原理，"立宪权应当属于人民"⑤，而人民是最终的立宪者。然而宪法一旦生成，人民则会离场。此时人民构建的宪法以及由宪法而诞生的国家则实际行使主权权力，而国家的重要特征便是具有广泛且独立于国家内部权力的规制权能。⑥ 在我国，人民通过全国人民代表大会和地方各级人民代表

---

① 周濂：《现代政治的正当性基础》，三联书店，2008，第 179 页。
② 政府质量，就是政府品质，是对政府"应该做什么"（即政府的职能和规模）以及"实际做得如何"（即政府的能力和效率）等的综合评价。在博·罗斯坦看来，民主似乎不是衡量政府质量的最重要标准，而执政改革中的公正性才是最重要的因素。参见吴若冰《地方政府质量对居民幸福感的影响研究》，博士学位论文，中央财经大学，2015，第 10~11 页。
③ 〔美〕博·罗斯坦：《建构政治正当性：选举民主还是政府质量》，《经济导刊》2015 年第 11 期。
④ 陈端洪：《人民主权的观念重构：重读卢梭〈社会契约论〉》，《中外法学》2007 年第 3 期。
⑤ 〔德〕齐佩利乌斯：《德国国家学》，赵宏译，法律出版社，2011，第 83 页。
⑥ 〔德〕齐佩利乌斯：《德国国家学》，赵宏译，法律出版社，2011，第 80 页。

大会行使国家权力，而全国人民代表大会自然而然成为我国的最高权力机关，且成为最高立法机关，国家最高行政权和司法权也由此产生。可见，在我国立法权、行政权和司法权都是国家权力的组成部分，都是具有强制力的国家高权。综上，国家的民主正当性，使得国家权力通过科学化的选举程序而具有其他权力无法睥睨的合法性与正当性，国家权力较之于其他权力具有高权属性。国家权力的这一属性也使得国家能够通过行使权力而获得充分的资源为全体公民提供充足的社会福利，为基本权利提供制度性保障。

最后，国家权力的资源分配属性。分配正义，其实质是"社会通过正义的制度和政策来分配收入、机会和各种资源，以帮助那些迫切需要社会正义来帮助的人"[1]，其不仅可以借助于个人的良好道德品质得到实现，更应该依赖于社会制度的合理设计和安排，而社会制度的设计和安排本身就是一种国家行为，并且"它体现的是国家意志"[2]。国家如何在制度设计的实践中践行分配正义呢？笔者认为，这种制度性安排应该把社会弱势群体的权利和利益放在更高位置，以最大限度提高社会成员的福利为目标。正如学者所言，"这种分配正义原则所需要的制度性前提是：第一，在健全的法治社会中，每个人都是平等的公民，在法律面前是人人平等的；第二，每一个公民都拥有平等的权利，而这些权利是由宪法和各种法律规定的"[3]。由此可见，国家进行资源分配不仅是因为国家具有资源分配的能力，也是因国家拥有为实现福利而对资源予以制度性且合法分配的职责，同时这也是国家权力的应有之义。

2. 国家义务：社会权实现的必要性条件

对于国家义务层面的社会权实现内容主要诉诸已经成型的国家义务理论，其中最具代表性的为上文提到的"二元三层次多位阶"的国家义务构造理论。其中，"二元"指的是基本权利的主观权利和客观价值秩序功能。"三层次"主要是指国家义务构造理论的语词选择为尊重、保护和给付，三要素的内部关系表现为：尊重义务是前提；保护义务是核心；给付义务是

---

[1] 姚大志：《分配正义：从弱势群体的观点看》，《哲学研究》2011年第3期。
[2] 向玉乔：《社会制度实现分配正义的基本原则及价值维度》，《中国社会科学》2013年第3期。
[3] 姚大志：《分配正义：从弱势群体的观点看》，《哲学研究》2011年第3期。

基础。尊重义务是国家保障公民权利的前提性要求，强调国家机关不能恣意干预公民自主实现权利。作为核心层面的保护义务是在公民基本权利受到来自国家及其以外的第三人侵犯时国家应该提供相应的救济渠道，且国家有责任保护公民基本权利免受侵犯。给付义务则是指公民穷尽自身能力仍无法获得人作为人所具有的最基本的生活和尊严时，国家有义务提供基础性照顾和给付，以免其陷入更深层次的权利困境。"多位阶"则主要强调的是三层次国家义务，即尊重、保护和给付中包含的更为详细的下位概念，其中因具体内容的不同而存在不同层级，具体下文将予以详述。

　　首先，国家尊重义务：实现社会权的前提。国家尊重义务表现为抑制国家和尊重个人双重面向。其中，抑制国家是手段，尊重个人是目的。具体到社会权，抑制国家是指国家机关行使权力（此处指国家为实现社会权所采取的措施）时应受到以自由权为代表的其他基本权利的限制。立法权的抑制主要是要求立法机关作出体现尊重义务之立法，即从内容层面限制立法活动。尊重义务在限制行政权方面体现为职权法定、法律保留等原则。司法机关的被动性、谦抑性也体现了尊重义务的精神。尊重个人主要包括尊重人本身、尊重人格尊严和尊重个人的自我发展，三者是逐步递进关系，同时也是从抽象到具体、从宏观到微观的表达。具体到社会权层面，尊重个人主要表现为尊重公民个体在实现社会权中的努力，以及尊重法人和其他组织依法履行实现社会权的义务，而国家不随意干预。

　　其次，国家保护义务：实现社会权的核心。国家保护义务包括制度性保障义务和狭义保护义务，前者由组织与程序保障和给付保障组成，后者则具体包括预防义务、排除义务和救济义务。其中，预防义务是事前义务，排除义务是事中义务，救济义务是事后义务。制度性保障义务是国家为实现基本权利提供制度层面的总体保障，狭义保护义务可以理解为是对国家具体行为的一般性审查。具体到社会权的国家保护义务，则主要表现为国家建立健全涉及民生保障的一系列制度，为生存权、劳动权以及受教育权的实现提供制度基础；狭义保护义务在社会权层面则主要表现为国家针对第三人侵犯公民社会权的行为予以预防、排除与救济。因此，社会权的国家保护义务不仅要求国家自身建立健全相应的制度，同时也要求国家针对第三人采取相应的措施。

最后，国家给付义务：实现社会权的基础。给付义务按照不同给付内容可分为物质性给付、服务性给付和制度性给付。物质性给付是一种产品给付，包括公共产品的给付和私利产品的给付。服务性给付和制度性给付是一种程序给付，换言之可称为行为和组织方式的给付。传统意义上的服务性给付是一种管理上的给付；制度性给付则包含制度和组织两个层面的给付。一般认为，社会权实现的国家义务主要是一种给付义务，即要求国家主动给予有需要的公民以物质、服务等。社会权的物质性给付主要包括金钱给付和设施给付，前者主要表现为社会救助金、补贴等，后者则主要包括公立医院、公立学校等基础设施的提供。除物质性给付以外，服务性给付则主要表现为国家提供免费服务，如提供教师、医生和就业培训等等。制度性给付则主要是一种社会权保障制度，如社会保障制度、劳动保护制度等，其与国家保护义务中的制度性保障有一定的重合之处。

（三）内涵层面社会权区别于其他基本权利的特殊性

以上，从"人"和"国家"两个层面对社会权的权利内涵予以展开，虽然基本权利都涉及以上两个方面，但是就社会权而言，其在这两个层面与其他基本权利存在一定的差异。

社会权在"人"的层面有别于其他基本权利之处主要在于以下几个方面。（1）社会权实现的最低要求乃在于保障人的最低限度尊严，即社会权在于"托底"，而这种托底虽然来源于道德和精神层面的要求，但其手段仍然是通过提供相应的物质、服务和制度来保障这种最低限度的尊严实现。（2）社会权追求的平等价值是一种实质平等，这种平等不仅是价值层面的，也是实践层面的。实践层面的平等价值主要是指平等原则和平等权的保障，当然对于社会权而言，这种平等是一种通过再分配保障弱势群体的实质平等，其并不局限于个案的不歧视，而是立足于宏观的制度建构。（3）社会权要实现公民的全面自由，而不仅仅是单纯的消极自由，甚至也并不局限于积极自由。因为无论是消极自由还是积极自由，都是个人全面自由的一部分，都是社会权的内在要求。另外，社会权实现的全面自由还强调社会整体自由和个体自由的结合，即个体自由虽然重要，但是社群主义提醒我们整体自由也不容忽视，而社会权保障弱势群体的自由就是鲜明体现。（4）社权追求更高层次的幸福。人们对幸福的追求是社会不断发展的动力，这种幸福的追求主要表现为人的需要的满足。社会权满足人的需要，但这种需要并不是一成不变的，其具有时间与空间二重维度的比较意义。因此，社会权的实现程度随着人们需要的层次不断发生变化。当然，社会权的实现受到一系列条件的局限，甚至受到自由权等其他权利实现程度的限制。

国家层面的社会权相对于其他权利而言主要表现为权力与义务的一体性。对于自由权而言，国家的干涉主要表现为国家凭借其权力对公民行使权利予以限制。与之相反，社会权对于国家权力的要求则不止于此。社会权的实现天然需要国家权力主动作为，同时也要求国家应该履行相应的义务。国家权力所具有的高权权限为社会权实现提供可行性条件，但是国家作为权力的拥有者并不一定会将该权力应用于保障公民的社会权上。因此，在强调国家权力之外还需要强调国家义务，即国家在实现社会权过程中必须承担宪法、法律赋予的义务。当然，欲沟通国家权力与国家义务，还需要国家拥有相应的能力。可见，就社会权而言，其实现对于国家的要求不仅需要国家权力的正当合法，同时也需要国家依法履行相应的义务。拥有权力意味着国家能够通过权力获得一种分配与再分配的能力，而这种能力也是国家义务履行的前提和准备。具体可参见图1-1。

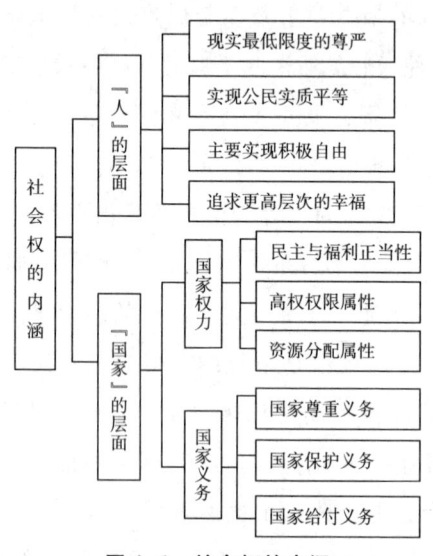

```
                        ┌─ 现实最低限度的尊严
              ┌─「人」─┼─ 实现公民实质平等
              │  的层面 ├─ 主要实现积极自由
              │        └─ 追求更高层次的幸福
              │
社会权的内涵 ─┤        ┌─ 国家权力 ┬─ 民主与福利正当性
              │        │          ├─ 高权权限属性
              │        │          └─ 资源分配属性
              └「国家」┤
                的层面 │
                       └─ 国家义务 ┬─ 国家尊重义务
                                   ├─ 国家保护义务
                                   └─ 国家给付义务
```

图1-1 社会权的内涵

三 社会权的外延

探讨社会权的外延旨在划定社会权的权利类型,确定具有社会权内涵的子权利在规范与实践中的存在样态。由于对社会权属性的认识偏差,以及规范中社会权权利类型的不尽相同,导致实践中社会权有被泛化和滥用的趋势。为了明确社会权类型,规范社会权的概念、属性和救济方式,以下拟采用"规范—功能"的二元方法对社会权的外延,即权利类型予以探讨。

(一)社会权外延的类型化梳理

通过对已有的社会权外延的研究进行梳理,本书从中发现当前界定社会权类型的方法主要有规范主义和功能主义,以下围绕"从规范到功能"这条主线,拟从四个方面对当前社会权的权利内容予以耙梳。

第一,严格规范主义立场。严格规范主义主要是指将社会权的权利内容依照《宪法》和《经济、社会和文化权利国际公约》的规定予以界定,或者在此基础上进行解释。

首先,我国《宪法》中的社会权主要包括第42、43和44条的劳动权(包括宪法中的休息权和退休权);第45条的物质帮助权、社会保障权;第46条的受教育权;第47条的文化权以及第48、49条的特殊群体的权利等。而《经济、社会和文化权利国际公约》中的社会权主要包括工作权、社会保障权、适当生活水准权、健康权、受教育权、文化权。

其次,在《宪法》和《经济、社会和文化权利国际公约》的基础上,对社会权的内容予以扩张解释。例如郑贤君教授认为社会权的保障应该是一种综合保障,这种综合保障主要表现为我国宪法将社会权利内容规定在"公民的基本权利和义务"一章中,各条款也相应地规定国家为实现某一权利所应负义务,有关内容在"总纲"部分也有载明。即将社会权利视作权利,又视作国家政策指导原则和方针。因此,其认为社会权应该包括经济权利、社会保障权和文化权利,其中经济权利主要在第16、17条和第42~44条;社会保障权则主要分布在宪法第45、46、48、49条,以及总纲第14条第4款、第19条、第21条等;而文化权利则体现在第46、47条;第35、

36条也涉及文化权的内容；总纲第19条、22条、23条等。① 这种分类方法将劳动权纳入经济权利范畴，受教育权纳入文化权利之中，而无论是经济权利还是文化权利都属于广义的社会基本权。与之不同的是上官丕亮教授，他在坚守严格宪法规范的基础上，认为我国宪法中的社会权主要包括劳动权、社会保障权、受教育权、文化权。不过他认为可以通过宪法解释的方法将基本生活水准权和健康权纳入社会权的范畴。②

最后一种解释方法与其说是严守规范，不如说乃是对规范的整合，只不过这种规范不再限定于我国《宪法》，而是将视野放大到其他国家的宪法上，用比较法的方法对社会权的权利内容予以确定。如荷兰的亨克·范·马尔赛文、格尔·范·德·唐对世界各国宪法中的社会权利加以比较，认为社会权主要包括社会保障权、劳动权、自由选择职业权、获得公正优惠报酬权/获得平等工资权、组织和参加工会权、休息和休假权、享受适当生活水准权、受教育权等。③ 我国的王惠玲博士在对世界107部宪法进行比较研究时，将社会权范围主要限定在"劳动权、罢工权、休息权、受教育权、社会保障权、健康权、环境权等等"④。

严格规范主义立场下社会权外延的界定方法能够比较好地对社会权的具体内容予以划定，而且这种界定具有统一标准，从而避免社会权概念在适用过程中的滥用现象。但是这种对规范的坚持不可避免的弊端乃是公民权利保障不足以及权利发展受限。虽然可以通过解释的方法对这种文本局限加以扩展，但由于宪法文本的高度概括性和解释方法本身的多元化，势必会消解规范主义本身所坚守的价值底线，从而滑向极端。有鉴于此，学者运用了有限度的规范主义方法对社会权内容予以梳理。

第二，有限度的规范主义立场。所谓有限度的规范主义立场，就是在对社会权内容进行界定时，最终确立的社会权内容必然来自规范，但是在

---

① 郑贤君：《社会基本权理论》，中国政法大学出版社，2011，第160～169页。
② 上官丕亮：《论宪法上的社会权》，《江西社会科学》2010年第2期。
③ 〔荷〕亨克·范·马尔赛文、格尔·范·德·唐：《成文宪法：通过计算机进行的比较研究》，陈云生译，北京大学出版社，2007，第226页。
④ 王惠玲：《成文宪法的比较研究：以107部宪法文本为研究对象》，对外经济贸易大学出版社，2010，第88页。

对这些权利加以系统概括的过程中,不拘泥于规范本身内容,从而使得社会权具有一定的开放性。这种方法的运用主要见之于林来梵教授的主张,其最早在《从宪法规范到规范宪法——规范宪法学的一种前言》一书中认为社会权主要包括生存权、受教育权、劳动权、劳动者的结社自由以及劳动者的团体交涉和争议权等。[①] 而后,其认为社会权利应该主要包括劳动权、休息权、生存权、受教育权、环境权。[②] 如今在林教授的著作中,认为社会权利应包括生存权(美国等称为福利权)、受教育权、文化活动自由、环境权、劳动基本权等。[③]

采用这种有限度的规范主义方法的并不止于林来梵教授一人,我国老一辈宪法学家何华辉教授将基本权利分为政治生活方面的权利、社会生活方面的权利和个人生活方面的权利,其中社会生活方面的权利主要包括社会经济和文化权利与平等权。而具体到社会经济权利,则专指劳动权、休息权和物质帮助权;社会文化生活权利则只论及受教育权。[④] 除此之外,我国台湾地区陈新民教授认为,台湾地区"宪法"所建构的社会权体制则主要包括"救济权(失业、疾病及灾害救助)、积极的工作就业给予权、基本教育权以及'宪法'基本人权章内的生存权"[⑤]。另外,日本学者阿部照哉等排斥运用社会权的概念,而用生存基本权加以概括,认为生存基本权,主要包括生存权、教育权、工作的权利、劳动基本权。[⑥] 三浦隆则在较为广义上理解社会权,认为"社会权是指国政参与权、国务请求权、生存权;此处的生存权包括家庭权、狭义生存权(生活权)、教育权和劳动权"[⑦]。可见三浦隆所谓的生存权内涵与阿部照哉等的观点基本一致,只不过其内容

---

① 林来梵:《从宪法规范到规范宪法——规范宪法学的一种前言》,法律出版社,2001,第179页。
② 韩大元、林来梵、郑贤君:《宪法学专题研究》,中国人民大学出版社,2008,第437~448页。
③ 林来梵:《宪法学讲义》,法律出版社,2015,第390页。
④ 何华辉:《比较宪法学》,武汉大学出版社,2013,第207~208页。
⑤ 陈新民:《宪法导论》,新学出版股份有限公司,2008,第169页。
⑥ 〔日〕阿部照哉、池田政章等:《宪法(下)——基本人权篇》,周宗宪译,中国政法大学出版社,2006,第234页。
⑦ 〔日〕三浦隆:《实践宪法学》,李力、白云海译,中国人民公安大学出版社,2002,第145、153页。

仍然不脱规范的立场。由此可见，这种有限度的规范主义立场并不排斥现实生活需要，而试图在现实生活与规范之间搭建桥梁，社会权的外延源于规范但不止于规范。

第三，有限度的功能主义立场。有限度的功能主义介于规范与功能之间，具有鲜明的功能色彩，但是并没有彻底走向功能主义，与规范存在密切联系。这种方法在日本应用较多，其中芦部信喜教授也坚持这一立场，从而认为社会权应该包括生存权、劳动权和受教育权。[1] 在我国，龚向和教授认为社会权的外延应该限定为包括生存权、工作权和受教育权的一组权利，后又将工作权替换为劳动权。[2] 这一立场的变化明显是受到规范主义的影响。除此之外，邓炜辉博士认为社会权应该是一组具有阶层化的权利群，而并不是简单的权利组合，并进而认为"首先，适当生活水准权是社会权的核心内容；其次，物质帮助权和劳动权是公民实现适当生活水准的两大支柱；再次，受教育权作为劳动权实现的重要保证，是社会权中的机会权利"[3]。这种坚持从社会权的价值主线出发，对社会权内部的子权利进行价值化、阶层化的研究方法乃是对当前社会权外延确定方法的重要推进，也为社会权的体系化和整全性研究提供一种思路。

第四，功能主义立场。功能主义立场最鲜明的特点是在界定社会权的方法上，或者权利内容上都不拘泥于已有规范，甚至认为社会权本身就应该服从、服务于社会生活。这种立场之下社会权的外延得以扩张，这种扩张甚至是没有限度的。具体到社会权外延的确定上，这种方法的运用也因为程度的不同而不同，其中最为典型的是认为社会权"根据个人实现社会化的需要，应当包括婚姻和家庭方面的权利、受教育权、劳动权、社会保障权、公民资格权、生存权、发展权和环境权等一系列相互联系的基本权利"[4]。这一观点可以说是最典型的从功能主义视角界定社会权外延的案例，其将社会权的内容扩张为所有社会化的权利内容。除此之外，也有学者认

---

[1] 〔日〕芦部信喜：《宪法》（第三版），林来梵、凌维慈、龙绚丽译，北京大学出版社，2006，第232页。
[2] 龚向和：《作为人权的社会权：社会权法律问题研究》，人民出版社，2007，第18页。
[3] 邓炜辉：《社会权概念界定之批判与重塑》，《北方法学》2013年第4期。
[4] 莫纪宏：《论对社会权的宪法保护》，《河南政法管理干部学院学报》2008年第3期。

为"社会权则包括生存权、受教育权和发展权三项权利内容。"① 并进而认为，在生存权的内容结构中，劳动权是核心，财产权和社会保障权是保障。发展权主要表现为劳动者或社会成员有自决权，有平等的发展机会权，有经济、社会、文化发展权，有从事科学研究、文艺创造和其他文化活动的自由，这需要劳动者有闲暇时间，有稳定的经济收入和良好的教育。可见，此处的发展权明显是来源于现实生活的权利类型，而并非规范所涉。当然，功能主义立场下的社会权并不一定都表现为扩张型，也有人从功能主义出发将社会权进行狭义化理解。如有学者认为狭义的社会权仅限于有关社会保障和社会安全的权利，"这类权利的主体往往是需要救济和扶助的不特定人群，其主要内容包括社会保障权、健康保障与医疗帮助权、对弱势或重点社会成员的特殊社会扶助、住宅权、环境权等。"② 这种观点同时将劳动权作为经济权利，将受教育权作为文化权利。可见功能主义视角下的社会权外延，既有可能是对其范畴的最大化扩张，也有可能将之进行较为狭义的理解。但我们从这种广义和狭义的选择方法上也可看出功能主义所不可避免的弊端：难以形成规范化的程式。

（二）社会权外延确定的一般原则

以上四种方法"严格规范主义—有限度的规范主义—有限度的功能主义—功能主义"乃是按照规范化程度递减的规律依次进行介绍，而社会权外延的研究也主要围绕以上进路展开。从以上分析可探知当前社会权外延的确定仍存在一些问题，各家争鸣并无统一的学说，这势必会给社会权研究的深入带来弊端。有鉴于此，在上述研究的基础上笔者试图寻找确定社会权外延的一般原则，从而指导社会权外延的确定。

第一，实现《宪法》与《经济、社会和文化权利国际公约》（以下简称《公约》）的合理勾连。社会权外延的确定必须处理好我国《宪法》中规定的内容与《公约》之间的关系。首先，因为我国宪法中的社会权条款在规范程度上有待完善，即当前的社会权条款不利于其在司法实践中适用，其内容也多表现为一种国家目标条款的属性。相反，《公约》中的规定更具有

---

① 白小平：《社会权初探》，《社科纵横》2004年第4期。
② 秦奥蕾：《基本权利体系研究》，山东人民出版社，2009，第94~96页。

规范性，其可适用程度远高于我国宪法的有关规范。另外，联合国经济、社会和文化权利委员会（以下简称"经社文委员会"）针对规范内容的适用也相继形成了一系列一般性意见，使得相关社会权条款更具有现实操作性。其次，我国全国人民代表大会常务委员会已于2001年2月28日批准了《公约》，6月27日起对我国生效。因此，《公约》基本上可以看作是我国法律体系的组成部分，而处理好《公约》权利内容和《宪法》的关系也成为必须完成的工作。当然，实现两者的合理联系并不是直接将两者的规定进行重复处理，而是在坚持《宪法》作为我国法律体系的最高地位的同时，在适用《公约》内容和社会权规范的过程中，积极采纳联合国经社文委员会的经验和方法，以期更好地完善当前社会权的宪法救济路径，提高社会权的实现程度。

第二，坚持规范与功能互动的立场。社会权外延的确定方法如上文所言，主要包括规范主义和功能主义两种进路，由此也带来社会权具体类型的分野，因此如何正确处理两种方法的关系，纾解两种进路的冲突乃是关键所在。规范主义视角下的社会权外延主要围绕《宪法》和《公约》的具体规定展开，功能主义则主要立足于社会权的权利属性和基本功能，主张社会权权利范畴的确立应该注重反映实践和现实生活，因此功能主义进路的社会权外延具有扩张性，同时也更能适应时代的变化，应对一系列新型权利的出现。如果只坚持规范主义立场，可能导致社会权规范无法充分回应现实需要，从而也不利于社会权在立法和司法过程中的适用；而单一坚持功能主义，则会致使社会权的边界更为模糊，其权利内容也无法把握。因此，在方法的选择上应坚持规范与功能的互动和互补，使得社会权外延的确定上既能回应现实需要，又能够被规范涵摄，不至于被过度解读。

第三，合理界定上位权利与下位权利的关系。所谓上位权利和下位权利主要是指权利本身与其下属子权利之间的关系。以经济权利为例，有学者对其采取一种广义的解释，认为经济权利包括经济自由权、经济平等权、财产权、工作权和适当生活水准权等[①]，此处的经济自由权则可以理解为经济权利的子权利或者下位权利。在以上的分析中我们发现，在社会权体系

---

① 王方玉：《人权视野下的经济权利研究》，北京大学出版社，2015，第147页。

中存在上位权利和下位权利相并列或者相互抵牾的现象。以劳动权为例，有学者将劳动权与获得职业权、取得报酬权、休息休假权、参加工会权以及退休权等相并列，将其理解为同一层级的权利，共同成为社会权的下位权利。然而，关于劳动权的具体内涵，有学者从集体劳动权（劳动基本权）和个人劳动权（工作权）两个层面界定，前者包括团结权、团体交涉权、团体争议权；后者则主要为就业前的培训和服务，就业中的获得工资、接受劳动保护条件，以及失业后的接受失业救济的权利。[①] 可见，获得职业权、取得报酬权以及参加工会权和退休权等权利都能够被上位劳动权所吸纳。虽然我国《宪法》单独规定了休息权和退休权，但是不难看出两者应该都属于劳动权。除此之外，物质帮助权与社会保障权，尤其是与社会保障权中的社会救助权也存在一定的重合之处。因此，这种将上位权利和下位权利一并列出的方式值得商榷。在构建社会权权利体系的过程中应当正视这种现象，将相互重合乃至存在上下位关系的权利类型予以整合，形成更为科学严密的权利体系。

第四，阶层式权利构建方法的借鉴。确立社会权的外延实质上就是建构社会权的权利体系，而这种建构直接关系到权利可能实现的程度和方法。先前，无论是规范主义的建构方法还是功能主义的选择，主要采用的都是一种排列组合式的权利列举方案，即规范上规定的，或者具有社会权外观的一并纳入社会权的体系之内。这种方法显然对于社会权内部逻辑关系的形成并无益处，甚至还会给人一种杂乱的感受，因此将社会权体系从平面组合式的列举过渡到阶层递进式的构造乃属必要。阶层递进式的权利构造应该遵循权利的核心内涵，通过这一内涵的逐步展开，形成不同阶层的权利体系。

（三）社会权外延的阶层式建构

社会权的外延确定应当遵循规范与功能互动立场，在坚持这一立场的同时，本书认为采用阶层递进式的体系构建方法乃是当下的不二选择。另外，以《宪法》和《公约》为基础，厘定各个权利之间的上下位关系，实质就是在构建权利体系本身。以下，在遵循上述原则的基础上，对社会权

[①] 王锴：《论我国宪法上的劳动权与劳动义务》，《法学家》2008年第4期。

下属子权利予以分析概括，大致呈现图 1-2 所示的权利外观。

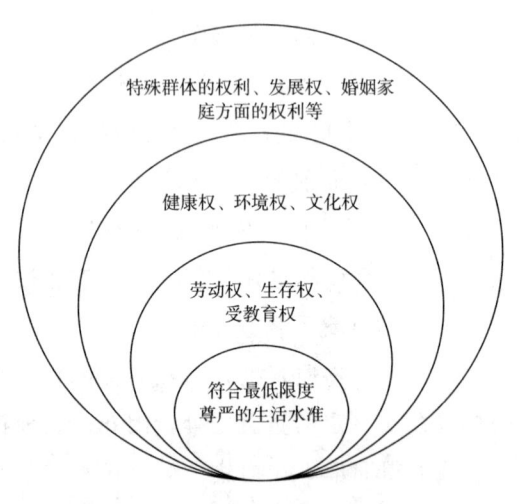

图 1-2　阶层式的社会权体系

（由内向外）符合最低限度尊严的生活水准；劳动权、生存权、受教育权；健康权、环境权、文化权；特殊群体的权利、发展权、婚姻家庭方面的权利等

首先，上述权利体系的构建并不是直接根据所谓权利的重要性程度展开，即本书并不认为符合最低限度尊严的生活水准权利就比其他权利对公民而言更为重要，毕竟不同时期、不同环境下公民的权利需要是存在差异的。实质上，图 1-2 主要是围绕具体权利在社会权的体系范畴中表现的地位，并结合其实现的紧迫性，以及其要求国家权力介入的程度等内容加以构建的。以文化权为例，其在图 1-2 中处于第三阶层，但并不是说该权利较之于受教育权等第二阶层的权利就具有较为弱势的地位，而是因为其内容更多的是涉及文化创作的自由等其他权利侧面，其要求国家介入的程度就明显不如生存权强。因此，图 1-2 只是围绕社会权内涵，以及权利的积极属性和国家色彩来界定的，其中不乏不精准之处。

其次，符合最低限度尊严的生活水准是社会权保障的核心内容，此处涉及社会权的两个层面，即物质层面和精神层面。以往认为社会权的保障多以物质给付为主，保障公民适当的食物、衣服、住宅等即可，然而本书认为精神层面的尊严保障亦不可或缺。虽然二者具有紧密的关系，但是仍应该将之加以特别强调，毕竟一味强调人的物质层面而不顾及物质给予的方式，不符合人类的道德追求。

再次，虽然本书主张应合理界定上位权利与下位权利的关系，但是由于权利与权利之间会发生一定程度的交叉重合现象，而每个权利本身所具有的特殊意涵并不十分清晰。甚至说，这些权利之间的内容也会随着时代的变化发生变迁。因此，上述权利分类仍具有不完善之处。以生存权为例，在日本广义的生存基本权就包括工作权利和受教育权利，即使狭义的生存权也与健康权、最低生活水准权等其他权利存在交叉之处。这不仅是权利自身存在的问题，也是各个话语体系以及规范文本之间存在不同价值取向所导致的，因此这种权利现象在所难免。

最后，需要说明的是，社会权的构成、范围等可谓仁者见仁，建构一套整体的、融贯的权利体系并不是一蹴而就的事情，本书所得出的结果只是在已有研究成果基础上作出的汇总和改造而已，其内部仍存在许多有待改善之处。

综上可知，社会权到底是什么？基本就有了答案。就当前的研究和应用来看，社会权乃是一组具有鲜明阶层的权利体系，这一权利体系主要围绕"人"和"国家"两个因素展开。"人"和"国家"之间的关系在此表现为：社会权所表现出的人的最基本需要的强烈程度，就是国家权力予以优先保障之处，同时也是国家亟须履行相应法律义务之时。至于学界将社会权看作是基本权利的一种属性和价值的观点，本书认为其只看到了作为权利属性的积极权利（或称为社会权），而忽视了社会权本身的具体指向。当然，就社会权体系而言，如果没有特殊的权利属性和权利价值，也无法形成该权利体系。

第三节 社会权限制与相关概念的厘清

社会权限制概念的提出主要渊源于基本权利限制理论，而基本权利的限制又可以追溯至法理学中的权利限制。但是相对于其他基本权利限制而言，社会权的限制仍然是学界涉及较少的问题，尤其是法学界。因此，欲从法理角度界定社会权限制的概念，必须将之纳入更为上位的基本权利限制，乃至权利限制的范畴来加以审视。以下，笔者将从与本书有密切关系的三组概念出发，试图厘清并回答社会权限制在概念上应如何界定。

一　权利冲突、权利位阶与限制

在权利研究领域，与权利限制相关的概念非常多，如权利冲突、权利侵犯、权利滥用、权利边界、权利相对性以及权利位阶等等。这些概念都或多或少地与权利限制存在联系，然笔者最终选择从权利冲突和权利位阶两个概念入手来探讨其与权利限制的关系，原因主要有二。首先，权利相对性和权利边界乃是权利冲突与限制研究的前提，即所有权利都是有限度的，有权利就会有限度，而这种限度可以称为是权利的相对性，这种限度本身也就是权利的边界。可见，权利的限度可以理解为权利的边界，而承认权利的限度就是承认权利具有相对性，甚至有学者认为"权利的限度理论、权利的滥用理论、权利的相对性理论，是认识权利现象及其本质的一个逐步递进的逻辑理论链条"[1]，因此权利相对性、权利限度和权利边界是研究权利限制的前提条件，或者说是一种权利共识，故本书不再将之单独列出。其次，关于权利滥用与权利侵犯的问题。无论是权利滥用还是权利侵犯，权利主体都超越了权利限度，都构成对他人权利或者社会利益的侵犯，因此应直接受到法律的处罚。在这个层面上讲，权利的滥用和侵犯与权利限制之间存在较大距离，不便在本书详述。

1. 权利冲突

对权利冲突的研究已持续十数年，最初乃是围绕权利是否存在冲突展开的。当前的研究表明，权利存在冲突的观点已基本为学者所接受，而权利冲突是什么以及权利冲突如何解决，这两个问题则继之成为学界争论的焦点。刘作翔教授认为，所谓权利冲突"应该是指合法性、正当性权利之间所发生的冲突。权利冲突发生于、存在于两造或两造以上之间，即两个或两个以上合法权利主体之间"[2]。该定义基本解决了权利冲突的发生场域，即该定义将权利冲突中的"权利"和权利主体作出了界定。但不难看出，

---

[1] 刘作翔：《权利相对性理论及其争论——以法国若斯兰的"权利滥用"理论为引据》，《清华法学》2013年第6期。

[2] 刘作翔：《权利冲突的几个理论问题》，《中国法学》2002年第2期。

权利冲突的原因和定性还没有明确,而张平华认为"权利冲突是因为权利边界的模糊性、交叉性等而产生的,两个或两个以上的主体间的权利矛盾关系或者因行使权利而导致他人受到侵害的行为"①。可见,权利冲突主要是由于权利本身界限的模糊性而导致行使权利过程中发生矛盾,由此可得出权利冲突的解决的两个方向,即明确权利内涵、清晰化权利边界。

针对权利冲突这一现象,学者从不同层面提出解决方案。有学者从权利属性以及公共利益角度出发认为权利冲突的解决模式不外乎两大原则的坚持,即"私权优先于公权和公共利益优先原则"②。公共利益优先原则也是哈耶克所秉承的理念,其认为人将自身的部分利益分割出去,交由国家、社会经管,并汇总成为公共利益;同时公共利益也会通过对人的利益构成限制:只有在实现普遍利益或公益所必需的时候,才能允许对个人权利予以限制——这是自由社会传统的一项重要原则。③ 也有学者从制度和程序的层面为解决权利冲突提供方法,即认为"权利冲突问题本质上不体现为纯粹的权利冲突,而是具体制度完善的问题,或者是立法者和法官利益平衡的问题。冲突问题的解决是建立在社会道德共识、立法和裁判过程中,其中程序的价值甚至比权利本身更重要"④。这种方案立足于较为宏观的视野,将权利冲突诉诸立法与司法制度的完善,甚至将对社会参与和公共道德的恰当处理也纳入权利冲突的解决范畴之内,更为突出程序价值的作用。而与之相关的是,有学者将权利冲突的化解任务赋予司法机关,即法官,并进而认为"权利冲突的存在导致了法律适用的难题,法官需要借助个案中的法益衡量来确定权利边界并进而化解权利冲突"⑤。此时,权利位阶与比例原则成为法官在具体案件裁量过程中不可忽视的两种路径,当然这一过程也存在一定的风险,最明显的莫过于司法本身的限度如何保守、如何克服能动主义的弊端等问题。除此之外,也有学者立足于法律之外,如经济、

---

① 张平华:《权利冲突辨》,《法律科学》2006 年第 6 期。
② 郭明瑞:《权利冲突的研究现状、基本类型与处理原则》,《法学论坛》2006 年第 1 期。
③ 〔英〕弗里德利希·冯·哈耶克:《法律、立法与自由(第二、三卷)》,邓正来等译,中国大百科全书出版社,2000,第 2 页。
④ 梅夏英:《权利冲突:制度意义上的解释》,《法学论坛》2006 年第 1 期。
⑤ 梁迎修:《权利冲突的司法化解》,《法学研究》2014 年第 2 期。

伦理和社会学的视角建构出"资源—需求"模型,并进而提出权利冲突缓解的路径应该包括提升社会可供资源的总量;更为公平、理性地设定和操作制度;提高公民的道德修养,贯彻和谐意识;增强主体之间的社会沟通等。[①]

可见,权利冲突的解决方案不一而足,学者根据不同的方法能够得出处理权利冲突的不同路径。然而,从以上观点可以看出,无论何种权利冲突的解决方式都不能回避权利内涵及其属性,而确定权利内涵也旨在为权利位阶提供依据。因此,权利冲突问题的解决还需要对权利位阶予以把握。

2. 权利位阶

权利位阶理论的提出旨在对权利冲突解决方案中的权利平等保护问题展开讨论。权利是否存在位阶,各项权利是否应该受到平等保护,乃是权利位阶理论争议的核心。然而,双方的争议实际上是在两个不同层面展开的,认为权利应该平等保护是从主体的角度出发,认为权利主体是平等主体,其所拥有的权利内容并不具有先天的位阶次序;而认为权利保护存在位阶则主要立足于权利的价值层面,或者说是在一定的现实环境内权利的绝对平等是不可能实现的。由此可见,权利是否存在位阶直接关系到权利冲突的解决,也影响到权利限制理论的前提预设。本书认为,"权利位阶是法律世界的客观现象"[②],而强调权利的平等保护也只是在理念层面对平等原则的再申述。正如有学者所言,"无论从纯粹的法学理论上还是从实定法的实际运作上来看,权利类型之间的平等,恐怕都是一种独特的臆想"[③]。在现实中,权利位阶理论需要解决的最核心问题就是,此处的权利位阶是否意味着可以为大千世界存在的各种权利按照其价值大小而进行有序排列,即权利的效力位阶和价值位阶如何确定。

实际上,上述认为权利位阶就是按照权利价值的大小进行一种元素周

[①] 何志鹏:《权利冲突:一个基于"资源—需求"模型的解释》,《环球法律评论》2011年第1期。

[②] 张平华:《权利位阶论——关于权利冲突化解机制的初步探讨》,《法律科学》2007年第6期。

[③] 林来梵、张卓明:《论权利冲突中的权利位阶——规范法学视角下的透析》,《浙江大学学报》(人文社会科学版)2003年第6期。

期表式的排列是一种对权利位阶理论的误读。现实中,权利理论并不能简单、直接地区别出何种权利重要、何种权利次要。这不仅不可能实现,也并不是权利位阶理论的初衷。其实,权利的形式平等是探讨权利位阶的前提,而权利位阶本身反映的其实是权利间的实质不平等,而这种不平等结论的得出必须设置在一定的实践场域,或者是具体立法中,或者是司法实践中。因此,权利冲突的解决无论诉诸司法机关居中裁决还是要求立法机关予以价值平衡,都必须在梳理权利价值并作出结论时对权利的层级予以考量。可见,"有权利冲突就必有权利位阶,权利位阶是解决(基础)权利冲突的必然措施"①,明确权利位阶也是立法者和司法者的义务。

3. 权利冲突、位阶与限制的关系

从以上对权利冲突、权利位阶的介绍中可知权利在实际运行中难免会出现冲突,而冲突的解决又不可避免地要对权利的价值位阶进行确定。在确定权利位阶、解决权利冲突的过程中不可避免地会对权利进行限制。也就是说,既然无法对权利进行一视同仁的平等保护,那就必然对相关权利的边界进行界定,对相关权利的价值进行排序,而在具体司法实践中确定权利边界和价值排序的过程就是对权利本身加以限制的过程。

正如桑斯坦教授所言:"在现实中,权利就是可以向其他人行使的法律权利,权利总是可能被滥用;为了防止导致错误的结果,权利必须受到限制。"② 可见,权利限制离不开现实生活,而脱离规范和生活谈论权利限制实乃缘木求鱼。权利冲突就是对社会生活中存在的法律问题的总结,权利冲突问题本身就是个人主义与社群主义的调和,就是寻求权利主体之间的动态平衡。这一切都离不开权利限制,毕竟"就法定权利而言,权利有明确界限,该界限虽然是相对的,但权利总是具体的,相对清晰的权利界限总是存在的,否则权利也就不成其为权利。权利的法律性及社会性是权利的本质属性。因此,对权利的清晰界定及其限制,才是化解权利冲突的理

---

① 〔韩〕权宁星:《基本权利的竞合与冲突》,韩大元译,《外国法译评》1996 年第 4 期。
② Stephen Holmes & Cass R. Sunstein, *The Cost of Rights: Why Liberty Depends on Taxes*, New York: W. W. Norton & Company, 1999, p. 17.

想路径"①。

可见,"一切权利的内容皆有限制"②,而一切权利的限制都是为了更好地实现权利,解决权利冲突,化解侵权危机。权利限制本身就是立足于具体问题的解决,立足于现实生活的权利诉求,因此实现权利、保障权利正常运行离不开权利的限制。

二 基本权利冲突、形成与限制

权利冲突理论明确权利之间的冲突是客观的,是存在于权利产生和行使过程中的。然而,既然权利存在冲突,基本权利是否也存在冲突?如果基本权利存在冲突,那么其与一般的权利冲突又有何种区别?基本权利冲突与基本权利限制之间又存在什么样的关系?下文将围绕上述问题展开论述。

1. 基本权利冲突

欲深入研究基本权利冲突问题,首先需要解决的是基本权利之间是否存在冲突。张翔教授认为基本权利之间存在冲突,这种冲突一般是指数个主体的基本权利相互对立,即一个主体在行使基本权利时会侵害另一个主体的基本权利。③ 与之相反,马岭教授认为个人之间可能发生的权利冲突只能是法律权利冲突,而不是宪法权利冲突,因为宪法权利对应的是国家权力,而不是个人之间的权利。因此,宪法权利的冲突不会发生在具体的个人之间,而是一种"更高层次、更宏观、更深刻、更具终极性的人性自我冲突,而不仅仅是解决权利冲突的工具"④。可见,基本权利是否存在冲突是存在争议的。本书认为直接否定基本权利冲突的存在一来不符合权利冲突理论的一般原则,二来无法解释现实生活中存在的基本权利冲突现象。因此,基本权利冲突应该是存在的,只不过这种存在容易与私人权利冲突

---

① 王博:《权利冲突化解路径的经济法律分析——兼与苏力等教授商榷》,《法学》2016年第11期。
② 〔法〕路易·若斯兰:《权利相对论》,王伯琦译,中国法制出版社,2006,第211页。
③ 张翔:《基本权利冲突的规范结构与解决模式》,《法商研究》2006年第4期。
④ 马岭:《宪法权利冲突与法律权利冲突之区别——兼与张翔博士商榷》,《法商研究》2006年第6期。

相混淆。虽然,一般而言人与人之间的权利冲突表现为私人权利冲突,但是基本权利的客观价值秩序和第三人效力理论又将这种私人权利冲突烙上国家权力色彩,即个人之间的权利冲突是以基本权利为基础的私法权利冲突,但其实质上是基本权利冲突。换言之,"由于国家公权力因素介入私权利争端中,从而使原本属于相互平行的个人之间的私权利冲突转化为宪法上的基本权利冲突"[1]。

另外,基本权利冲突的解决机制相对一般权利冲突而言更为复杂。不仅是因为基本权利的价值层级更高,还因基本权利冲突本身涉及国家权力的介入,从而导致基本权利冲突除了运用一般权利冲突的解决方法,即权利限制之外,还需要通过立法衡量、个案衡量以及宪法解释等多种方法的运用来实现基本权利冲突的化解。基于此,张翔教授提出了三种冲突解决机制,即普通法律规范优先适用、个案衡量与法律的合宪性解释、违宪审查与宪法解释。针对上述三种机制,马岭教授认为,在普通案件审判中,根本不存在普通法律规范与宪法规范的区别,因为一般只适用普通法律规范,因此不存在优先适用;而违宪审查与宪法解释则主要解决的是国家权力与公民权利之间的关系问题,不存在冲突解决;实质上冲突解决只运用个案具体解决的方法。[2] 综上可知,这种争论实质上还是围绕基本权利冲突中的国家权力介入因素的评价问题,即将国家权力视作基本权利冲突的一环,还是游离于基本权利冲突构造之外。本书以为,既然基本权利冲突不可回避国家权力,那么违宪审查和宪法解释也就理所当然地成为基本权利冲突的解决机制,甚至说抽象审查也并无不可。

2. 基本权利形成

宪法实施在内容层面首先就是基本权利的实施。[3] 而基本权利的实施离不开立法对基本权利的形成。换言之,立法实施宪法就是立法实施基本权利,立法实施基本权利的过程就成为当前我国宪法实施的主要形式。基于

---

[1] 徐振东:《基本权利冲突认识的几个误区——兼与张翔博士、马岭教授商榷》,《法商研究》2007年第6期。
[2] 马岭:《宪法权利冲突与法律权利冲突之区别——兼与张翔博士商榷》,载《法商研究》2006年第6期。
[3] 范进学:《宪法实施:到底实施什么?》,《学习与探索》2013年第1期。

此，立法对基本权利的作用问题成为宪法实施的关键。基本权利的形成主要是将宪法规定的基本权利予以具体化，具体化的过程一般由立法机关来完成，因此基本权利的形成主要是指立法机关对基本权利的形成作用。所谓立法对基本权利的形成作用，是指由立法者通过具体立法来确定基本权利的保护范围。换言之，立法机关为了基本权利的功能得以有效发挥，有义务形成绝大部分基本权利所保障的生活领域与生活关系。① 立法之所以对基本权利具有形成义务，乃因为如果没有国家的立法行为，该权利就不能或者不能有效地行使。这种形成作用，在我国宪法学界多以"塑造或者确定基本权利的保护范围"② 出现，两者的内涵基本一致。当然，立法通过宪法委托或其他方式形成基本权利的保护范围并不能够因此获得限制基本权利的授权，立法者在形成过程中仍应受到基本权利规范的拘束。这种拘束不仅包括法律形式上的限制，还应该接受比例原则、核心理论等实质限制以及基本权利的内在限制等。③

3. 基本权利冲突、形成与限制

我国宪法学界对基本权利的限制作用涉及较多，形成了包括"基本权利构成—基本权利限制—基本权利限制的违宪阻却事由"三个思考层次的基本权利限制理论。④ 这种基本权利限制理论是对限制概念的广义理解，是一种框架性思考。除此之外，有学者认为立法对基本权利有一种纯粹的限制作用，这种狭义层面的限制可以理解为国家阻止基本权利主体实施处于基本权利保护范围内的行为。狭义层面理解立法对基本权利的限制作用与德国学者巴夫厚提出的法律概念三元化理论中的第一层次，即纯粹限制基本权利的法律相契合。⑤ 可见，基本权利限制具有广狭二义，然而无论是广义的基本权利限制框架还是狭义的基本权利限制作用，都与基本权利的冲突和形成作用密不可分。

---

① 〔德〕康拉德·黑塞：《联邦德国宪法纲要》，李辉译，商务印书馆，2007，第247页。
② 陈鹏：《论立法对基本权利的多元效应》，《法律科学》2016年第6期。
③ 王锴：《论立法在基本权利形成中的作用与限制——兼谈"公有制"的立法形成》，《法治研究》2017年第1期。
④ 张翔：《基本权利限制问题的思考框架》，《法学家》2008年第1期。
⑤ 陈新民：《德国公法学基础理论（上）》，法律出版社，2010，第399页。

基本权利冲突与基本权利形成都与基本权利限制密切相关。以上对基本权利冲突和基本权利的形成作出的探讨，主要为基本权利限制做铺垫。基本权利存在冲突回答了基本权利为何限制的问题，当然基本权利限制的原因并不仅仅是基本权利冲突，除此之外还包括保护公共利益、保障个人权利实现等，只不过基本权利冲突是基本权利限制的重要原因。基本权利的形成是基本权利限制的前提。基本权利的形成主要解决基本权利的构成范围问题，即回答基本权利是什么。然而，现实中基本权利的具体内涵并不清晰，如何建构基本权利的构成范围成为基本权利实现的重要问题。因此，基本权利的形成对于整个基本权利限制框架起到基础性作用。另外，基本权利冲突与基本权利形成也密切相关，基本权利冲突的解决除了限制以外，其首要是明确基本权利的内容，即形成基本权利的规范内涵。而基本权利内涵一旦形成则有利于缓解基本权利冲突。综上，基本权利冲突是限制基本权利的重要原因，而基本权利的形成则是基本权利限制的前提条件。

三　社会权的形成与限制作用

社会权作为宪法规定的重要基本权利类型，其在实现过程中不可避免地需要对其具体化进行探讨。究其原因，并不仅仅是社会权属于基本权利的重要类型，从社会权自身属性出发，其也需要通过立法或者司法对其构成范围、保护主体和实现程度等内容予以详细规定。我国台湾地区学者从部门宪法的角度出发，认为社会权的具体化可以从社会宪法、劳动宪法以及教育宪法等视角加以实现。此处，对于社会权的具体化作用主要从形成、限制与保护的层面进行探讨。

(一) 社会权的具体化作用

基本权利需要立法予以具体化基本上成为学界的通说，但是基本权利本身也应具有独立性作用，即"基本权利不通过立法具体化同样发挥效力，因为基本权利本质上是调整现实社会中主体活动的具体权利形态，一旦规定在宪法上便具有直接的规范效力，不必一定通过普通法律具体化"[1]。以

---

[1] 韩大元：《宪法学基础理论》，中国政法大学出版社，2008，第220页。

上这种既承认基本权利自身所具有的直接适用性,又不忽视立法实施基本权利的作用可以适用于整个基本权利体系。然而就社会权而言,其对立法的依赖作用更重,有学者甚至认为社会权的实现只能依赖立法者的积极作为,如果没有具体立法,公民的宪法社会权也将处于虚置状态。[①] 可见,相对于自由权而言,社会权更需要具体化,而具体化的责任主要由立法机关承担。需要强调的是,有学者认为此处的"具体化"具有特殊内涵,即"广义上的基本权利具体化包括三方面的内容,即基本权利的形成、限制与保护,狭义的基本权利具体化要求普通法律在具体的生活领域与生活关系中形成基本权利的内容"[②]。换言之,广义的具体化包含形成、限制与保护作用,而狭义的具体化则只包含形成作用。那么就社会权而言,其具体化方法又该如何确定呢?本书接下来将从社会权的形成、限制与保护作用出发展开论述。

(二)社会权的形成、限制与保护作用

学界一般认为立法对社会权具有形成、限制与保护作用,其中形成与限制作用最为关键,在实践中也较难区分。对于保护作用而言,宏观上的理解是将保护作用划分为内容确定、限制与救济三个层面,不难看出这种区分实际上与传统的基本权利限制框架较为契合,因此可将之作为基本权利限制理论的变种;而国家保护义务层面的立法保护作用是基于社会权的客观价值秩序功能展开的,其实质内容无论是从侵害方角度还是被侵害方角度都可以理解为一种限制,只不过限制的对象不同而已。可见,两种视角下的立法对社会权的保护作用都可以由限制作用予以替代,故本书认为立法对社会权的作用可以从形成与限制两个层面展开。换言之,社会权具体化本身也可以理解为是形成与限制。社会权是基本权利的重要组成部分,因有别于自由权的特殊性质使其对立法机关作用的发挥要求更高,但立法对社会权的作用也基本可以从形成与限制两个层面予以展开。社会权的形成与限制的区分不仅关系到社会权的具体内涵的界定,也对社会权的可诉性及其救济模式产生影响。因此,合理界定并区分社会权的形成与限制乃

[①] 谢立斌:《论基本权利的立法保障水平》,《比较法研究》2014年第4期。
[②] 郑贤君:《基本权利具体化之辨伪》,《北方法学》2012年第6期。

属必要。以下就立法对社会权的形成与限制作用的观点予以梳理。

1. 立法对社会权主要产生形成作用。该观点认为，基于立法对基本权利有形成与限制作用之二分，可以将现有法律划分为限制基本权利的法律和形成基本权利的法律，两者无论是在对基本权利的限制性要求，还是法律所处的前后位置上都存在区别。然而两者最为显著的区分乃是两种法律所指向的权利内容层面，即"关涉基本权利之形成的法律主要是针对社会权，包括经济、社会及文化等诸多方面的权利……反之，对基本权利施加限制的法律主要针对自由权，原则上不涉及诸种社会权利"[1]。一言以蔽之，该观点认为立法主要是形成社会权的内容，而具体立法也是对社会权的主要内容予以规定，否则宪法社会权将被虚置。

2. 立法对社会权既具有形成作用又具有限制作用，但立法的限制程度较之于自由权更为宽松。即是说，关涉社会权的具体立法不仅形成其内容，也可以作出限制性规定，但是这种限制作用与自由权有异，换言之，"不论是公民的消极权利还是积极权利，原则上都要受到限制，但限制的原因与方法有根本区别"[2]。这种区别除了限制原因与方法不同以外，在立法限制的合宪性审查基准的确定上也存在不同。美国联邦宪法法院在实践经验中产生的三重审查标准认为，根据社会权的内容，其一般适用合理审查基准，只有在特殊情形下适用中度审查基准，基本不适用严格审查基准。[3] 可见，立法对社会权可产生形成作用和限制作用，只不过两者在表现方式和程度上存在差别。

3. 立法对社会权的限制作用可根据权利类型与权利性质的不同加以区分。由于社会权是一种权利类型或权利束，其内部不同权利由于内涵和性质的不同，使得立法对其限制作用也存在差别。[4] 以生存权为例，由于直接关系到公民的现实生活和基本的人性尊严，其限制程度明显小于其他社会权。另外，又因生存权与一国的财政支出密切相关，因此在权利主体层面

---

[1] 刘志刚：《限制抑或形成：论关涉基本权利法律之功能的二元性》，《河南省政法管理干部学院学报》2005 年第 6 期。

[2] 唐忠民、王继春：《论公民基本权利限制的基本原则》，《西南大学学报》（人文社会科学版）2007 年第 2 期。

[3] 何永红：《基本权利限制的宪法审查：以审查基准及其类型化为焦点》，法律出版社，2009，第 173~175 页。

[4] 汪进元：《基本权利限制的合宪性基准》，《政法论丛》2010 年第 4 期。

对于外国人的限制就大于本国人。在权利内部，也因性质的不同而在限制上存在差异，如在受教育权上，公民享受义务教育的权利受到的限制明显小于成年人享受再教育的权利，因为两者的重要性程度和国家给付义务存在差异。社会权的国家给付义务由其受益权功能决定，而给付义务的履行又受限于国家给付能力，可以说"国家给付能力的有限性决定了宪法社会权必然具有一定的限度"①，而这种限度也基本遵循了社会权的权利类型及其权利性质。

4. 广义上立法对社会权的限制作用应包括形成作用。基本权利的形成作用可以认为是立法确定基本权利的保障范围，部分学者认为基本权利的保障范围可由基本权利的限制作用予以涵摄。② 德国学者德曼兹（T. Maunz）将基本权利限制区分为基本权的内涵性限制与基本权须经立法者以法律保留方式所侵入，作为上位概念的"基本权利之侵入"又可区分为具正当性之限制行为与违（宪）法之侵害行为，此乃是以基本权限制为唯一重心的论述。③ 此后，德国宪法学界从法律保留原则作用以及其与基本权限制两者关联性中发展出以立法在基本权保障中的作用为重点的基本权利限制理论，认为立法在基本权保障中的作用包括侵入与形成两种。其中的"侵入"乃基本权正当性限制行为，而"形成"则是自20世纪以后宪法与行政法学发展过程中所形成之社会国原则与给付行政概念上所得出之结论。④ 可见，德国立法形成基本权的作用主要指向社会国原则和给付行政，但是不难看出上述侵入与形成构成的立法在基本权保障中的作用与当前我国台湾地区学者认为的基本权利限制理论的内容基本一致。⑤

以上对于立法在社会权实现中的形成与限制作用的部分观点予以梳理，不难发现社会权的形成与限制作用已基本得到认可，最关键的问题乃是如何处理两者的关系。首先，关涉社会权的立法具有形成和限制权利的不同

---

① 陈征：《国家权力与公民权利的宪法界限》，清华大学出版社，2015，第91页。
② Aharon Barak, *Proportionality: Constitutional Rights and their Limitations*, Cambridge University Press, 2012, pp. 19–21.
③ 陈慈阳：《宪法学》，元照出版公司，2005，第463~465页。
④ 陈慈阳：《宪法学》，元照出版公司，2005，第465页。
⑤ 法治斌、董保城：《宪法新论》，元照出版公司，2006，第175~178页；李惠宗：《宪法要义》，元照出版公司，2005，第105~108页等。

作用。其次，根据德国学者关于"侵入"与"形成"关系的表达以及我国学者对于基本权利限制理论的思考框架的发展可知，宏观的基本权利限制理论应该包括德国学者的"侵入"与"形成"作用，与此同时也应该包括本书中狭义的"限制"与"形成"作用。换言之，立法对社会权的作用包括限制与形成两种，"形成"可以理解为基本权利限制理论第一层次的"基本权利的构成"，而"限制"则可以理解为基本权利限制理论第二层次的"基本权利的限制"。最后，立法对社会权的形成与限制作用是具有一定界限的，而这种界限的确定应结合宪法权利规范和立法关于权利内容的具体表述来共同实现。本书所言之"限制"采用广狭义相区分的说法，即从基本权利限制的理论框架出发，将立法对社会权的形成与侵入作用都纳入限制作用的范畴，从而建立起基本权利限制理论体系；而具体到社会权的限制，则采用在立法限制作用的内部对社会权的形成与限制作用加以区分，形成作用主要是确定社会权的构成范围，而限制作用则是国家权力对社会权的干预和影响。

（三）社会权限制的具体内涵

以上围绕社会权的具体化及其包含的形成、限制与保护作用展开了论述，但从方法论上看我们并不能将社会权限制理论与立法对社会权的形成、限制与保护作用混为一谈。后者主要解决的是宪法中社会权与立法之间的关系问题，其并没有回答社会权限制的实质内容为何。也就是说，如果基于社会权的权利内容与国家权力的介入视角探讨社会权限制问题，那么社会权实现的过程在何种程度上可以被称为是受到了限制呢？本书认为，社会权是具有双重性质的权利，其既强调公民对权利的拥有和行使，也同样注重国家权力的介入和给付，因此凡是对社会权领域公民行使权利和国家运用权力的过程作出干预都可以理解为是社会权的限制。因此，从结果主义的视角出发，社会权的限制应包含三个层面，即社会权未获实现、社会权实现不充分以及社会权实现过度。

1. 社会权未获实现

社会权未获实现可以从两个层面来理解：广义上的未获实现不仅包括规范层面上公民没有行使社会权的权利基础，即公民无法行使社会权，也包括公民的社会权实现程度不充分；狭义上的社会权未获实现主要是指社会权没有得到任何保障，即不是程度的问题，而是"有"与"无"的问题。此处的社会权未获实现主要是从狭义上作出理解，这种理解可以从公民和国家两个视角展开。

从公民视角看，社会权未获实现的理解可以从李步云先生提出的人权的三种存在形态来分析。李先生从人权的存在形态出发将人权分为应有权利、法定权利和实有权利，应有权利是指人的权利是现实社会中的客观存在，而"应有权利"被法律确认后会就成为法定权利，实有权利则是指人们实际能够享有的权利。[①] 从人权的三种形态出发，社会权未获实现基本上可以理解为社会权在法定权利和实有权利领域未获实现，因为应有人权强调的是一种可能性，不涉及实现问题。法定权利意义上社会权未获实现主要是指社会权在法律规范上没有加以规定，即有关社会权的法律规范缺失；实有权利意义上的社会权未获实现则是指法律虽然规定了社会权，但没有法律效力和拘束力，或是公民根本无法行使。

从国家视角看，狭义的社会权未获实现则主要是指国家没有通过法律规定社会权，或者没有具体化宪法中的社会权条款，导致保障社会权的法律体系整体缺失或者关键部分不存在、不健全；也可以是指已有的法律体系规定了大量社会权的内容，但是国家并没有主动去履行相应的保障和实现义务，导致社会权规范失去法律效力，公民在实际生活中也无法享有本应该享有的法律权利。因此，社会权未获实现主要是指国家没有制定相关法律来保障社会权，公民也无法行使社会权，甚至包括公民面对国家的不作为时没有获得救济的权利。

2. 社会权实现不充分

社会权实现不充分相对上文的社会权未获实现而言主要强调的是社会权在解决"有"与"无"的问题之后，面临的保障程度问题。有学者坦言，社会权的保障本身就是利益衡量的过程，就是立法确定相应范畴、行政机关进行裁量的过程。李惠宗教授在论述基本权利限制的比例原则时指出，一般常发生于社会福利性措施中的保护禁止不足原则，旨在说明受保护之

---

① 李步云：《论人权》，社会科学文献出版社，2010，第 54~64 页。

人没有受到制度上应有之保护时，也是一种限制。① 社会权既然是一种程度的问题，那么如何界定这种保障程度就成为学者关注的重点，也是社会权在现实生活中面临的一个焦点问题。要想界定社会权的实现程度是否充分就必须关注限制社会权实现的因素有哪些，这其实是一个极为宏观且难以把握的问题。不要说确定社会权实现程度与相关因素的关系问题，仅仅是确定这些影响因素就十分复杂。有鉴于此，本书从规范主义和功能主义两种视角探寻社会权实现不充分的限制因素，试图在找寻这些因素的同时对其进行合宪性的审视。

当然，从社会权限制的视角来看，社会权实现的不充分就是国家履行社会权保障义务的不充分。在这个层面上，基本上不涉及公民视角下的社会权实现，因为社会权实现的"度"的控制主体并不在公民自身，而是交给了代议机关、行政机关甚至是司法机关。但也有学者指出："相对于自由权来说，社会权的侵害较难判断，因为它是一种需要国家主动作为的权利，作为的程度往往取决于经济社会发展的现实，如何作为并没有固定的标准可以衡量。"② 尤其是在典型的民主制国家，这种涉及福利多寡、财政分配的事务也主要由代议机关来完成。因此，社会权实现的不充分主要是国家机关基于自身以及社会多元因素的考虑而予以决定的过程，其直接关系到公民享有社会福利的多寡，因此也是社会权限制理论需要克服的难点，故而下文将围绕这些因素展开详细阐述。

3. 社会权实现过度

从社会权保障与限制的关系出发，将社会权未获实现和实现不充分作为其限制形式来理解应该说显而易见，然而社会权的限制能否涵摄社会权实现过度则存在争议。所谓社会权实现过度乃是超过一定限度实现社会权，从国家和公民两个维度来理解的话，社会权实现过度就是公民滥用社会权，不当行使社会权，而国家则不顾自身给付能力，超限度保障社会权，过度介入社会权的保障领域。那么社会权实现过度能否作为社会权限制的内容呢？有学者指出，国家给付应遵循禁止给付过多原则，即"与事物本质"

---

① 李惠宗：《行政法要义》，元照出版公司，2006，第111页。
② 于文豪：《基本权利》，江苏人民出版社，2016，第158页。

无关的给付可称为"恣意给付","恣意给付"与"过多给付"一般属于立法裁量或行政裁量的滥用,而过多给付亦会同时违反平等原则。[①] 因此,笔者认为社会权实现过度应该属于限制范畴,其具体理由如下。第一,社会权的实现有别于自由权的实现,社会权自身内涵就包含要求国家适度提供给付、公民合法行使权利的内容。换言之,过度实现社会权就是对社会权基本内涵的破坏,就是对社会权的限制。第二,公民滥用社会权可以说是一种权利滥用,其一般作为限制权利的理由,虽然有学者认为基本权利的滥用有别于基本权利的限制[②],然而广义的基本权利限制理论明显包含基本权利的滥用,因为权利滥用本身就是基本权利限制理论框架内的一环或者说是其限制条件之一。第三,国家过度保障社会权本身涉及资源的配置,而国家在一定时期和范围内的所掌握的资源是有限的,如果过分保障一部分人的社会权或者社会权的部分内容,则会造成资源分配的不均衡,从而限制了大多数人的社会权和其他社会权内容。另外,社会权保障所需要的财政资源主要来源于全体公民的税收和其他财产,如果有限的社会权保障资源不能够得到恰当的利用,就会进一步增加公民的社会负担,国家限制公民其他自由权的程度就会加深,而这本身就是社会权限制理论需要规制的范畴,当然这种行为也不利于社会权的永续保障。因此,社会权实现过度应该纳入社会权限制理论之中,从而有效控制这种过度保障行为。

[①] 李惠宗:《行政法要义》,元照出版公司,2006,第 111 页。
[②] 高慧铭:《论基本权利的滥用禁止》,《清华法学》2015 年第 1 期。

第二章　社会权限制的正当性基础：
理论与实践

上一章围绕着社会权的基本内涵和社会权限制的基础理论进行了阐述，着重分析了社会权的权利内涵与外延，建构起社会权的权利体系，并在此基础上从权利限制等与社会权限制相关的概念出发，梳理了相关概念的联系与区别，明确了社会权限制在理论与实践层面的意涵。虽然说解决权利冲突、基本权利冲突是权利限制理论的正当性所在，也即一切权利皆应限制，但是就社会权限制而言其不仅与自由权的限制有异，甚至一般权利理论也无法完整回答社会权限制的相关问题。因此，作为具有明显积极色彩的社会权，在要求国家给付的过程中其限制理由为何，其限制的正当性基础何在，也成为亟须解决而又必须解决的理论难题。

本章主要围绕社会权限制的正当性基础这一中心问题，拟从以下三个方面展开论述。第一，当前流行的基本权利限制理论不能涵盖社会权限制的基本内容，不仅致使基本权利限制理论自身无法融贯，也使得社会权保障理论因缺少限制一环而无法实现阶层化、体系化。第二，权利的实现是有条件的，社会权更是如此，这些条件不仅包括社会权本身应具有的条件性，也因社会总体资源的有限性以及国家给付能力的限制等造成对社会权的限制，与此同时权利冲突和权利滥用带来的危害也要求国家对社会权予以限制。第三，社会权是一种需要国家积极干预方能实现的权利，国家在保障社会权的过程中也因受制于上述客观条件而致使社会权无法充分实现，因此根据人的基本需要和国家能力建构社会权实现的一般标准成为评价国家是否充分履行社会权保障义务的必要内容。从该角度观之，社会权实现程度标准本身就是对社会权限制的考察与评价，也是社会权限制的必要性条件之一。

第一节　基本权利限制理论缺失社会权的成因与补正

权利的限制伴随着权利的产生，宪法上的基本权利亦不例外。经历了对个人自由的无比崇尚与对人类赖以生存之社会需求的反思，"法律致力于满足、折中、协调、调整这些交错的、经常有冲突的主张或需求——或通过直接、迅速地保护这些利益，或通过保护某些个人利益，或通过界定、折中个人利益——对最大多数的利益或者在我们现代社会中最有分量的利益赋予法律效力，同时使整个利益体系的损失最少"①。宪法对个人基本权利与公共利益的调整价值和调整方法便大致遵循上述路径。在形式上，基本权利限制理论乃宪法上平衡个人权利和公共利益的重要路径，同时也是基本权利保障之"逆向思维"。也有学者将基本权利限制理论中的"限制"称为"干预"②，试图从价值中立立场对限制理论加以表达。然而，国家限制、干预公民最基本之权利必须回答何为限制、为何要干预等关涉国家行为之正当性问题，此乃现代法治理念的题中之意。

基本权利限制理论是围绕论证国家限制行为之正当性问题展开的，学界称之为"基本权利理论结构和思考层次"③、"基本权利的审查步骤"④，抑或"基本权利限制问题的三段论"⑤ 等。无论称谓如何，解释国家对基本权利限制行为的一般框架为"基本权利保障范围—基本权利限制—基本权利限制的违宪阻却事由"。目前，基本权利限制理论的研究除上述从宏观层面对其总体框架和模式加以构建之外，最主要的着眼点是：第一，通过介绍及借鉴德、美两国的理论和实践，试图建构并充实我国基本权利限制理

---

① 〔美〕庞德：《法理学（第三卷）》，廖德宇译，法律出版社，2007，第244页。
② 法治斌、董保城：《宪法新论》，元照出版公司，2006，第171页。
③ 李建良：《基本权利理论体系之构成及其思考层次》，《人文及社会科学集刊》1996年第1期。
④ 〔德〕伯阳：《德国公法导论》，北京大学出版社，2008，第89页。
⑤ 张翔：《基本权利限制问题的思考框架》，《法学家》2008年第1期。

论；第二，从某一具体基本权利出发，如私有财产权、言论自由、结社自由等，探讨具体权利的限制问题；第三，关注基本权利限制理论中的违宪阻却事由，从形式合宪性和实质合宪性两个层面予以类型化；第四，基于我国《宪法》第 51 条的规定，将"公共利益"作为最重要的限制因素加以论述。

纵观上述研究视角和研究成果，大多囿于以自由权体系为基本权利限制理论的前提假设，而其中最大的问题则是回避现实生活中的权利。[1] 这主要体现在忽视社会权在我国宪法基本权利体系中的地位，通盘借鉴德、美相关基本权利限制的理论模式和司法实践也是目前我国基本权利限制理论之弊病。上述理论之误区，导致基本权利限制理论对社会权的发展实况以及现实性保障程度无法给予相应的回应。也使得我国基本权利限制理论研究无法涵盖宪法文本规定的全部权利内容，更奢谈现实中"活的""动态的"新型权利类型。缺失对社会权应有的关注，贯穿于基本权利限制理论的"构成—限制—限制之限制"整个过程，致使该理论无法实现融贯。

一 基本权利限制理论的社会权缺失现象

基本权利限制理论的结构和思考层次为考察研究中的缺失提供了框架性支撑。循此框架，从社会权视角审视当前基本权利限制理论，可显见其问题之所在。

（一）限制目的缺少共同体的永续发展

对于基本权利限制目的的讨论，其前提应该将基本权利限制理由与限制目的加以区分。所谓限制理由，是基于基本权利客观实践现状的判断，得出为什么须对基本权利加以限制。一般认为有两种理由：一是个人基本权利在行使过程中发生冲突，二是个人基本权利在行使中与公共利益发生冲突。所谓限制目的，主要解决基本权利限制是为了什么的问题，是基于主观上对一种价值的承认和保障。相对于限制理由而言，国家对人民的各

---

[1] 石文龙：《中外宪法基本权利限制的研究现状及其评述》，《云南大学学报法学版》2013 年第 6 期。

种自由以法律设立限制的目的,"只能于保护全体人民自由的必要范围之内"[1]。因此,基本权利的限制目的,从终极意义上讲旨在保障基本权利,即"限制是为了自由"[2]。这一论断,在自由主义者看来是明显之理,然而基本权利限制之目的是否仅为权利保障,或者说权利保障能否作为基本权利限制的唯一目的,是值得商榷的。

当今,个人权利的实现固然重要,然而忽视权利存在的社会环境和社会关系,孤立地追求个体自由的彰显,无疑是缘木求鱼。因此,"如果说人享有某些权利,这些权利只能来自他所生存于其中的社会环境,他不能反过来将自己的权利凌驾于社会之上"[3]。宪法规定的基本权利,虽主要是个人权,但因为"个人不能无视与社会的关系而生存"[4],所以对权利限制的目的还应当关涉个人所处的社会共同体。对于社会权而言,其实现具有鲜明的社会属性,并要求国家依据其整体经济发展形势作出判断。社会权的构成和实现路径决定其限制目的不能总结为单一的权利实现,否则便有失偏颇。因此考量社会权的限制目的,其还应该包含促进共同体经济社会永续发展的宗旨。而关照国家、共同体的总体形势来衡量权利保障之程度与范围,并不是社会权之专属。单单从权利保障的成本出发,桑斯坦教授便认为"所有的权利都需要公库的支持"[5]。总之,没有一种法定权利的实现可以游离于国家机关的运作,可以不顾及社会共同体的整体发展程度。因此,基本权利限制的目的应该是实现个体权利保障与共同体永续发展之双重效益。

(二)法律保留原则在限制理论中定位模糊

在基本权利限制的审查模式中,权利的构成是第一层次的,也是前提性的。但是,基本权利的保障范围由宪法自身规范、靠宪法解释理清,还

---

[1] 王世杰、钱端升:《比较宪法》,商务印书馆,2009,第77页。
[2] 熊静波:《表达自由和人格权的冲突和调和——从基本权利限制理论观察》,《法律科学》2007年第1期。
[3] 〔法〕狄骥:《公法的变迁》,郑戈译,商务印书馆,2013,第6页。
[4] 〔日〕芦部信喜:《宪法》(第三版),林来梵、凌维慈、龙绚丽译,北京大学出版社,2006,第85页。
[5] 〔美〕史蒂芬·霍尔姆斯、凯斯·R.桑斯坦:《权利的成本:为什么自由依赖于税》,毕竞悦译,北京大学出版社,2011,第3页。

是需要诉诸立法机关加以形成，存在争议。法律保留原则是对基本权利形成、限制和限制之限制作出厘定的重要宪法原则，其功能一向存在争议。学界对法律保留原则之功能的讨论一般存在三种观点：第一，认为法律保留原则是对基本权利的限制，"其意通过划定基本权利的外在界限，确保基本权利的核心领域即内部界限或者范围不受侵犯"[1]。第二，将法律保留原则界定为具有形成基本权利内容的功能，其理由主要是认为"基本权利条文措辞高度抽象，其内容有待立法者作出具体规定，否则公民难以切实行使基本权利"[2]。因此，"基本权利之内容往往需要由法律来加以细化"，此时"法律对基本权利具有内容形成功能"[3]。第三，从违宪阻却事由出发，将法律保留原则归入基本权利限制的形式合宪性审查基准，即"国家对基本权利的限制行为没有立法机关制定的法律的依据，则当然被认定为违宪"[4]，以此"用来约束行政机关和司法机关"[5]。由此以观，法律保留原则在基本权利限制理论中具有其他原则无法超越的超然地位，然而也恰恰因其功能和地位的重要性而导致其定位过于复杂且模糊不清。法律保留原则滥觞于德国，其意义和分类都具有鲜明的域外法色彩，何况德国《基本法》对基本权利限制的规定与我国《宪法》存在很大差异，因此法律保留在我国基本权利限制，尤其是社会权限制中的作用仍需廓清。

（三）公共利益成为限制基本权利的至上因素

规范意义上，法律是基本权利限制的最重要方式，但这仅仅是一种形式上的表现。实质上，因法律对基本权利限制的内容存在较大差异，致使基本权利限制因素不可能是唯一的。但是，在基本权利限制的研究中却出现将公共利益作为唯一重要因素加以探讨的趋势。之所以会出现上述情状，主要归因于我国《宪法》第 51 条的规定，即"中华人民共和国公民在行使自由和权利的时候，不得损害国家的、社会的、集体的利益和其他公民的

---

[1] 郑贤君：《基本权利具体化之辨伪》，《北方法学》2012 年第 6 期。
[2] 谢立斌：《论基本权利的立法保障水平》，《比较法研究》2014 年第 4 期。
[3] 刘志刚：《限制抑或形成：论关涉基本权利法律之功能的二元性》，《河南省政法管理干部学院学报》2005 年第 6 期。
[4] 张翔：《基本权利限制问题的思考框架》，《法学家》2008 年第 1 期。
[5] 汪进元：《基本权利限制的合宪性基准》，《政法论丛》2010 年第 4 期。

合法的自由和权利"。

无论是基本权利的限制目的和理由，还是限制的文本规范，公共利益在限制理论中的地位不可轻视。但不得不承认基本权利限制因素并不止于公共利益，"因公益需要限制公民权利"的论断并不是放之四海而皆准。传统上，基本权利限制的特征包括目的性、直接性、法效性、高权性和强制性等特点，但这种理解已不合时宜。国家对基本权利采取之措施，"只要使人民在基本权利保障范围内的某一行为（包括作为或不作为）全部或一部'不可能实施'，则无论该国家活动究竟是有意或无意、直接或间接、发生法律效果或事实上之效果、是否具备下命性及强制性，都应该被视为基本权利干预"①。可见，基本权利限制手段和限制因素不在过度强调"高权性"行为，而是扩大限制行为的类型。限制行为的扩张必然导致限制因素更为复杂，而"公益"也仅为其中考量因素之一。除此之外，限制一般法律层次的权利单纯以公益为理由即可，而基本人权的限制非有坚强正当充分理由不得为之，限制之强度与密度还需考量比例原则。②故而单纯以公益为理由限制基本权利，是对基本权利效力的"矮化"，并且限制因素的多元化乃现实之状况，而类型化也并非不可能。

（四）违宪阻却事由的混乱

基本权利限制"三段论"的最后一项是对基本权利限制措施是否违宪作出的判断，称为"违宪阻却事由""基本权利限制之限制"，或"基本权利限制的合宪性审查基准"等。基本权利违宪阻却事由存在的缺失，较之上述限制的本体与要素而言更为复杂，其主要表现在以下方面。

1. 将基本权利限制的违宪阻却事由和合宪性审查基准混为一谈。前者是对基本权利限制的限制，主要表现为一种事实存在，是评价法律或者行政措施对基本权利的干预是否违宪的事项；而后者则是如何评价基本权利限制手段是否违宪的方法。有学者对基本权利限制的违宪阻却事由采形式和实质的二分法，将美国司法审查的三重基准作为实质合宪性的组成部

---

① 法治斌、董保城：《宪法新论》，元照出版公司，2006，第173页。
② 李震山：《论宪法改革与基本权利保障》，《中正法学集刊》2005年第18期。

分①，便是典型混淆了阻却违宪事由和合宪性审查基准的内涵。

2. 将德、美基本权利限制理论中的阻却违宪事由和审查标准杂糅一体。基本权利限制之限制的内容，多借鉴德国《基本法》第 19 条的规定，并加以总结。对于美国基本权利限制的借鉴主要强调审查基准层面，即所谓的"双重审查基准"和"三层次审查基准"等。有学者认为对基本权利限制之合宪基准进行整合具有可能性，并对德、美两国理论以形式和实质二分进行"整合式"总结。德国《基本法》在对基本权利限制的规定上，不仅采取区分式的限制方法，还在第 19 条规定了限制之限制的内容。德国法的规定较之于我国宪法所采的"概括式"规定，其科学性更强，对基本权利限制模式的构建更为有益。

3. 把阻却违宪事由与合宪性审查基准，以及德、美两国的相关理论一并糅合讨论，带来的另一问题是将文本规定和司法实践不加区分。规范与实践在一定程度上是重合的，但是在我国总体缺失违宪审查制度的背景下，将之不加区分，不利于基本权利限制理论的建构，同时也会对探索我国违宪审查制度的实践带来隐忧。

按照"限制目的—限制本体—限制要素—限制之限制"，对基本权利限制理论进行阶层式考量后，不难发现其中弊端。其中，最为显见的问题是社会权理论的缺失，此缺失也是问题形成之关键所在。但社会权理论在基本权利限制模式中的忽略并不是上述缺失的唯一原因。缺失原因直接关系到缺失补正的程度，故以下将对造成基本权利限制理论缺失的相关因素展开探讨。

二　基本权利限制理论缺失社会权之成因

对基本权利限制理论进行阶层式考察，其因缺失对社会权特殊性的关照，从而大致存在限制目的单一性、法律保留原则在限制理论中定位不清、限制因素唯公共利益至上、"糅合型"违宪阻却事由带来类型化困难等问题。欲克服上述基本权利限制理论存在的问题，必须诉诸梳理上述问题产

---

① 汪新胜：《基本权利限制的合宪性考量》，《西部法学评论》2010 年第 6 期。

生的原因。

(一) 限制理论上的"拿来主义"

基本权利限制理论是对法律移植理论最好的诠释。虽然，我国《宪法》也规定了有关限制基本权利的条文，但就基本权利限制理论研究而言，无论限制模式的构建，还是限制基准的确定，都受德、美两国宪法理论的影响。林来梵教授直言，"我们只实现了法教义学一半的理想"，"宪法学的中国化仍然没有被充分完成，甚至没有被充分意识到……受到了'留学国别主义'的干扰，我们对宪法学的中国化没有予以充分、足够的重视"[①]。这是宪法学，尤其是教义宪法学本土自觉的充分表达。德沃金曾从"基本价值观"的角度考察权利论的普适性，但是其也强调宪法学本土文化意识的重要作用。[②] 对于基本权利限制理论而言，基本权利的核心价值，如人性尊严、平等保护等理念可算得上是一种"基本价值观"，可移植性较强。而具体到限制制度、限制模式和限制因素的选择上则另当别论。

纵观德、美等国对于基本权利限制的经验，虽多依托于文本，但是限制模式的形成以及限制理论的发展都是建立在宪法实践之上的，如德国宪法法院和美国联邦最高法院对具体案件的判决，及其对基本权利的解释。这种理论和实践的互动也正是教义学的题中之意。就我国实践而言，宪法基本权利的违宪审查模式还处于准备阶段，寄予建立本土宪法法院或宪法委员会的希望之实现还为时尚早。另外，更为关键的是这种"司法中心主义"的追求势必带来对宪法基本权利实践中其他模式的忽视。以社会权为例，对其进行宪法审查不仅域外经验不足，本土法院实施的可能性亦比较低，但是立法机关在实践中对社会权的形成与限制则普遍存在。另外，随着地方立法权的下放，立法主体更加多元，立法出现对基本权利侵犯的可能性增加。基本权利尤其是社会权限制的模式可否摆脱"司法中心主义"的"偏见"而转向实践经验较为丰富的立法限制模式，值得探索。

[①] 林来梵：《法教义学的一半理想》，第十届"中国宪法学基本范畴与方法"学术研讨会闭幕式总结。

[②] 〔美〕罗纳德·德沃金：《认真对待权利》，信春鹰、吴玉章译，上海三联书店，2008，中文序言第10页。

（二）宪法中社会权的规范效力无法发挥

基本权利理论的德、美"拿来主义"直接影响到我国基本权利规范体系的梳理。首先，美国《宪法》由于一系列原因没有规定相关社会与经济权利，而罗斯福时期的《第二权利法案》也并没有最终被作为宪法组成部分。其次，德国《基本法》虽然形成了直接规定的社会权、推导出来的社会权、基于平等权的社会权和社会国家原则等层次分明的社会权体系[1]，但实践中"国家在保障及实践社会基本权利时，必须通过法律之程序不可，也必须对个人的、传统的自由基本权，予以高度之尊重，求得最大的协合及予自由权最小之限制"[2]。可见，在德、美宪法实践中，社会权一般委于立法形成，可直接请求之权利极少。因此，基本权利的限制理论也很少涉及社会权的内容，这也导致我国学者在借鉴基本权利限制理论过程中忽视社会权。我国《宪法》对社会经济权利的规定占据较大篇幅，涉及条文较多。而对基本权利进行分类或者总体性介绍时，一般将社会权作为一种情况加以列举[3]，但是具体到基本权利的理论应用中，社会权又遭到"歧视"，限制理论亦不例外。可见，自由主义模式的宪法学研究范式，以及对"司法中心主义"的违宪审查和权利可诉性的过度推崇，导致社会权在基本权利限制理论中备受冷遇，也使得基本权利限制理论自身不够完整。

（三）公共利益至上性祛魅不足

长期以来，公共利益相对于个人权利而言具有超然的地位，这也是公共利益成为限制基本权利最主要因素的原因之一。在文本上，为此现象的合理性存在提供依据的便是我国《宪法》第51条的规定。一般学界将所谓"国家的、社会的、集体的利益和其他公民的合法的自由和权利"统称为公共利益。文本的规定，为公共利益限制基本权利背书，也为其至上性提供解释学依据。但是，随着公民意识觉醒，个人权利备受关注，公共利益至上性遭到质疑，而如何处理个人权利与公共利益之间的关系成为基本权利限制的关键所在。也正因为此，公共利益作为基本权利限制因素之一虽成

---

[1] 谢立斌：《宪法社会权的体系性保障——以中德比较为视角》，《浙江社会科学》2014年第5期。
[2] 陈新民：《德国公法学基础理论（下）》，法律出版社，2010，第451页。
[3] 林来梵：《宪法学讲义》，法律出版社，2015，第311~312页。

共识，但是否为了公共利益便可直接限制基本权利，即在公共利益和基本权利之间作出利益衡量之时如何进行价值选择，乃为基本权利限制理论的在具体应用中不可回避之问题。甚至有观点认为社会权具有社会属性，也就具有鲜明的社群主义色彩，因此其可理解为一种公共利益，因此公共利益与基本权利之间的衡量简化为社会权与自由权保障间的冲突。

  基本权利限制理论在遇到公共利益与个人权利的冲突时，往往选择的是一种利益衡量的方法。在利益衡量的过程中如何界定两者的地位，理论界提出所谓的基本权利构成或限制的外在理论和内在理论，对公共利益限制基本权利是一种"内在限制"抑或"外在限制"存在争议，即公共利益属于内在限制还是外在限制。基本权利构成或限制的外在理论认为："基本权与基本权之限制在概念上并无必然之联结，因此必须清楚区分尚未受到限制之权利本身以及已受限制之权利"；而内在理论则反对这种区分，其认为"基本权自始即有确定之内容，外在理论所称之基本权限制其实是基本权内容的界限问题"①。有学者认为，《宪法》第51条的规定可以理解成"比较准确体现了基本权利的内在界限理论"②。与之相反的观点则认为"内在限制说"存在"严谨的法学学理所不能容纳的逻辑问题"，故采用"外在限制说"对"公共利益"作出严格的限定，对"权利的限制"进行限制。③公共利益在"外在限制"层面带来另外一个重要问题，即公共利益并不是基本权利限制的唯一或最重要的因素，而是众多外在限制因素之一。公共利益至上性虽已受到质疑，但在基本权利限制理论中，除公共利益以外的限制因素却很少提及。从某种程度上讲，基本权利限制理论中公共利益仍无处不在，对其单一性的崇尚仍需"祛魅"，而过度强调公共利益导致将社会权与公共利益画等号，以至于学界对社会权限制问题重视不够。

（四）基本权利限制因素类型化的否定立场

  在"限制目的—限制本体—限制因素—限制之限制"这一基本权利限制理论框架中，无论是"限制本体"还是"限制之限制"都有丰富的研究

---

① 王鹏翔：《论基本权的规范结构》，《台大法学论丛》2004年第2期。
② 林来梵：《宪法学讲义》，法律出版社，2015，第328页。
③ 张翔：《公共利益限制基本权利的逻辑》，《法学论坛》2005年第1期。

成果。关于框架中的"限制因素"一环,传统认为基本权利实践具有复杂性,社会生活问题难以从法律层面作出总结和分类,以此拒斥类型化的努力,以至于目前鲜有对基本权的限制因素类型化的讨论。以上观点产生的原因,首先在于将社会实践中的影响因素看得过于复杂,从而导致现实生活对基本权利影响的神秘性被扩大,社会因素类型化先天地被认为不可能。其次,从基本权利功能考察,传统上认为自由权具有防御功能,即认为"基本权利乃是一种免于国家干涉的自由"[①]。国家的免于干涉,即对不作为意义上的限制要素加以类型化的意义不大,但是,这仍然是以自由权为基本权利中心的考察。相对于自由权而言,社会权更明确要求国家履行保护和给付的义务。国家已由消极不作为向积极主动采取措施转变,传统的拒绝限制因素类型化的理由已然站不住脚。最后,不可忽视的一点是需要明确基本权利的保障,不仅决定于规范建构、宪法文化等权利话语中的要素。从国家义务履行角度而言,基本权利能否实现,以及实现程度为何最终应受制于国家的制度保障与国家给付能力。可见,基本权利限制因素类型化的否定立场,在面对权利类型发生变化、国家积极义务和消极义务相互融合、基本权利要求国家提供保障的诉求日益增长等现实问题时已经发生动摇。因此,回避基本权利限制要素类型化已经阻碍了权利保障的进程,应当基于规范文本和基本权利功能体系,对限制因素加以整体化梳理,使之形成融贯的体系。

三 以社会权为中心补正基本权利限制理论

基本权利限制理论基于上述复杂的原因而存在一系列缺失,这些缺失贯穿于限制理论框架的始终。基本权利限制理论缺失的形成,最关键的便是对基本权利重要组成部分的社会权类型的犹豫和错失。没有关涉社会权的基本权利限制理论就如人体缺失四肢一样,是不健全的。而弥补这一缺失的最有效的方式,便是用社会权所体现的独特价值和权利属性重构基本权利限制理论。

---

① 李建良:《宪法理论与实践(一)》,学林文化事业有限公司,1999,第92页。

（一）以国家义务理论克服限权利类型的区隔

基本权利限制理论的最大问题在于人为区隔自由权和社会权，甚至将社会权剥离出基本权利限制理论。究其原因，莫过于自由权与社会权在权利属性上存在差异。但是试图简单以积极权利和消极权利二分法对自由权与社会权加以区别，已在学理上遭到批判。而从基本权利功能理论出发，无论是自由权抑或社会权都具有主观权利与客观规范双重功能。前者包括防卫功能和给付功能，后者包括价值决定、基本权利制度性保障和国家权限之消极规范等内容。[1] 基于基本权利的双重价值及具体内容，以及宪法对国家作为基本权利保障主体的规定，有学者指出基本权利的功能对应国家义务理论。[2] 自由权作为传统上基本权利的重要内容，其与国家义务理论的关系不言而喻。而社会权的实现也同样需要国家履行尊重、保护和给付的三层次义务。[3] 因此，社会权和自由权可以共适于国家义务理论。

国家义务理论与基本权利限制之间存在何种关系？笔者以为，国家对基本权利限制从另一个侧面来看即是国家义务的履行。众所周知，公民权利的实现需要国家义务的履行，而国家义务的唯一目的便是基本权利的保障。[4] 基本权利限制的理由便是公共利益与个体权利，以及个体权利之间存在冲突。国家在实现和保障公民权利和公共利益时，不可避免要对个体权利加以限制，此时国家的实现和保障行为便是国家义务的履行。因此，从国家义务理论侧面来审视国家对基本权利的限制行为，能够弥合传统上自由权和社会权之间的"鸿沟"，实现基本权利限制理论在适用自由权和社会权时的统一性和完整性。

（二）规范主义与功能主义：限制因素类型化

基本权利限制因素类型化因理论和实践上的多重原因而遭"冷遇"，但理论的探索并没因此而停滞。如有学者将基本权利限制的因素大致分为现

---

[1] 李建良：《基本权利理论体系之构成及其思考层次》，《人文及社会科学集刊》1996年第1期。

[2] 张翔：《基本权利的规范建构》，高等教育出版社，2008，第45页；龚向和、刘耀辉：《基本权利的国家义务体系》，《云南师范大学学报》2010年第1期等。

[3] 邓炜辉：《社会权概念界定之批判与重塑》，《北方法学》2013年第4期。

[4] 龚向和：《国家义务是公民权利的根本保障——国家与公民关系新视角》，《法律科学》2010年第4期。

实性因素和权利主体自身因素,前者主要指维护社会秩序与国家公益,后者是权利主体滥用基本权利。[①] 笔者认为,上述分类虽失之粗糙,但是细加分析可知所谓的现实因素是一种社会实证主义视角,而权利主体自身的滥用主要归属于基本权利规范构成中的涉人领域。社会实证主义在马丁·洛克林那里乃是功能主义的理论基础之一。[②] 而对权利构成之涉人领域的关注则明显是规范主义的立场。基本权利限制因素类型化则可借助规范主义和功能主义的方法加以探索。

综合宪法文本分析,基本权利限制因素在规范上主要有四类。第一,我国《宪法》第51条关于基本权利形式的概括式限制。此处,主要限制因素是指"国家的、社会的、集体的利益",概称为公共利益。第二,各个基本权利条款中的具体规定。其中又可以分为两种,一是权利规范内含的主客体领域;二是规范条款中的权利限制内容。以《宪法》第13条关于财产权的规定为例,该条规定财产权的主客体是公民与其合法私有财产,而第3款则是对公民私有财产权行使的限制。除此之外,其他基本权利条款也都有这样的规范内容。第三,宪法规范包含的整体秩序和内在价值同样构成对基本权利的限制。宪法中的基本权不仅是单一的权利条款,也可以作为统一的价值秩序起作用。"基本权作为共同体整体秩序的要素——个人的地位借由这些要素得以被设置、限制并得以被保护——的客观法意义,与基本权作为主观权利——由于其更新现时化而需要被保障——的意义之间互相协调一致",这一整体秩序可以称为"民主与法治国家秩序。"[③] 宪法价值秩序在内容上,主要包括人性尊严、民主法治国家以及平等保护等内涵。其对基本权利的限制则主要表现为内在的限制。第四,对于社会权而言,除以上内容外,《宪法》第14条第4款还规定了特殊的限制内容,即"同经济发展水平相适应"因素。该因素是由社会权的特殊性质决定的,同时该因素也在规范意义上将社会权的实现程度与经济发展水平建立联系。

从文本上对基本权利限制因素加以梳理,不难看出其总体呈现概括式

[①] 高慧铭:《基本权利限制的法理探析》,《河南社会科学》2012年第6期。
[②] 〔英〕马丁·洛克林:《公法与政治理论》,郑戈译,商务印书馆,2013,第147页。
[③] 〔德〕康拉德·黑塞:《联邦德国宪法纲要》,李辉译,商务印书馆,2007,第239页。

与区分式相结合、整体价值与特殊内容互补的趋势。但是文本的规定需要国家机关的执行，而国家立法、司法及政府等机构的行政能力与行政效率直接关系到基本权利的实现程度和限制的正当性。除了这种行政能力和行政效率之外，对于包括社会权在内的基本权利而言还受制于以下因素。首先，国家总体的税收额度决定了基本权利的保障水平，而纳税义务本身也是对基本权的限制。无论是自由权还是社会权的实现都需要国家税收加以保障，而社会福利给付也是在"促成基本权之实现，亦即自由权由宪法上抽象状态，达到社会生活领域"①。其次，受税收额度决定的国家给付水平或给付总额同样制约着基本权利的实现，尤其是社会权利。基本权利不仅具有防卫权功能，同样具有要求国家给付的功能。而国家给付义务的履行则受国家财政税收的总体额度限制。最后但较为重要的是，国家的支付和分配能力。国家通过运用自身拥有的税收权力，获得大量社会财富，但决定这些财税如何高效率运用的则是国家的分配和支付能力。这不仅关涉基本权利，同样也是对国家总体政治架构的考量。故从功能主义角度考量，国家限制基本权利的因素还应该包括政治架构、国家能力和整体行政效率等。

无论是功能主义还是规范主义都不可也不能单独决定基本权利限制的水平及程度。传统上，以自由权限制为主要考察对象，从而使得规范主义限制因素得到肯认。然从社会权的保障来看，功能主义立场亦不可忽视。因此，本书认为基本权利限制因素应从规范主义走向功能主义，最终是实现两者在基本权利保障层面的协同。

（三）从形式和实质层面明确违宪阻却事由

违宪阻却事由，又可谓基本权利限制之限制，主要表达的是评价基本权利限制是否合宪的理由。基本权利违宪阻却事由一般有实质和形式的区分②，而实质与形式的内容是什么存在较大争议。然而，较之于违宪阻却事由的形式与实质之二分，更为重要的也是首先要解决的是法律保留原则

---

① 葛克昌：《国家学与国家法：社会国、租税国与法治国理念》，月旦出版社，1995，第90页。
② 法治斌、董保城：《宪法新论》，元照出版公司，2006，第179页。

的定位。

1. 法律保留原则是阻却违宪事由？在基本权利限制理论中，法律保留原则是不可回避的重要问题。然而对于法律保留原则的定位则存在分歧。德国和我国台湾地区法学理论中，一般将法律保留原则视为基本权利限制的形式，即认为"基本权限制乃所谓依法律之限制"①，也是以法律来限制"涉及执行公共利益目的许可性方面的执行工具之制度"②。但大陆学者多将法律保留原则视为基本权利限制的违宪阻却事由。之所以产生如此差别，主要可归结于两点：一是忽视基本权利限制形式与基本权利限制的违宪阻却事由及其违宪审查基准等概念之间的不同；二是没有将法律保留原则的实质内涵进行准确定位。

无论是违宪阻却事由还是合宪性审查基准，都是对基本权利限制形式的评价，并不是限制本身。而法律保留原则，在德国《基本法》的相关规定中产生了简单法律保留、特别法律保留和无法律保留三种情况。简单法律保留即基本权可由法律或基于法律予以限制；特别法律保留是对法律保留中的"法律"作了进一步规范和限定；无法律保留指该项基本权利是否可由法律加以限制未加规定。③ 无论何种形式的法律保留，其实质上都是对基本权利进行法律限制的一种形式，而非基本权利限制之阻却违宪事由，法律限制是否合宪还需要进一步评价。

而对于社会权而言，有学者认为"关涉基本权利之形成的法律主要是针对社会权……反之，对基本权利施加限制的法律，主要是针对自由权，原则上不涉及诸种社会权"④。此种将社会权和自由权据以不同属性加以不同对待的方法可兹借鉴，然而社会权多由法律形成、自由权多由法律限制之观点值得商榷。固然社会权的内容较为抽象，需法律形成其内涵，但是基本权利规范的抽象性并不局限于社会权条款，自由权亦是如此。另外，社会权既然需要法律形成，那么法律形成能否断然拒绝对其加以限制则无

---

① 李惠宗：《宪法要义》，元照出版公司，2005，第 107 页。
② 陈新民：《德国公法学基础理论（上）》，法律出版社，2010，第 397 页。
③ 赵宏：《限制的限制：德国基本权利限制模式的内在机理》，《法学家》2011 年第 2 期。
④ 刘志刚：《限制抑或形成：论关涉基本权利法律之功能的二元性》，《河南省政法管理干部学院学报》2005 年第 6 期。

法予以肯定回答。法律在形成基本权利具体内容的过程中，能否将限制可能予以排除或将形成与限制截然二分，笔者持保留态度。法律只是形成社会权的观点实质上是拒绝法律对社会权加以限制的可能性。因此，对于社会权而言，法律保留原则作用更为突出，其不仅具体化、规范化宪法中的社会权条款，同时也对社会权的实现程度作出限制。

2. 国家干预、给付与保护层面的比例原则。基本权利限制的违宪阻却事由中，比例原则和平等保护是其中的重点。比例原则是对基本权利限制要素进行实质性的审查方式，而平等保护则主要关注基本权利的限制措施是否有歧视的嫌疑。

比例原则，又称为禁止负担过重。作为德国司法审查之重要方法，比例原则主要包括目的合法性、适当性、必要性和狭义比例原则四个层次的内容。首先，对目的合法性的审查，即审查国家机关采取措施时所要追求的目的。审查作出基本权利限制行为的国家机关是否只是追求宪法、法律所允许的目的。此目的必须是合宪（法）的。其次，适当性原则，又可谓合目的性，即国家欲达到一目的而采取基本权利限制措施，此限制措施是能够实现该目的的，否则该项限制措施不可行。再次，必要性原则又称为"最小侵害原则"，指限制某一基本权的措施合乎宪法之规定，但仍要考虑该措施是否是一种侵害最少的手段。最后，狭义比例原则者可谓过度之禁止。即基本权利限制措施与基本权利自身所实现的价值之间的利益衡量。如果限制措施带来的实效较之于权利实现的实效大，则该限制是可取的，反之，则否。

除上述立基于干预行政层面的四个步骤之外，在社会福利国家理念深入实践的当下，逐步在给付义务和保护义务层面形成比例原则的新内容。就给付行政而言，比例原则可以具体化为"给付禁止过多"，其主要包括两层含义："没有实质正当性的'恣意给付'与虽有理由但'过多给付'"[①]。保护义务层面的比例原则主要指"禁止保护不足"，即"如果国家所采取的立法保护措施或具体行政给付无法使该基本权利具有充分实现的可能性时，

---

① 李惠宗：《宪法要义》，元照出版公司，2005，第115页。

亦属违反比例原则"①。给付义务要求的"给付禁止过多"和保护义务要求的"禁止保护不足"两个具体化适用原则,丰富了社会权保障与限制理论中的比例原则,同时也为建立"三层次"国家义务理论与比例原则的互动关系奠定基础。在以国家义务理论来突破自由权和社会权的二元区隔的基础上,丰富比例原则在干预行政、给付行政和保护义务等不同层次的运用,从整体上能够完善基本权利限制理论的违宪阻却事由。

3. 形式抑或实质的平等保护原则。平等保护作为基本权利的平等权在具体实施中的意义表述,是一种进行主体比较的审查标准。平等保护不仅具有内国宪法意义,同时也是国际人权公约的共识。首先,国际人权公约中权利限制的基本原则与平等保护息息相关的是不歧视原则,该原则乃是"构成适用国际人权公约条款的一般原则"②。在《经济、社会、文化权利国际公约》中,很多条款反映了反歧视原则,其中最为重要的是第2条第2款的概括性规定,并且对于非歧视原则,各个缔约国所承担的义务"都是立即而非逐步实现的"③。可见,平等保护作为审查标准,不仅是内国宪法规定的基本原则,也是国际人权公约规定的义务。其次,我国《宪法》在公民的基本平等、男女性别平等和民族平等等多处提及基本权利的平等保护。宪法意义上平等权的审查标准主要包括两个步骤:首先,"审查两个比较的对象彼此间是否确实存在差别待遇";其次,如果存在这种差别待遇,"接着审查此一差别待遇有无事物本质上的正当性"④。此审查步骤固然可取,但其强调的是一种形式上的平等,具体审查仍然需要诉诸比例原则的适用。由此可见,平等保护原则追求的是一种形式意义上的保护,也是阻却违宪审查事由的形式表达,其与比例原则一起构成形式与实质两个层面的基本违宪阻却事由。

---

① 李建良:《基本权利与国家保护义务》,载《宪法理论与实践(二)》,学林文化事业有限公司,2000,第156页。
② See Alexandre Kiss, "Commentary by the Rapporteur on the Limitation Provisions", in *Human Rights Quarterly*, Vol. 7, 1985, p. 16.
③ 黄金荣:《〈经济、社会、文化权利国际公约〉国内实施读本》,北京大学出版社,2011,第25页。
④ 法治斌、董保城:《宪法新论》,元照出版公司,2006,第183页。

基本权利限制理论对于公民权利保障和宪法价值实现具有非同寻常的意义。然而，目前国内基本权利限制理论存在的最大弊端，或其他弊端之渊源，主要是基本权利理论中对社会权的忽视。社会权因其自身的特性，而与传统自由权的限制理论迥异。本书立足社会权，考察基本权利限制理论的缺失及其成因，并试图加以补正。对该缺失的探索不仅是对基本权利限制理论的回应，同时也是对社会权方面忽略限制理论这一问题的填补。但是，无论是社会权保障理论还是基本权利限制理论，都是宪法研究中至为重要的问题，两者仍需更深层次的理论对话与沟通。

第二节　实践层面社会权限制的必要性考量

当前的基本权利限制理论由于一系列原因而无法涵摄社会权，造成了社会权限制在权利限制和基本权利限制研究中被忽视，以至于无法应对现实生活中有关社会权保障不充分的问题。之所以对社会权予以限制并进行系统研究，除了基本权利限制理论的相关缺失以外，还应该考量社会权限制的必要性。正向视角考量社会权限制，主要回答为什么限制社会权，以及社会权滥用和过分保障将带来什么样的社会问题。换言之，社会权与自由权的权利冲突以及社会权内部的权利冲突要求限制社会权；社会资源的有限性以及国家的财政税收能力也同样制约着国家实现社会权的投入力度；另外，过度保障社会权和社会权的滥用带来的一系列问题同样要求对社会权予以限制。因此，本节从社会权保障不当带来的相关问题这一正向视角来论证社会权限制的必要性。

一　基于权利实现的限制必要性

权利有道德权利与法定权利之分，道德权利主要是一种应然权利，是法定权利的基础，但其又与法定权利具有泾渭分明的界限，其中最突出的表现乃在权利的实现过程中。权利的实现过程实质上就是权利被限制的过程，完全的自由是不存在的，自由得以实现要么限制自我的自由，要么剥夺他人的自由。正如密尔所言："唯一实称其名的自由，乃是按照我们自己的道路去追求我们自己的好处的自由,只要我们不试图剥夺他人的这种自由,不试图阻碍他们取得这种自由的努力。"① 然而在自由的实现过程中,一切理论假设的美好都会变形,最终都要被强权、习惯、道德或者感情等因素所羁绊,毕竟我们都是生活在这个社会之中的,"权利的概念是以社会生活的概念为基础的"②,甚至可以说这些权利只能是来自他所处的生活环境,从而受客观生活世界的限制。

(一) 权利冲突需要调适机制

众所周知,权利的冲突主要是指正当的、合法的权利之间产生的冲突,侵权行为和违法行为并不构成权利冲突。那么正当合法的权利之间又为何存在冲突呢?答案虽然莫衷一是,但是通说认为"任何一种权利都存在一个运用和行使的适当与否的问题"③。即权利的行使是有限度的,任何权利都不是绝对的,承认绝对权利的存在最终都会转变为对专制的崇拜,正如若斯兰所言:"权利行使太过,成为不公正"④。以我们最为常见的广场舞为例,跳广场舞者拥有健身和娱乐的权利,这种权利可称为一般行为自由,如若正常行使是不会造成权利冲突发生的。但是,如果工作日的晚上跳广场者在小区楼下跳至深夜,则会影响其他人的休息,造成他人健康权和休息权受到干扰。此时,跳广场舞者的一般行为自由就与另一部分人的健康权和休息权发生冲突。这种权利冲突也就需要一定的调适机制,如提前结束,或者转换场地等,这本身就是对一般行为自由的限制。

具体到社会权,一般将其与自由权之间的冲突作为否定社会权可诉性的理由,对此有学者指出权利冲突具有普遍性,无论是自由权还是社会权,都存在冲突的可能性,即"所有权利的保护和实现最终都需国家的强制力保障,都依赖于国家的积极行动,认可社会权的相互冲突性和经济代价性,就必须承认自由权也具有相同的特征"⑤,因此将社会权的相互冲突性作为否定其可诉性的理由,显然不成立。可见,上述观点旨在否定自由权与社

---

① 〔英〕约翰·密尔:《论自由》,许宝骙译,商务印书馆,2014,第14页。
② 〔法〕狄骥:《公法的变迁》,郑戈译,商务印书馆,2013,第6页。
③ 刘作翔:《权利冲突:案例、理论及解决机制》,社会科学文献出版社,2014,第185页。
④ 〔法〕路易·若斯兰:《权利相对论》,王伯琦译,中国法制出版社,2006,第2页。
⑤ 龚向和:《社会权与自由权区别主流理论之批判》,《法律科学》2005年第5期。

会权在权利冲突上存在区别，但也同样指出社会权与自由权之间是存在冲突的。这种冲突可以放置在福利国家的演变过程中加以考察。

从传统夜警国家到福利国家的转变，最典型的变化就是政府职能的改变，所有反对社会福利思想的西方自由主义知识分子基本上都认为国家的过度介入危及个人自由的实现。正如面对英国的济贫法制度，李嘉图认为济贫法不能使贫者变富，却使富者变穷，因为"如果根据法律，每位需要救助的人都一定能获取这种救济，并且救济程度足以使其过上舒适生活，那么从理论上讲我们会预计到把所有税款加在一起都没济贫税这一项重"[①]。国家提供正面的社会福利，除加重税收以外，洪堡认为这种所谓的关怀还有可能产生形式的单调；破坏和妨碍外在的哪怕是身体的活动和外在的环境对人的精神和性格的反作用；必然妨碍个性和特长的发展；从而增加国家行政管理的困难；最后在一些重要的事情上，它扭曲着正确的和自然的观点。[②] 可见，在西方学者那里，国家积极提供社会福利，保障社会权对于自由权和人的个性自由都带来一定程度的限制，也从中可以看出自由权和社会权之间的矛盾与冲突。

除此之外，自由权与社会权的冲突在具体权利中主要表现为某一权利的两种属性之间的冲突。在我国，部分学者将自由权与社会权作为基本权利的两种性质，虽然这种分类是值得商榷的，但从另一角度可以发现所有的基本权利既具有积极权利属性，也具有消极权利属性，而两种属性之间也存在冲突。以劳动权为例，学者认为国家对劳动权的积极保障具有双重面向，即保障社会权与约束自由权，而作为自由权层面的劳动权和社会权层面的劳动权存在一定的张力，可能产生冲突。[③] 无论是自由权和社会权之间的冲突，还是某一基本权利的两种属性之间的冲突，都需要一定的调和机制来缓和冲突，保障权利的实现，这种调和机制非限制理论莫属。

---

① 〔英〕大卫·李嘉图：《政治经济学及赋税原理》，周洁译，华夏出版社，2013，第74页。
② 〔德〕威廉·冯·洪堡：《论国家的作用》，林荣远、冯兴元译，中国社会科学出版社，1998，第36页。
③ 周婧：《试论宪法劳动权的双重性格》，《南京农业大学学报》（社会科学版）2006年第2期。

(二) 社会权实现具有条件性

权利的实现是有成本的。人类之所以花费大力气来组织政府，其最主要的目的就是保障自由和权利的实现，可见权利依赖于政府的运作，而权利的实现需要钱，政府的组建和运作也需要钱，如果没有公共资助和财政，权利就无法得到保护和实施。因为实现权利需要政府作为，哪怕是自由权亦是如此，桑斯坦教授明言："一个自由主义的法律制度不仅消极地保护财产不受侵犯，而且积极地防卫财产免受侵犯"[1]。而财产权之所以能够存在，主要是因为法律创制了占有制度和使用制度，政府利用公帑建构了一系列的财产权保护制度。除此之外，另外一句法律格言也告诉我们成本对于权利实现的意义，即"有权利，便有救济"。任何权利的存在都需要救济，如果没有救济则谈不上法律意义上的权利。在现代社会，大规模的私力救济早已为人类所摒弃，所有的权利救济途径都需要政府提供，可见"权利是昂贵的，因为救济是昂贵的"，毕竟"几乎每一项权利都蕴含着相应的政府义务，而只有当公共权力调用公共资金对玩忽职守施以惩罚时，义务才能被认真地对待"[2]。简而言之，没有法律上可实施的义务，就没有法律上可实施的权利。与权利相对应的义务的履行就必然要求国家承担相应的成本和消费。

既然所有权利都是积极权利，都需要国家相应的投入，但相应的投入并不等于公民的权利获得了实现。换言之，国家投入只是权利实现的必要条件，但并不是唯一条件。人权的实现是一个系统工程，是整个社会系统相互配合的结果。李步云教授等认为人权实现的社会条件大概包括六个方面，即市场经济、民主政治、法治国家、理性文化、社会和谐以及反对霸权和不干涉他国内政，其中市场经济为人权实现提供经济基础；民主政治是人权实现的政治前提；法治国家是人权实现的制度保障；理性文化是人权实现的思想基础；社会和谐是人权实现的重要因素；而反对霸权和不干

---

[1] 〔美〕史蒂芬·霍尔姆斯、凯斯·R. 桑斯坦：《权利的成本——为什么自由依赖于税》，毕竞悦译，北京大学出版社，2011，第38页。

[2] 〔美〕史蒂芬·霍尔姆斯、凯斯·R. 桑斯坦：《权利的成本——为什么自由依赖于税》，毕竞悦译，北京大学出版社，2011，第26页。

涉他国内政则是人权国际合作的基本原则。① 可见，人权的实现需要经济成本做基础，但同时也需要现代社会所孕育的制度架构作支撑。

相对于其他权利而言，社会权的实现对社会条件的要求会更高。因为社会权不仅同其他权利一样需要国家提供制度支持和救济渠道，同时还具有鲜明的给付色彩，其实现必然要求国家采取积极措施给予特定主体以金钱、实物等。以受教育权为例，国家为保障公民的受教育权，首先应该为公民提供物质性保障，如学杂费、奖/助学金、生活补贴等，也包括教学设施、实验器材等；除物质性给付以外，国家还应当提供一系列的组织程序和制度。② 由此可见，社会权的保障需要国家提供一系列保障措施，这些保障措施相对于自由权而言范围更广、力度更大，同样也要求国家具备充足的给付能力。

以上可知，权利的实现需要一定的条件，而社会权相对于其他权利而言其条件性更强。然而，社会权保障和国家给付能力之间总是存在张力，即"经济发展与公民的社会权之间存在此消彼长的冲突与矛盾，恢复经济发展必须采取财政紧缩政策，从而压缩公民的社会保障福利；而增加公民的社会保障福利必将影响经济发展速度"③。换言之，如果国家对社会权的支付总量过大，不仅不利于权利保障，还会危及经济社会的可持续发展，因此无论是国家给付还是公民主张，社会权的保障都应该具有合理限度，而有限度的控制则不可避免地要求对社会权的权利内涵和现实主张作出一定的限缩，这种限制不仅是权利规范的内在要求，也是社会可持续发展的必然选择。

（三）国家干预权利实现要有合理限度

权利成本理论认为权利的实现离不开国家的介入，甚至说没有国家提供救济渠道，权利本身就无法存在。简言之，虽然国家介入直接关系到权利实现程度，但是国家权力必然是有界限的，尤其是在干预权利实现的过程中。

---

① 广州大学人权理论研究课题组：《中国特色社会主义人权理论体系论纲》，《法学研究》2015年第2期。
② 莫静：《论受教育权的国家给付义务》，《现代法学》2014年第3期。
③ 龚向和：《论社会权的经济发展价值》，《中国法学》2013年第5期。

首先，基本权利的消极属性决定国家权力干预的限度。一般而言，基本权利具有积极权利与消极权利两种属性，在德国也被称为主观权利与客观价值秩序功能。基本权利的积极色彩固然要求国家履行相应的义务以促进权利的实现，但是基本权利的消极属性又将保持对国家权力的警惕，以防止国家过度介入而造成权力的滥用。以社会权为例，虽然社会权具有鲜明的积极权利属性，但是社会权的消极层面仍需要国家予以尊重，如公民具有职业选择的自由、接受何种教育的自由以及文艺创作的自由等，甚至公民具有决定是否接受国家救济的自由，这些自由都要求国家权力保持谦抑，从而尊重公民个人的自由选择。

其次，国家与市民社会的分野也同样要求国家权力不应大规模介入社会自治领域。国家与市民社会的关系一直以来都是学界关注的重要问题，伴随着我国市场经济的发展，以往将国家视为大包大揽主体的观点已经为大部分学者所摒弃，而"如果国家无所不在，那么国家也就不存在了"[1] 的观点基本成为主流。可见，在多元国家的大背景下，国家与社会二元论仍然具有区分之必要，虽然这种区分也随时发生着变化，甚至两者存在交集，但正如学者所言，"市民社会与国家的二元分立的确发生于西方，但其进步性和趋向则是人类社会的，是人获得解放和平等、自由发展的必然结果"[2]。基本权利的保障在这一大背景下呈现更为清晰的路径，即国家与社会应各自承担相应的功能。故而，"国家社会二元论，使国家行为有所限制，司法审查才有实益。特别是在现代福利国家，如果国家给付总额不予以约束，个人基本权终将因高度租税负担而空洞化，此亦涉及国家职权与任务问题"[3]。综上，国家与市民社会的分野要求国家和市民社会在各自领域内履行相应的职能，即使这种领域难以严格划定，然国家权力必须在原本属于市民社会的领域保持谦抑，以促使国家责任的明确，促进市民社会的成熟。

最后，具体到社会权，厘定国家责任的界限更为迫切。最主要的原因

---

[1] Emile Durkheim, *In Anthony Giddens*: *Durkheim on Politics and the State*, Cambridge: Polity Press, 1986, p.57.
[2] 马长山：《国家、市民社会与法治》，商务印书馆，2015，第204页。
[3] 葛克昌：《国家学与国家法：社会国、租税国与法治国理念》，月旦出版社，1995，第38页。

莫过于社会权对国家给付的依赖。相对于自由权而言，社会权对福利国家时代的政府提出了更高的要求，这一要求必然使国家权力介入市民社会，这也是对传统基本权利防御权功能的突破。这种大规模的介入如果不予以合理界定，势必带来国家权力的扩张，不仅给自由权带来威胁，也使公民负担加重的可能性急剧增加，从而使社会面临极权主义的风险。另外，社会权还要求国家履行相应的义务，然而这些义务本身也应该有限度，因为国家能否履行义务和履行义务的程度并不是一蹴而就的，其不仅关系到国家的发展水平，也与社会和公民个人的接受能力，以及统治者的治理能力密切相关，甚至受制于整个社会的文化传统和治理理念。因此，过分强调社会权的国家义务有可能带来更大的政府治理风险，从而不利于公民基本权利的保障和整体社会安全。可见，无论从国家权力的角度还是国家义务的立场都应该合理界定国家在社会权实现中的角色定位，保证权利与权力之间的良性互动。

以上从权利实现的角度对限制社会权的必要性展开论述，而权利实现过程中必然要面临权利冲突，权利的最终实现也需要满足一系列的社会条件，其中最为关键的是国家的介入。无论是权利冲突的化解、社会条件的满足以及对国家权力的控制，都需要慎重对待社会权，都需要对社会权实现的过程和程度予以合理化，否则不仅会带来权利滥用的风险，也会造成国家权力过度膨胀的弊端。

二 基于社会发展的限制必要性

权利的实现需要克服权利滥用的弊端，也要清晰界定权利的实现条件和国家的干预程度，总体而言，是基于权利实现的视角，主要围绕个人权利保障层面来考量社会权限制的必要性。然而，众所周知的是实现权利不仅关系到个人利益与需要的满足，同时也直接或间接影响着社会的发展。权利的社会属性要求其实现过程应该以维护社会的可持续发展为己任，在权利的核心内涵得到践行的同时，也要实现从社会发展层面限制以社会权为代表的基本权利。

社会权的实现最终决定于一定时期社会的总体可供资源，而社会可供资源的有限性就从根本上决定了人类需求的限度，也间接限制了社会权的实现程度。然而，作为基本权利的社会权最终要求国家提供必要保障，而社会可供资源的总量决定了国家保障权利的总体水平，连接社会可供资源与国家投入力度的纽带就是税收。税收法定主义和量能课税两大原则成为限制国家征税权的宪法性原则，虽然税收是国家收入的重要来源，国家税收的多寡直接决定了社会权的实现程度高低，但是税收毕竟涉及对公民财产权的"侵犯"，因此必须受到宪法限制。另外，公共利益作为宪法保护的重要法益和公民权利赖以实现的社会基础，同样要求对不当行使权利的行为进行必要的限制，从而营造权利保护的公共话语。

（一）资源有限性理论要求限制人类需求

权利，无论是作为利益还是人类需要，其保障依赖于社会资源的提供，然而"资源的有限性、人们需要的无限性及其它们之间的矛盾，是当今世界一个最基本的事实"[①]。从历史的维度来看，人类之所以到资本主义社会才发展出较为完善的权利保障体系，也一定程度上表明"为权利而斗争"的观念受制于社会的发展程度。相反，随着社会的不断推进，可供人类支配的社会资源越来越多，而资源分配的不平等和生活水平差距的拉大导致低生活水准的人要求通过一系列手段争取权利的平等，最典型的例子就是社会权在近代西方国家的发展。正如康芒斯所言："因为资源是有限的，人们之间才发生了各种各样的冲突，同时也产生了因为相互依存所需要的秩序；因为资源是有限的，才有了所有制与分配的问题，才有了公平、道德和法律问题。假设资源是无限的，人们生存发展所需要的一切应有尽有的话，那么，所有制、分配、道德、法律等都会成为多余的了。"[②]

有鉴于此，学者从社会资源与人类需求的角度对人权作出定义，认为"人权是社会可供资源与人类本能需求之间的一种契合"[③]，而社会可供资源和人类本能需求都是可变的，人权也因两者的不断变动在内容和实现程度上发生着变化。换言之，人权的实质就是"由社会中的人在相互交往的过

---

① 刘世廷：《资源有限性与人类需要无限性的矛盾——人类社会基本矛盾的现代透视》，《科学社会主义》2006年第6期。
② 〔美〕约翰·R.康芒斯：《制度经济学（上）》，于树生译，商务印书馆，1997，第99页。
③ 何志鹏：《人权的来源和基础探究》，《法制与社会发展》2006年第3期。

程中逐渐推演出来的，是人自己在寻求生存和发展的过程中，在人类社会生活的逐渐探索中，随着实践的发展，找到了这样一条道路，这条道路被肯定之后才成为公认的制度"[1]。由此可见，"需求的无限与资源的有限之间的矛盾导致在资源的分配和竞争中必定存在激烈的冲突"[2]，这一冲突也间接证明权利本身就属于一种稀有资源，这一资源的拥有和维持都需要成本，也都需要一定的限度。

具体到社会权，因其具有天然的给付性质，从而对社会资源的依赖程度更高，对社会总体公平制度的依赖程度也很高。就社会权与社会可供资源的关系而言，不仅在社会权实现上与资源分配有关，甚至有学者认为公民福利权利的客观事实基础就是每个人对自然资源的平等权利，也就是因为每个人对自然资源所拥有的平等权利才使得公民对国家拥有福利要求权。相应地，"为了保证实现每个公民对本国自然资源的平等权利，就需要由有关的国家机构将一定时期内全体劳动者创造的物质财富中所包含的自然资源部分按市场价格分割出来，作为国家福利政策的物质资源"[3]。可见，正是由于每个人平等地拥有社会总体资源，也就相应地要求国家有义务建构相关制度来维系权利的实现。

当然，社会可供资源并不仅仅是指狭义的物质资源，虽然物质资源是其他可供资源的基础，除此之外社会权的实现还应依赖除物质资源以外的制度资源、文化资源等。所谓的制度资源就是国家保障社会权的过程中应构建相应的制度，如社会保障制度、最低生活保障制度、义务教育制度、全面医疗保障制度和劳动争议仲裁制度等。这些制度资源也具有相应的时代性，如在20世纪六七十年代的中国，公民要想享有当前的医疗保障可以说毫无可能性。因此，制度资源也决定了社会权的实现程度，是除却物质资源以外的另一重要的决定性资源。也就是说，虽然社会可供资源的总量在扩大，国家拥有的财富也在扩大，但是国家如果不建立相应的社会保障制度，则公民同样无法享有相应的权利。

---

[1] 何志鹏：《权利基本理论：反思与构建》，北京大学出版社，2012，第117页。
[2] 征汉年、陶广峰：《现实的困惑：权利冲突——权利冲突的成因、形式与化解之管见》，《中州大学学报》2006年第1期。
[3] 杨伟民：《论公民福利权之基础》，北京大学出版社，2017，第23页。

就文化资源而言，其内容受制于物质资源的同时，也具有相应的独立性。因为在现代民主国家，构建一项社会权保障制度必须在社会中达成文化共识，美国前总统奥巴马试图推进的全民健康保险制度就是如此。从另一个侧面看，文化资源沟通物质资源和制度资源，因为人类建构制度的过程就是相关文化共识达成的过程，物质丰富只是为社会权保障提供可能性，而社会责任感的提高方为建构制度提供直接的理论渊源。可见，无论社会可供资源的种类为何，其总体的有限性都不可否认，这种有限性本身就决定了人类需求的界限，也赋予国家限制公民的社会权以合法性。

（二）税收法定主义与量能课税原则的必然要求

社会权的保障最终决定于社会总体可供资源，但更为直接的决定因素乃是国家所能支配的资源总量，毕竟基本权利的保障程度与国家义务的履行程度密切相关。社会总体资源的有限性决定了国家拥有资源的多少，但是其中的关键环节乃是社会可供资源向国家可支配资源的转化机制，这种机制虽然表现形式多样，但在现代社会，税收是最为常见也是最重要的合法性手段。在现代福利国家的大背景下，社会法治国家"从支出面之给付国家，与收入面之租税国家有密切关联性，国家没有充裕的租税收入，即无法再维持治安、国防和法律秩序之外，对人民生存照顾予以给付"[1]，因此，在现代给付国家，租税提供财源以推动国家各种治安、经济及社会任务。因国家征税权本身是对社会的直接干预和对公民财产权的限制，其不当行使的危害性极大，故而应对其进行控制，其中"税收法定主义原则和量能课税原则是宪法为征税权运行所设定的两大建制原则，分别构成了对国家征税权的形式和实质性控制"[2]。

税收法定主义，"是指税法主体的权利义务必须由法律加以规定，税法的各类构成要素皆必须且只能由法律予以明确规定；征纳主体的权利义务只以法律规定为依据，没有法律依据，任何主体不得征税或减免税收"[3]。当前，一般认为税收法定主义的主要内容包括课税要件法定、课税要件明

---

[1] 葛克昌：《所得税与宪法》，北京大学出版社，2004，第81页。
[2] 钱俊文：《国家征税权的合宪性控制》，博士学位论文，苏州大学，2006。
[3] 张守文：《论税收法定主义》，《法学研究》1996年第6期。

确和征税程序合法等三个方面。① 然而,税收法定主义并不局限于税法领域,在许多西方国家,它都是宪法规定的重要原则之一,可见税收法定主义直接贯彻了保障基本权利和限制国家权力的理念,即"税收法定主义的实质在于在政府征税过程中对公民的合法权利进行保护"②。然而,税收法定主义在限制国家征税权的同时,"也为征税提供正当性基础","为保障国家财政收入提供法律依据"③。因此,税收法定主义在宪法上的基本内涵应包括三个层面:第一,宪法和法律明确赋予国家征税权,从而保障税收秩序和国家财政基础;第二,国家的征税权的设立和运作必须在宪法法律的控制范围之内,即"无法律即无税收";第三,国家在行使征税权的时候应保障公民权利,即"税法并非征税之法,而是保障纳税人基本权利的权利立法"④,另外,纳税人在享有国家给予的公共福利之外还拥有知情权、确实权、公正权、依法纳税权等权利。可见,税收法定主义并不是单纯赋权、控权或者保障权利,而是旨在实现国家权力与公民权利的动态平衡,既要促使国家合法行使征税权,以保障国家财政基础,又要保障公民的财产权等基本权利。

量能课税原则是指纳税人之税收负担应当按照其经济负担能力进行分配⑤,即在公平原则的指引下,量能课税原则要求"具有相同税收负担能力的人负担同样的税收;不同税收负担能力的人,只负担与其税收负担能力相适应的税收"⑥。可见,量能课税原则的实施主要具有两个层面的意义,即"一为容许国家按人民负担税捐之能力依法课征税捐,一为禁止国家超出人民负担税捐之能力课征税捐"⑦。因此,量能课税原则仍然是基于国家与公民之关系展开的,一方面要求人民应按照社会连带主义的要求,履行相应的社会义务以辅助弱者;另一方面又要求国家征税过程中必须保留给

---

① 刘剑文、熊伟:《税法基础理论》,北京大学出版社,2004,第104页。
② 李伯涛:《税收法定主义的立法表达》,《学术交流》2015年第10期。
③ 刘国:《税收法定主义的宪法阐释》,《华东政法大学学报》2014年第3期。
④ 〔日〕北野弘久:《税法学基本原理》,陈刚、杨建广等译,中国检察出版社,2000,第34页。
⑤ 陈清秀:《量能课税与实质课税原则》,《月旦法学杂志》2010年第8期。
⑥ 熊伟:《法治视野下清理规范税收优惠政策研究》,《中国法学》2014年第6期。
⑦ 黄茂荣:《法学方法与现代税法》,北京大学出版社,2011,第191页。

个人生存及发展之必要余地。换言之，国家在行使征税权过程中应保障公民的生存权，同时应坚持实质平等原则。可见，量能课税原则契合了现代福利国家的理念，即国家应对弱势群体负有特殊生存照顾的义务，然而国家保障公民基本权利时必须依赖相应的物质基础，"这就意味着国家征税权的扩张应该有一定限度，否则公民基本权利可能因物质基础欠缺而最终落空"①，故而基本权利限制过程中，公民生存权不可忽视。

无论是税收法定主义还是量能课税原则，都围绕着国家征税权和公民基本权利之关系展开。国家征税是为了使自身拥有履行提供福利和公共服务义务的财政基础，而征税本身却又是对公民财产权利的限制和剥夺，因此税收法定形式上界定了国家征收权的权限，量能课税则又从实质上提供了公民财产权面对征税权力时的自我保护机制。这样，税收法定主义和量能课税原则既合法地限制公民权利以保障国家权力的存续，又明确国家权力的边界以保障公民基本权利的实现，最终达到权利与权力之间的动态平衡。

（三）公共利益优位性提供外在正当性

公共利益的概念界定需要考察整个政治法律思想史，但到目前为止仍然没有统一的答案。近年来我国关于公共利益的讨论可谓聚讼纷纭，笔者在知网上以公共利益作为主题词加以搜索，共有文献 27840 条结果；以公共利益作为篇名共有 2987 条结果；而以公共利益作为关键词则有 6138 条结果。由此可见公共利益在近年来学术研究中的热度。但是对于何谓公共利益，具体有哪些公共利益，在目前的研究中仍无定论，甚至有学者说："也许，公共利益永远只能被说明而不能被定义。"② 对于公共利益的研究虽然汗牛充栋，但基本上在公共利益优先于个人利益上的共识已基本达成，虽然这种优先并不是绝对的，而应该放在个案中去考量。

对于公共利益的讨论，虽然自由主义者、功利主义者、社群主义者等都有所涉及，但其中社群主义者的论述因其立足于对人的社会性及公共性

---

① 汤喆峰：《税收合宪性的判别标准》，《法学》2017 年第 9 期。
② 刘连泰：《宪法文本中的征收规范解释——以中国宪法第十三条第三款为中心》，中国政法大学出版社，2014，第 68 页。

的尊重,而对公共利益的有限性强调更为突出。社群主义者眼中的公共利益乃是公共的善的物化形式,主要包括两大类:一类是产品形式的公共利益;另一类是非产品形式的公共利益。各种社会福利就属于产品形式的公共利益;非产品的公共利益在戴维·米勒那里主要有三个基本特性:"第一,这种物质利益不可能只提供给某个人,而不提供给其他人;第二,这种利益具有相关性;第三,这种公共利益还涉及某些基本的人际原则,如诚实、奉献等。"[①] 政治哲学领域对公共利益的评价还应回到法理学的范畴进行探讨,庞德对公共利益的论述主要是从国家利益和社会利益两个层面展开的,其认为公共利益主要是"以有组织的政治社会的名义提出的主张;简单地说,就是国家、就是有组织的政治社会"[②]。可见,庞德所谓的公共利益,其实主要是指我们所谓的国家利益,而"庞德所指的社会利益与我们所称的公共利益更为接近"[③]。这里的社会利益是指涉及文明社会的社会生活并以这种生活名义提出的主张、要求和愿望,主要包括公共安全、社会制度安全、公共道德、保护社会资源、社会发展以及人类个体生活中的社会利益等。在此基础上,庞德反思了18、19世纪以来涉及对自由限制的观点,即只有在为了维护自由而有必要时,对自由的限制才是合法的。庞德认为这只是从个人自由角度出发考虑公共安全的最高利益的方法,而试图通过单一的社会利益控制司法是徒劳的,因为其他社会利益也不可被忽略。庞德甚至得出结论说,法律的产生和原始法的存在也只是为了维护社会利益中的和平与秩序,除此之外,对于"作为公共利益,政治组织社会的尊严是通过限制个人权力,即通过限制他坚持权利主张和提出针对政府的要求来确认和保护的"[④]。从以上论述可以看出,庞德认为公共利益优先性是必不可少的,而为了公共利益而限制个人权利也具有一定的正当性。

具体到我国的法律规范中,涉及公共利益优先的条款也非常多,其中《宪法》第10条第3款、第13条第3款以及第51条对此作了规定。除《宪

---

① 俞可平:《社群主义》,东方出版社,2015,第118~119页。
② 〔美〕罗斯科·庞德:《法理学(第三卷)》,廖德宇译,法律出版社,2007,第180页。
③ 刘连泰:《宪法文本中的征收规范解释——以中国宪法第十三条第三款为中心》,中国政法大学出版社,2014,第83页。
④ 〔美〕罗斯科·庞德:《法理学(第三卷)》,廖德宇译,法律出版社,2007,第188页。

法》以外，许多部门法也规定了大量的关于公共利益优先的条款，其中行政法在基础理论层面还发展出了以公共利益本位论作为整个行政法的理论基础①，即认为"行政法的基础是一定层次的公共利益与个人利益之间的关系"②。在具体立法中，主要体现在《城市房地产管理法》第 6 条、《土地管理法》第 2 条第 4 款、《行政许可法》第 8 条第 2 款等。除此之外，在刑法、劳动法、诉讼法等领域也多有涉及。

基于上述关于社群主义的理解，本书所界定的社会权限制理由之一的公共利益是产品形式的公共利益还是非产品形式的公共利益呢？一般意义上，有关社会权的公共利益往往是国家限制公民财产权和自由权的阻却违宪事由。因此，在这里如何界定社会权与公共利益的关系至关重要。以上，我们可以看出大家往往将公共利益作抽象和具体两种解释，在抽象形式下的公共利益包含社会福利，此处广义的社会福利显然又包含社会权。但是，这种分析明显强调的是社会权的国家给付性质，强调的是国家对社会权的义务，以及社会权所具有的客观价值秩序功能。如果单纯从这方面来理解，社会权则无法被限制，社会权的基本权利属性会受到质疑，这显然与社会权的本质属性不相符。那么，此处社会权与公共利益的关系应做何种理解呢？笔者认为，社会福利固然属于公共利益之一，然而当其具体化为一种权利时，应该作为独立的权利类型加以表达，而不能再将之视为一种公共利益的类型。另外，公共利益中的社会福利也只是在理念层面适用，而在具体的规范条文中对于某一基本权利的限制，以及在具体的司法实践中，不宜过多使用社会福利，否则不仅可能削弱规范的可适用性，同时也不利于具体案件的审判，甚至会带来司法机关裁量权过大的风险。

三 基于权利滥用危害的限制必要性

权利滥用主要是指权利人在权利行使过程中超越了权利本身的限度以及社会的可接受能力，应受到法律苛责的行为。权利人在行使权利过程中天然具有扩张性，即最大限度实现自我权利，这在一定程度上就会导致权

---

① 叶必丰：《行政法的人文精神》，湖北人民出版社，1999，第 24 页。
② 周佑勇：《行政法原论》，中国方正出版社，2005，第 95~97 页。

利被滥用，无论民事权利还是其他权利皆有此可能性。具体到基本权利领域，有学者认为基本权利滥用有别于基本权利限制理论，其旨在"为了应对和规制那些背离了宪法所确立之价值的行为"，"可成为基本权利保障体系中的一项原则或原理"①。其实，对基本权利滥用加以研究并不是为探究滥用为何，而最终是为了禁止基本权利的滥用行为，即"预防和遏制基本权利的滥用，主要还是完善现存的基本权利保障制度、权利救济制度和宪法实施等制度，特别是制约和规范国家权力"②。保障公民的社会权是基于对传统自由放任主义的反思中提出来的，但是它每时每刻都受到极端自由主义者的抨击，并认为社会权保障应受到严格限制，否则将会带来一系列危机，因此警惕社会权被滥用的声音一直不绝于耳。然而，当前我国法学界对社会权的研究仍然专注于要求国家如何保障，虽然这仍是当前社会权实现面临的主要问题，但是回应对社会权的质疑，规范国家保障社会权的权力行为同样不可忽视。

（一）社会权滥用造成社会动力不足

从社会权的基本属性和保障范围来看，社会权的滥用主要可从两个侧面加以理解：一是公民个人在行使权利过程中滥用权利，二是国家在为公民提供社会福利时过度保障或者不当提供。无论哪一种滥用方式都不利于社会的良性发展，从而致使社会动力不足。

1. 社会权滥用造成公民依赖心理增长

在当前社会，社会福利提供的标准并没有一种科学的确定方法，而国家在提供社会福利的过程中主要依赖自身的经济实力。然而，民主制则有可能加剧执政者对于福利的过度投入，因为普通大众往往倾向于能够为其提供更好福利的政党上台执政，从而会将选票投向偏向于福利提供者的政党，这就使得部分政党为了获得执政权而过分提供福利，2009 年希腊发生的债务危机即是明证。对福利过度提供的反对一直是西方自由主义学者一贯秉持的立场，早在 19 世纪学者就围绕英国济贫法等阐述国家提供福利的危害，其中马尔萨斯就认为济贫法会影响人们的自立意识，根除人们的自

---

① 高慧铭：《论基本权利的滥用禁止》，《清华法学》2015 年第 1 期。
② 高慧铭：《论基本权利的滥用禁止》，《清华法学》2015 年第 1 期。

立精神。① 无独有偶，德国学者洪堡也认为，"只要国家正面关心外在的和物质的福利，哪怕是这种福利仅仅与内在的存在总是密切相联系的，这就不能不妨碍个性的发展"②。可见，过分保障社会权，使得公民有滥用社会权的嫌疑，容易养成不劳而获的消极心态，而在我国，"过度认可并强调社会权可能会导致公民的观念倒退至基本权利由国家赋予阶段，阻碍我国公民宪法意识的进一步提高"③，从而总体上不利于推动法治社会的进步和发展。

2. 社会权滥用造成经济发展动力不足

社会权的保障虽然主要要求国家履行相应的义务，但是国家会通过制定相应的法律法规将部分责任转移到企业身上，最典型的莫过于劳动权和社会保障权。以劳动权为例，国家要求企业对于劳动者要提供合适的劳动条件，要保障劳动者的休息休假的权利，这本身就是对企业用工制度的干预。当然这种干预是否达到滥用的程度还需要进一步讨论。而就社会保障而言，则是国家直接要求企业履行相关社会义务，为公民的社会保险承担相应的责任。但如果这种责任过大则会导致企业生产成本过高，从而为经济持续发展带来阻力。以我国当前的《劳动合同法》为例，一些学者甚至政府官员都指出其存在的相关问题，人力资源和社会保障部前部长尹蔚民在 2016 年 2 月 29 日举行的新闻发布会也提及，《劳动合同法》"在实施的过程中，也反映出一些问题，主要集中在两个方面：第一，劳动力市场的灵活性不够；第二，企业用工成本比较高"④。对此，有学者认为，"劳动合同法一些条款灵活性不足，主要表现在用人单位解除、变更劳动合同比较难、成本比较高。应修改劳动合同法，适度提高劳动力市场灵活性，并降低企业的用工成本"⑤。可见，社会权的保障需要平衡社会承受能力和公民

---

① 〔英〕马尔萨斯：《人口原理》，朱泱、胡企林、朱和中译，商务印书馆，1992，第 33～36 页。
② 〔德〕威廉·冯·洪堡：《论国家的作用》，林荣远、冯兴元译，中国社会科学出版社，1998，第 49 页。
③ 陈征：《国家权力与公民权利的宪法界限》，清华大学出版社，2015，第 92 页。
④ 《国新办就就业和社会保障有关情况举行发布会》，www.china.com.cn/zhibo/2016-02/29/content_37880605.htm，最后访问时间：2018 年 2 月 5 日。
⑤ 谢增毅：《劳动力市场灵活性与劳动合同法的修改》，《法学研究》2017 年第 2 期。

权利之间的关系，如果过度保障社会权从而造成经济发展动力不足，则从整体上破坏了社会权的保障程度，既不利于公民权利保障，也不利于经济的发展。

3. 社会权的滥用造成社会活力不足

国家介入市场的程度过大势必造成市场本身具有的独立性、平等性出现问题。以上可知，社会权保障的过度不仅会造成个人对社会福利的严重依赖，从而削弱了个人参与社会劳动的积极性，还会造成劳动力短缺，带来一系列社会问题。对于企业而言，国家过度赋予其社会责任，使其劳动成本、用工成本上升，同时税收的增加也会使企业利润降低，从而不利于其扩大再生产。社会权过度保障无论对个体而言，还是对企业而言，都会对社会活力造成威胁，不利于社会的持续发展。故而，英国著名自由主义经济学家、社会学家穆勒在坚持个人自由的同时，认为政府可以进行有效干预和有限救济，但是需要重点解决的问题乃是如何最大限度地给予必要帮助而又尽量不使个人过分依赖这种帮助。①

（二）社会权滥用造成国家资源的浪费

国家对于公民的社会权保障投入一般都直接来源于财政支出，而公民如果恣意滥用社会权，则可能直接造成国家资源的浪费，从而威胁社会权的正常运行。或许有人提出社会权一般都是国家给付，公民个人基本上不存在滥用的可能，这种观点显然有失偏颇。在我国，当前仍然存在一些滥用社会权的现象，如有人开办职业技术院校骗取国家补助等等。除此之外，国家在农村实行最低生活保障制度，少数村干部利用制度漏洞，骗取最低生活保障金或者挪用农民最低生活保障金等。这些行为都直接或间接地滥用了自己或者他人的权利，造成国家资源的流失和浪费。

社会权滥用的典型事例在我国台湾地区主要表现为医疗资源的浪费。台湾地区实行"全面健康保险制度"，该制度自建立以来一直面临着财务危机问题，据台湾地区"健保局"统计，截至 2009 年底，全台健保收支短绌高达 588 亿元。虽然造成这一财政困局的原因非常多，但是医疗资源的浪费

---

① 〔英〕约翰·穆勒：《政治经济学原理》（下卷），赵荣潜等译，商务印书馆，1991，第 558~559 页。

也是不可忽视的因素之一。在"自付3元、享受10元"的心理暗示下，民众争相前往医疗机构看病、买药甚至经常住院；全民健保实施后，台湾人民变得"爱逛医院、爱拿药、爱检查"；一些不良医生和诊所骗取健保的案件层出不穷。台北市、高雄市等地方县市更是多年拖欠健保费，加之当局监管不善、浪费严重，健保的财务漏洞越来越大，也给台湾当局带来了沉重的财政压力。① 因此，有学者坦言："医疗资源浪费是台湾健保当前很重要的问题，导致了财务问题的日益恶化。"② 由此可见，在我国台湾地区的全民健保制度中，个体对医疗资源的浪费已经成为制约健康保险制度正常运行的重要原因。也从另一个侧面看出，社会权不仅可以滥用，而且一旦滥用会造成严重的社会问题。

（三）社会权给付标准过高导致自由权受损

确定社会福利的提供标准固然困难，但是如果社会权给付标准过高将会导致自由受到威胁的观点也基本得到认可。对此进行经典论述的是英国思想家哈耶克。哈耶克是典型的自由主义者，他提出了经典的相对保障（有限保障）和绝对保障的区分。相对保障主要强调政府应该保障人们免受严重的贫困，从而确保社会中所有人能维持最低限度的生存；而绝对保障则意味着政府要保障人们应该享有某种特定的生活水准，或者一个人或者一个集团与其他人或集团相比较的相对低位的保障。简单地说，两种保障"可以区分为一个最低限度的收入的保障和一个人被认为应有的特定收入的保障"③。在此基础上，哈耶克认为相对保障其实并不涉及福利国家问题，以往社会也已经提供了如此意义上的保障，而绝对保障才是福利国家所特有。哈耶克认为，这种绝对保障意义上的福利国家构成了对个人自由的威胁。它以整齐划一的生活剥夺了个人在诸多问题上的选择权。福利国家实

---

① 宋锡祥：《论台湾地区社会保障法律制度构建体系及其最新发展》，《海峡法学》2010年第4期。
② 朱铭来、龚贻生、吕岩：《论台湾地区全民健康保险财务危机——经验与教训之借鉴》，《保险研究》2010年第6期；廖添土：《台湾全民健康保险财务危机论析》，《重庆工商大学学报》2007年第1期。
③ 〔英〕弗里德里希·奥古斯特·冯·哈耶克：《通往奴役之路》，王明毅、冯兴元译，中国社会科学出版社，2015，第138~139页。

际上是一个"家长式国家"①。在这个时候,政府已经不再利用它手里的资源去谋求公共服务,而是运用这种强制性、专属性权力迫使人们得到权威人士认为他们所需求的东西,此时个人自由受到严重威胁。因此,学者认为,"如果人们过于从绝对的意义上理解社会保障的话,普遍追求社会保障,不但不能增加自由的机会,相反构成了对自由最严重的威胁"②。

哈耶克将国家提供最低生活保障排除在福利国家之外,从而认为除此之外的绝对保障时刻对人们的自由构成威胁,而这种绝对保障也就意味着更高程度的社会权给付标准。在具体权利中,社会权的保障的确需要限制公民的部分自由权。以我国台湾地区的全民健康保险为例,其首先对公民的财产权产生限制效应,即要求公民强制缴纳保险费以作为公法上的金钱负担义务,此系对于人民既有之整体财产状态之负担,因而其应界定为对于人民资产支配运用自由的限制;其次,"全民健保法"也规定了"全体国民"符合一定事实要件即自动成为保险关系当事人,并且公民并无权拒绝,可见这同样限缩了人民的一般行为自由,构成对人民自我决定权的限制;再次,全民健保虽然为全体国民提供生存照顾和最低生存保障,但该制度也有可能产生对人民生存权之侵害,即如果不对那些无力支付保险费的人民提供特殊举措,则会直接剥夺人民的生存物质基础,导致其生存权受到威胁;最后,全民健保制度还对部分公民的职业自由权作出了限制,如对于雇主、医疗服务提供者及私人医疗保险业者的职业自由产生不可忽视的限制效应。③ 正如学者所言,"政府实施社会保险所必需的强制投保措施以及伴随而来的保费负担,甚至在保险制度全民化之后所造成给付水准降低的情形,都可能对人民的基本权利有所侵害"④。

我国日渐完善的社会保障制度同样对相关基本权利产生一定的限制,而这些基本权利类型也基本涵盖财产权、一般行为自由、自我决定权、职

---

① 王立平、韩广富:《个人责任与有限保障——论哈耶克的社会保障思想及其理论渊源》,《内蒙古大学学报》(哲学社会科学版) 2009 年第 6 期。
② 〔美〕帕普克:《知识自由与秩序——哈耶克思想论集》,黄冰源等译,中国社会科学出版社,2001,第 285 页。
③ 蔡维音:《全民健保财政基础之法理研究》,正典出版文化有限公司,2008,第 40~55 页。
④ 钟秉正:《社会保险法论》,三民书局,2005,第 69 页。

业自由等。有学者也坦言:"基本权利的国家给付义务与基本权利的损害密不可分,因为社会权的实现必然以牺牲自由权为代价。"① 虽然这种口吻明显是一种对社会权的警惕,但是不难看出社会权滥用和过度保障有可能带来的风险也不可忽视。然而,我国基本权利限制体系和专门的宪法审查制度尚有待建立,社会权过度保障带来的对其他基本权利的侵害该如何控制和救济,仍需进一步探索。

第三节 社会权实现程度的判断标准需要限制理论

一定时期内公民的权利应该保障到何种程度受制于一系列因素,这必然导致权利实现标准的不确定性。以社会权为例,其实现不仅受制于权利主体的主张和可诉性程度,同时还受制于国家整体的保障水平和保障能力。可见,社会权实现程度的判断标准异常复杂,而实现程度本身又和社会权的救济等密切相关,这进一步凸显了确立社会权实现程度的判定标准在整个社会权研究中的重要地位。然而,在正面确定社会权实现标准十分困难的情况下,能否从限制理论的角度对国家保障社会权的范围加以反面厘定,将是本书接下来探索的重点。

一 社会权实现程度的判断标准存在争议

对于社会权实现程度的讨论历来没有统一的标准,这不仅受制于社会权自身的属性,同时也与国家社会政策不断变动有关。社会权实现标准的确定学界主要有以下观点。

(1) 社会权的实现程度没有判断标准也没必要设立标准。这种观点认为社会权实现依赖于国家的社会政策,其本身并没有拘束性,因此社会权实现到什么程度以及社会权如何实现都由国家根据其现实情况决定,即"国家采取何种保障措施或如何在行政上将其加以具体化,均应委任于立法

---

① 陈征:《国家权力与公民权利的宪法界限》,清华大学出版社,2015,第91页。

裁量或行政上的自由裁量"①。正因如此，宪法上的社会权乃是一种政策条款不具有规范意义，从而其实现标准的确定也并无多大意义。

（2）社会权的实现程度应有最低限度标准。这种观点乃是学界关于社会权实现标准的多数意见，即在承认社会权的实现具有相应的标准的前提下，认为这一标准的确定只是一种最低限度的保障。这一最低限度一般认为应该符合人性尊严且满足公民最低生活需要。正如芦部信喜教授所言："最低限度的生活水平为何，在特定时代的特定社会中，某种程度上是可以客观加以决定的"②。当然，最低限度的生活水准和合乎人性尊严的生活水准在具体内涵上可能存在一定差异，有学者认为后者在包含前者的基础上，还具有"维持人民最基本生活之制度建制"③的内涵，但是这并不否认社会权最低限度实现标准的可确立性。

（3）社会权实现程度的动态标准。该观点认为社会权实现程度具有相应的判断标准，但是这种标准并不是一成不变的，而是具有变动性。也就是说，社会权实现到何种程度应因社会发展的程度所决定，其伴随着经济社会的不断发展而呈现动态变化。这种观点主要体现在《经济、社会、文化权利国际公约》中，其中相关规定最为突出的字眼莫过于"采取步骤"、"逐步达到"和"尽最大能力"等，这充分反映了经济、社会和文化权利在实现过程和程度上的动态评判标准。另外，我国《宪法》第14条第4款的规定也从侧面要求社会权的保障程度应与动态的经济发展水平相适应。

以上对有关社会权实现程度的判断标准的相关观点进行了梳理，从中可以看出对于社会权实现程度应坚持何种标准学界并无通说。第一种观点认为社会权的实现程度没有判断标准也没必要设立标准的观点，不仅将社会权的实现程度完全诉诸立法和行政机关的判断，而且消解了宪法中有关社会权条款的规范意义，显然不符合宪法的规范意涵，同时也不利于在实践中保障公民的社会权。第二种观点和第三种观点具有共同的内容，都认

---

① 李建良：《论立法裁量之宪法基础理论》，《台北大学法学论丛》1999年第1期。
② 〔日〕芦部信喜：《宪法》（第三版），林来梵、凌维慈、龙绚丽译，北京大学出版社，2006，第235页。
③ 李惠宗：《宪法要义》，元照出版公司，2005，第225页。

为社会权应该具有最低限度的实现标准。换言之，第三种观点实质上是包含第二种观点的，即社会权实现的动态评价标准本身是需要承认最低限度实现标准的，如果不承认，那么第三种观点则十分危险，最终有可能滑向否定标准存在的观点之中。因此，本书认为应坚持社会权实现程度的可评价立场，同时将静态的最低限度标准和动态的发展标准相结合，从而实现社会权实质内涵与范畴外延之间的有效互动。

二 社会权实现程度的正面评价标准及其局限

以上我们讨论了有关社会权实现程度的判断标准的相关争议，不难看出决定采取何种判断标准并无定论，而本书首先承认这种判断标准的存在，从而将该标准的确定原则界定为静态兜底标准和动态发展标准相结合。然而，无论是静态兜底标准还是动态发展标准都是从社会权保障的正向视角加以展开，换言之都是坚持公民的社会权应该保障到何种程度的立场。这种方法对社会权实现程度加以评价固然较为直接和有效，但是其也同样存在一定的弊端，最典型的问题莫过于如何确定此标准。

（一）社会权实现程度的静态兜底标准

社会权实现程度的评价标准有静态和动态之分，两者都是正面的评价标准。所谓静态兜底标准主要是指社会权保障程度应满足公民的最低生活需要，对于公民生活起到兜底保障的作用，而这种兜底标准一定时期内是静态的、可度量的，对其作出评价也相对简单。现实中，社会权实现程度的静态兜底标准主要围绕公民作为"人"的最低尊严而展开，从这个层面讲，国家对社会权的保障程度实质上就是满足人之所以为人所最基本的需要，其内涵可以从以下三方面展开。

1. 符合人性尊严的基本要求

符合人性尊严的基本要求，首先解决的是人性尊严到底为何。这一问题在第一章有关社会权与人性尊严之关系的论述中已经提到。主要是指国家应提供符合人之为人所应获得的基本生存条件。然而，不难看出人性尊严的标准一定意义上具有相对性，其必然受限于一定的社会条件，其实现与公民平等权的保障也息息相关。因此，作为静态兜底标准的人性尊严既要求国家提供相应的基本生存条件,保障最低限度的社会权,也要求国家在保障的同时实现公正和平等,并进而形成最低限度的平等保护机制。

2. 满足人的基本需要

虽然人性尊严也是人的一种需要,并且也与物质条件的满足密切相关,但是人性尊严本身并不能与人的基本需要画等号。人的基本需要相对于人性尊严而言其主要区别在于前者强调的是绝对的"基本",而后者则主要强调一种相对的最低限度。虽然什么样的需要是"基本"需要仍存在争议,但是马斯洛的观点为我们提供了思考的方向。

马斯洛认为人有多种需要,而在所有的需要中,最简单的分类莫过于高级需要与低级需要。但是这种抽象的表达还是无法满足对需要的细化,于是需要层次理论呼之欲出。所谓的需求层次理论,马斯洛认为人潜藏着五种基本需要,分别是生理需要、安全需要、感情需要、尊重需要和自我实现的需要。人的生理需要是"最基本、最强烈、最明显的一种,主要包括食物、饮料、住所、性交、睡眠和氧气等"[1]。而如果生理需要得到满足,则安全需要会提上日程。感情需要指的是爱和归属的需要。尊重需要主要表现为自尊和来自他人的尊重。当一个人对爱和尊重的需要得到合理满足之后,自我实现的需要就出现了。五种基本需要"在相对潜力原则的基础上按相当确定的层次排列"[2]。以此类推,生理需要强于安全需要,安全需要强于感情需要,感情需要强于尊重需要,自我实现的需要强度则最弱。以上可知,人类需求最为强烈的应该是生理需要,即对食物、住房等的需要。就社会权保障而言,满足人类最基本的需要则莫过于提供充足的食物、免费的义务教育以及充分的就业机会等。

3. 实现人的规范能动性

实现社会权,保障公民具有一定的生活条件,其最终目的都是恢复公民参与社会的能力。关于这一点,德国察赫教授在对福利社会进行表述时也明确提到福利社会的目标就是让个人不再是自己生活状况的"福利社会

---

[1] 〔美〕弗兰克·G. 戈布尔:《第三思潮:马斯洛心理学》,吕明、陈红雯译,上海译文出版社,2001,第40页。

[2] 〔美〕亚伯拉罕·马斯洛:《动机与人格》,许金声等译,中国人民大学出版社,2012,第73~75页。

形式的"客体";他成为自己生活状况的"福利社会"形成的"主体"①。权利的保障将人从被动的客体转变为能动的主体,在实现社会权过程中亦是如此。所谓的规范能动性主要强调的是一种能力,一种"选择和追求值得过的生活的设想的那种能力",亦即我们所关心的是在"过一个值得过的生活中所涉及的那种能动性"②,这种能动性亦可称为规范能动性。一个人具有人权,就意味着这个人拥有相应的自主能力,然而人权所要保护的东西很多,其中也要保护一个人对那些能力的运用。社会权尤其如此,格里芬认为教育作为人权之所以重要,就是因为教育对于这种能动性的运用来说是必要的。另外,人权与尊严在能动性方面也存在相通性,毕竟"人权背后的价值不仅包括能够成为这种行动者的尊严,也包括作为这种行动者而存在的尊严"③,而尊严的最终来源莫过于人权所保护的追求一个值得过的生活形成的设想。归根结底,规范能动性的实现最终依赖于一种可能性,这种可能性就是"我们实际上能够利用某些东西来改进我们的生活"④。公民对这些东西的拥有除了靠自身的劳动以外,必要时还需要国家予以提供,这个过程就是公民的社会权实现过程。

(二) 社会权实现程度的动态发展标准

社会权实现程度的正面评价标准除了包括以实现公民作为人之基本尊严和需要的静态兜底标准以外,还包括具有相对性的动态发展标准。所谓的动态发展标准主要是围绕社会权的"社会性"展开的,即社会权在保障公民基本需要的同时还必须关照社会的现实发展状况,厘清权利保障程度与权利主体所处的社会环境之间的关系。具体而言,社会权实现程度的动态发展标准主要受社会发展情形、经济发展水平以及国家能力等因素影响。

1. 社会权的保障应恢复个人参与社会竞争的能力

国家保障公民的社会权并不是简单地提供相应的物质帮助,也并不是只履行相应的给付义务即可,而是需要以恢复并提高公民参与社会竞争的

---

① 〔德〕汉斯·察赫:《福利社会的欧洲设计:察赫社会法文集》,刘冬梅、杨一帆译,北京大学出版社,2014,第45页。
② 〔英〕詹姆斯·格里芬:《论人权》,徐向东、刘明译,译林出版社,2015,第54页。
③ 〔英〕詹姆斯·格里芬:《论人权》,徐向东、刘明译,译林出版社,2015,第57页。
④ 〔英〕詹姆斯·格里芬:《论人权》,徐向东、刘明译,译林出版社,2015,第58页。

能力为目标。换言之，社会是不断发展的，尤其是在科技不断突破的当下。如果仍是局限于提供最低生活保障及相应的救助和补贴，显然无法应对社会发展和民众需要。因此，为了进一步恢复和提高公民参与社会竞争的能力，国家在保障公民的社会权过程中需要紧紧围绕社会发展这一主线，不断调整保障项目，提高保障程度。以扶贫为例，著名经济学者阿玛蒂亚·森就认为物质相对发达的社会中，贫困发生的原因并不是物质不足造成的，而是贫困者自身能力欠缺，从而造成其参与社会竞争的能力低下。因此，有学者认为当前的精准扶贫应从"收入中心论"向解决能力贫困方向转变。[①] 可见，恢复和提高个人参与社会竞争的能力应成为当前社会权实现程度的评价标准之一。

2. 社会权保障应与经济发展水平相妥适

社会权实现程度与经济发展之间存在紧密关系的论断已经成为学界共识。众所周知，经济发展水平是不断变化和发展的，这就导致社会权的实现程度也较大程度地受其影响，尤其是作为发展中国家的我国。然而，如何衡量社会权实现程度与经济发展水平是否相适应仍然是学界的难题。不可否认的是，经济发展水平的提高应相应带动社会权保障水平，即在发展中国家，社会权实现程度应与经济发展程度呈正相关，如果经济获得长足发展而民生改善的力度远远低于经济发展的水平，则问题不可回避。因此，建立社会权实现程度的动态标准离不开对经济发展水平的考量。而经济发展水平与社会权实现程度之间具有何种关系，这种关系在规范意义上和法律意义上具有哪些约束力和强制力，乃是我们需要关注的重点。而这一问题将在本书第四章予以详述。

3. 社会权保障程度应在国家可承担的范围之内

社会权的双重内涵表明了社会权应包含个人与国家两个维度：个人层面是公民可以行使权利以维护自身利益，国家层面则是要求国家有权力也有义务去实现公民的社会权。然而，一切权利的行使都有限度，相反国家保障权利的程度也有限度。其中来自国家自身的局限就是国家在保障权利

---

① 原新利、龚向和：《精准扶贫应以解决能力贫困问题为重点》，《人民论坛·学术前沿》2017年第11期。

时是有成本的，而这一成本又决定了国家的能力。社会权的保障不仅需要国家提供相应的制度保障和组织程序保障，同时也要求国家拥有相应的财力，即国家保障社会权需要一定的财政税收作为经济基础，不然社会权的实现则成为空谈。众所周知，国家所能够支配的财政资源来源于全体社会，来源于征税和有关费用等，其财政来源同时受制于国家的经济发展水平和社会的承受能力。国家所掌握和支配的资源是有限的。因此，社会权保障的程度应与国家所能保障的财政资源以及相应的组织能力相适应，从而保障国家与社会的有序且可持续发展。

（三）社会权实现程度的正面评价标准之局限性

以上从正面视角考察了社会权实现程度之评价标准，而这一评价标准主要包括以人之尊严和人的基本需要为核心的静态兜底标准，以及以经济社会发展程度和国家能力为核心的动态发展标准。以上标准为我们评价社会权实现程度提供了可遵循的方式和方法，然而从以上标准中我们不难发现其存在的相应弊端，这些弊端不仅影响了社会权实现程度的可评价性，同时也使得评价过程和评价标准的可操作性受到质疑。质言之，社会权实现程度的正面评价标准总体上存在一定的局限性，其具体可从以下方面展开。

1. 正面评价方法在方法论上存在局限

对权利实现程度进行评价，正面方法可谓顺理成章，然而这一自觉践行的方法并不是完美的，甚至在可操作性上并不是最佳的。首先，影响社会权实现程度的因素十分复杂，实践中无法穷尽，从而导致正面评价标准在确定上存在难度。正面评价社会权首先应该形成权利的保护范围，即一权利应该实现其核心内涵。然而不难看出各种类型的社会权权利核心都存在争议。受教育权的权利范围是否包括学前教育？免费义务教育是否可以免除一切书费和学杂费？等等。这些问题都难以形成固定的保障范围。其次，正面评价方法更趋向于强调单一的权利保障主体，尤其是国家的义务。换言之，无论是静态兜底标准还是动态发展标准，都要求国家履行相应的义务，都要求国家不得怠于保障公民权利，而忽略其他权利保障主体。另外，正面的评价方法对于评价因素的寻找以及评价体系的建构十分重视，然而对于评价因素与社会权实现程度之间的关系权重却很难一一作出回答，更不用说提出相应的重要性排序，正面评价方法的科学性因此受到质疑。

2. "静态—动态"二分法并不全面、科学

正面评价标准主要依赖于静态兜底标准和动态发展标准之协力，然而这种二分法是否就是科学的、全面的仍受到质疑。第一，静态和动态的区分还是处于一种对相关影响因素加以分类的层面上，并没有实质性地对相关标准进行价值层面的考量。第二，静态标准和动态标准的区分本身具有相对性。也就是说，一种标准属于动态还是静态并没有严格的区分限度。以静态标准中的人的基本需要为例，其实马斯洛本人也承认人的基本需要是不断变化的，我们不要过于拘泥地理解诸需要的顺序，我们绝不能以为只有当人们对食物的欲望得到了完全的满足，才会出现对安全的需要。[①] 可见，人的基本需要本身就处于不断变化之中，而何种需要才是一定时期的基本需要仍然是存在争议的。这也就使得静态标准和动态标准这一区分方法本身可能存在争议。

3. 依赖正面评价标准作出的评价结果不利于司法救济

之所以对社会权的保障程度作出评价，其目的在于查找公民的社会权保障困境，评价社会权保障中国家义务的履行程度，从而最大程度实现社会权。众所周知，"无救济则无权利"，法定权利的实现最终依赖于司法救济，社会权亦是如此。从另一侧面可以说，权利的可诉性就是对权利的实施状况进行的综合评价，对社会权实现程度作出评价就是为社会权的司法救济做准备。从社会权实现程度的正面评价标准中我们不难发现，虽然在结果上可以对社会权的实现状况作出相应的结论，但评价过程中缺乏相应的权重比例关系。另外，对影响社会权实现程度的标准无法作出科学评估，并且这种判断多局限于一种价值层面的考量，缺失从当前法规范中寻找依据，从而使得这一判断方法和判断过程无法应用于司法实践，以至于这种正面评价方法不利于在权利实现程度与司法救济之间搭建桥梁。

4. 正面评价标准有割裂权利实现与限制之关系的嫌疑

基本权利的理论体系不仅包括基本权利的主体、保障范围和实现程度，

---

① 〔美〕亚伯拉罕·马斯洛：《动机与人格》，许金声等译，中国人民大学出版社，2012，第75页。

基本权利的限制理论也不可忽视,甚至说基本权利限制理论乃是基本权利教义学的核心内容。在实践中,社会权的研究主要强调的是其保障和实现程度,也正是这个原因使社会权一直游离于基本权利教义学体系尤其是基本权利限制理论之外,实质上将社会权实现程度的判断转化为基本权利教义学话语,便可理解为是社会权的限制理论。然而,社会权实现程度的正面评价标准不仅没有促进社会权更好地融入基本权利教义学体系,恰恰相反,过于重视价值层面的评价标准体系之构建反而加剧了两者之间的分野,不仅不利于基本权利教义学体系内部的融贯,也不利于社会权的保障与救济。

当然,社会权实现程度的正面评价标准并不只具有局限性,其对社会权实现的推动意义也不可回避。正因社会权的实现与自由权的实现之间存在差异,从而形成了社会权的保障依赖于社会政策的极端观点,而社会权实现程度的正面判断标准不仅从理论上回应了方针条款说的质疑,也为确定宪法中社会权条款的规范意义提供了依据。虽然正面评价标准存在一定的不足,但是其为公民的社会权保障提供了理论前提,而接下来从限制理论出发对社会权实现标准的完善也是建立在上述静态兜底标准和动态发展标准的基础之上。

三 社会权限制理论有助于完善社会权实现程度的评价标准

当前,对社会权实现程度的评价标准还局限于采用一般性的正面评价方法,即通过建构社会权所要求的最低保障条件和社会发展水平对国家的保障手段进行评价。这种正面的评价方法虽然有助于鞭策国家履行相应的保障义务以实现权利,但不可否认其亦存在一定的局限,笔者认为可以通过社会权限制理论加以弥补。更为重要的是,通过社会权的限制理论建构其实现程度的评价标准,不仅可以涵盖正面评价方法所确定的静态兜底标准和动态发展标准,还能够进一步完善社会权实现程度的评价标准,构建更为科学和全面的评价体系。

(一)社会权限制理论包含权利构成

基本权利限制的三层次理论明确将基本权利的构成作为限制理论展开

的起点，即欲要探讨某一基本权利是否受到限制，首先应明确该权利的构成范围为何。具体到社会权限制理论，其首先应该面对的问题仍然是如何确定权利内涵。可见，确定权利构成是社会权限制理论不可逾越的步骤，而社会权权利内涵的确定至关重要，其直接影响着对社会权实现程度的判断。换言之，社会权的权利构成相对于自由权而言更为重要，而难度也更大。相反，社会权实现程度的正面评价标准需要首先解决的是社会权的权利构成，然后再去确定社会权实现程度，最后对其作出评价。不难看出，这种判断方法不仅步骤复杂，其中的确定过程难度也较大。因此，相对于正面评价方法而言，社会权限制理论已经将社会权的权利构成及其权利内容的实现程度予以确定，并将之纳入到限制理论的不同层次之中，对其作出体系化考察已无理论障碍。因此，社会权限制理论对权利构成的囊括较之于正面评价方法而言，不仅更具可操作性，同时也能更清晰地界定社会权的实现程度及其评价。

（二）社会权限制理论反向保障社会权

从上文可知，社会权限制理论不仅仅是讨论限制，同时也对权利构成进行确定。更为实质的考量是，社会权限制理论的本质是保障社会权，提高社会权的实现程度，而不是限制社会权。宪法上对基本权利限制的考察都是为了更好地保障权利，即"限制是为了更好地保障"。社会权限制理论是如何对社会权予以保障的呢？其最根本的路径就是对国家限制社会权的方式方法进行梳理并予以体系化，从而对这些限制形式进行限制，即"限制的限制"。因此，社会权限制理论并不是停留在"限制"之上，而是更进一步地对限制作出限制，也就是探讨限制的违宪阻却事由。社会权限制理论通过对限制方式的归类整理，提炼出相关违宪阻却事由标准，从而对限制行为作出判断，进而纠正和补救违宪、违法或不当的限制行为，最终实现社会权的最大化保障。可见，社会权限制理论的最终价值目标乃是促进国家限制行为合法、合宪，提高社会权的实现程度。换个角度考量，判断国家限制社会权行为是否合宪的标准也可成为社会权实现程度的评价标准。因为社会权的权利属性决定了国家的限制行为如果合宪、合法，则该行为即可理解为实现了最低限度的保障，而判断过程中所考量的要素也必然应包括静态标准和动态标准,这一标准也不可避免地与社会经济发展水平相联系,否则这一限制行为必然不符合我国《宪法》第 14 条第 4 款的规定以及相关部门法的具体规定。

(三) 社会权限制理论可体系化实现程度的评价标准

社会权限制理论归根到底是为了保障社会权,为了进一步提高社会权的实现程度,因此社会权限制理论中的违宪阻却事由则可以被吸收为社会权实现程度的评价标准。综合社会权实现程度的正面评价方法所确立的静态兜底标准和动态发展标准,在克服其相关局限的基础上,本书拟从形式标准、实质标准和救济标准三个层面,构建社会权实现程度的评价体系。

1. 社会权实现程度的形式评价标准

宪法上的社会权如要具体落实,必须依赖于相关程序,如通过法律予以具体化、赋予社会权以可诉性等,而社会权的可诉性可放在救济层面予以探讨。因此,社会权实现程度的形式评价标准主要围绕立法对宪法社会权的具体化以及国家保障社会权的正当程序两个层面加以展开。

(1) 宪法社会权的法律具体化程度。黑塞有言:"为了使基本权的功能能够得以发挥,绝大部分基本权所应保障的生活领域与生活关系,都需要法律上的形成。"[1] 社会权亦是如此,甚至可以说社会权更依赖于立法的保障。在我国,宪法基本权利条款的重要作用还没有显现,基本权利在生活中的实施很大程度上依赖于立法,而社会权的实现因需要立法机关行使财政分配功能,对立法更为依赖。因此,评价宪法社会权的实现程度,立法对社会权的具体化情状就成为不可忽视的重要标准。

(2) 社会权保障的程序正当性。形式合法性离不开正当程序,程序正当原则不仅是一项宪法原则,同时也是行政法的基本原则之一。[2] 程序正当原则具有人权保障功能,而社会权的保障也离不开正当程序。首先,有关社会权的立法需经过正当程序方能制定并生效。此处的立法并不仅仅指狭义的法律,而应包括不同位阶的法律规范,甚至可以包括社会政策。因社

---

[1] 〔德〕康拉德·黑塞:《联邦德国宪法纲要》,李辉译,商务印书馆,2007,第 247 页。
[2] 汪进元:《论宪法的正当程序原则》,《法学研究》2001 年第 2 期;周佑勇:《行政法的正当程序原则》,《中国社会科学》2004 年第 4 期。

会权需要政府分配财政资源，需要进行制度安排，因此其保障必须通过合法正当的立法程序予以实施。其次，社会权的保障需要过程公开和公众参与，这恰恰符合现代行政法正当程序的基本内涵。社会权的保障离不开行政给付，而行政给付的过程和程序显然应遵循公开和参与原则。以农村最低生活保障对象的认定为例，其不仅需要将认定对象予以公开，同时也要调动民众力量参与到低保领取对象的认定过程中去。[①] 可见，社会权保障过程的程序正当性也应纳入社会权实现程度的判断标准中。

2. 社会权实现程度的实质评价标准

社会权实现程度的实质评价标准主要涉及社会权的本质内容，即国家应按照法律规定的正当程序，围绕社会权的实现，确定其履行何种义务，提供何种程度的服务。换言之，社会权实现程度的实质评价标准主要围绕静态兜底标准和动态发展标准而展开。当然，形式标准和救济标准也与正面评价所包含的两种标准具有密切关系，只不过在实质标准的范畴中，符合人之尊严的最低生活要求、人的基本需要和社会经济发展水平相一致等标准更贴近。因此，社会权实现程度的实质评价标准主要以实现人的最低生活需要为基础，以更高层次的国家义务履行为重点的评价体系。

实现人的最低生活需要是社会权实现程度之实质评价标准的基础，因为实现人的最低生活需要不仅关乎公民个人最低生存权的保障，也关涉国家的正当性存在。如果人的最低生活需要都无法满足，社会权则明显受到侵犯，对这种行为作出判断可以说是所有标准建立的基础。因此，将实现人的最低生活需要作为社会权实现程度的基础性判断标准乃是其题中之意。

另外，更高层次的国家义务之履行作为实质评价标准，主要是要求国家在保障社会权时不能只停留于履行最低的生活照顾义务，还应根据社会发展状况和自身能力，积极回应公民的现实关切和最新需求。政府在权利保障过程中不应只满足于规制行为的合法和正当，还应根据经济发展状况及时更新自身的义务体系，这不仅是社会现实的需要，也是宪法以及社会法治国的要求。政府在保障社会权的过程中履行更高层次国家义务不再是

---

① 魏程琳、史源渊：《确保农村最低生活保障效果的制度文本与实践》，《西北农林科技大学学报》（社会科学版）2015年第4期。

一种给予公民的"恩赐性"给付，而是宪法和法律赋予之义务。规范意义上讲，如果政府不履行相关国家义务，则公民有权利寻求相应的司法救济。

3. 社会权实现程度的救济层面标准

正如上文所言，国家在不履行社会权保障义务时，公民应该具有诉讼权利要求国家履行职责。如果社会权的可诉性程度缺失或者较低，就直接影响社会权的实现程度，因此社会权实现程度的救济标准可谓至关重要。社会权实现程度的救济标准并不是简单的司法救济，因为社会权的具体实施有赖于大量的社会立法，对于相关立法的审查也应属于救济标准的范畴。因此，当前社会权实现程度的救济标准应包含社会权的司法审查和社会立法的立法审查两个层面。司法审查主要赋予公民在具体权利无法得到政府保障时有权诉诸法院，以保障自身权利。现行《行政诉讼法》第12条对于受案范围的列举，其中第10项规定，"认为行政机关没有依法支付抚恤金、最低生活保障待遇或者社会保险待遇的"。该项就是明确公民在相关给付没有得到保障时可进行司法救济。除此之外，有关受教育权、劳动权等争议也可以诉诸司法途径予以解决。立法审查则主要是有权机关对社会权相关立法进行审查，主要分为两个层面：一是司法机关可以对有关社会权的规范性文件予以附带性审查；二是专门的立法审查机构对所有社会权立法进行合宪性、合法性审查。可见，社会权实现程度的救济层面评价标准直接关系到社会权能否获得最终的国家保障，将之纳入社会权实现程度的评价标准体系之内应无异议。

第三章　规范主义视角下社会权的内在限制

作为基本权利和普遍人权的重要组成部分，社会权见于各种规范文本之中。无论是全球性人权公约或者是专门的社会权公约，抑或是大部分国家的宪法规范，都可以看到社会权及其所包含的子权利的身影。权利/人权并不依赖于规范产生，自然法学派明确认为自然权利或者道德权利乃是人之为人所固有的。然而，自然权利学说在权利构成层面虽仍占据着重要地位，但是对于现代法治国而言，法律规范的重要作用不容忽视，凯尔森甚至明言，"法律秩序是一个规范体系"[①]。就当前备受关注的法教义学和法解释学而言，规范文本的重要性更是不言而喻，"任何法律、具体的法律规定以及受合同约束的协议在能够恰当地适用或执行之前都需要解释"[②]，而"解释的目标就是规范目的"[③]，规范本身决定着解释的方向，因此对于法律解释而言，文本是首要的辅助工具。可见，文本在法律适用过程中具有重要作用。因此，本书试图从国际公约、宪法和具体立法有关社会权的三个规范维度出发，厘定现行有效的法律文本中的社会权限制要素。

第一节　国际和地区性人权公约中的社会权限制

从规范主义的视角探讨基本权利和人权的限制问题，除了在内国法中寻找文本资源之外，国际和地区性人权公约中的内容不可或缺。在这个全球化

[①] 〔奥〕凯尔森：《法与国家的一般理论》，沈宗灵译，商务印书馆，2013，第173页。
[②] 〔德〕伯恩·魏德士：《法理学》，丁晓春、吴越译，法律出版社，2013，第311页。
[③] 〔德〕伯恩·魏德士：《法理学》，丁晓春、吴越译，法律出版社，2013，第310页。

迅速发展的当代，各国法律制度和权利保障都与国际法存在千丝万缕的联系，漠视国际人权公约已然行不通。另外，被普遍承认的"条约必须遵守"的国际法原则同样要求各国应该积极遵守国际条约，尤其是人权公约，而不应将其看作是空头支票。然而，国际条约虽然必须遵守，但是其与国内法之间的关系如何确定成为国际公约适用于各国的重要问题，对于这一问题的探讨主要有传统的"一元论""二元论"等，也有新近出现的"协调论""自然调整说""法律规范协调说"等观点。以上观点都旨在理清国内法与国际法的关系，不容置疑的是两者之间如果存在冲突，其冲突的解决不可避免要涉及国际条约在国内法律体系中的地位问题，而最典型的莫过于国际人权公约与宪法的关系。我国宪法并没有如美国宪法那样明确规定条约在国内法上的地位，因此有学者认为条约在国内法上的地位是低于宪法、高于一般国内法的。然而，实质上讨论国际人权公约在国内法上的效力等级问题，主要强调的是国际法转化为国内法，如果没有实体法规定的情况下，我们不妨从程序层面加以考量，即"条约规则可以由国内法律和规则等级的任何层次的规则取代，可以是宪法层次的规则，也可以是国会的法案"①。因此，国际条约的人权规定效力如何，最终还应该取决于国内立法机构。社会权限制条款在国际人权公约中到底呈现何种样态，乃是下文讨论的重点。

一 人权公约中社会权限制的具体规定

对人权公约中社会权限制条款的列举首先应该解决的是人权公约类型的确定。在当前大量的国际人权公约中，可以根据其地域范围、权利类型或权利主体进行划分，基本上可以分为四类。(1) 包含整个人权体系的国际性人权公约，如《世界人权宣言》。(2) 包含部分人权内容的国际公约，此一类型也可具体分为两类，即特殊权利主体的人权公约和特殊权利内容的人权公约。前者主要包括《消除对妇女一切形式歧视公约》《儿童权利公约》《残疾人权利公约》等；后者则主要包括《公民权利与政治权利国际公

---

① See J. G. Brouwer, "National Treaty Law and Practice: The Netherlands", in Duncan B. Hollis, Merritt R. Blakeslee, Benjamin Ederington (ed.), *National Treaty Law and Practice*, Leiden: Boston: Martinus Nijhoff, 2005, p. 501.

约》《经济、社会和文化权利国际公约》等。(3) 包含整个人权体系的地区性公约,如《欧洲人权公约》《欧洲联盟基本权利宪章》《美洲人的权利与义务宣言》《美洲人权公约》《非洲人权和民族权宪章》等。(4) 包含部分人权体系的地区性公约,最典型的代表为《欧洲社会宪章》。以上四种类型的国际人权公约对于权利限制的具体规定因时代背景和权利内容的不同而不同,但是对权利限制条款的规定主要采用两种立法模式,即概括式立法模式和区别式立法模式。概括式立法模式主要是通过规定总体性的权利限制条款,对各个子权利都产生作用,而区别式立法模式则主要是针对具体权利类型作出限制,其限制条款一般和具体权利内容一同规定。当然,概括式立法模式和区别式立法模式并不是相互排斥的,而是可以兼容的,在一部人权公约中往往既有概括式权利限制条款,也有区别式权利限制内容。以下,本书将根据权利限制条款的不同,从概括式和区别式两种类型出发,对相关人权公约中的权利限制条款加以总结。

(一) 人权公约中概括式限制条款

表 3-1 的概括式限制条款主要是起到对整体权利内容作出抽象限制的作用,虽然这些条款规定在人权公约的不同位置,但其对整体权利体系都产生作用。

表 3-1 人权公约中概括式限制条款

公约名称	权利/社会权概括式限制条款
《经济、社会和文化权利国际公约》	第4条 本公约缔约各国承认,在对各国依据本公约而规定的这些权利的享有方面,国家对此等权利只加以限制同这些权利的性质不相违背而且只是为了促进民主社会中的总的福利的目的的法律所确定的限制。 第25条 本公约中任何部分不得解释为有损所有人民充分地和自由地享受和利用他们的天然财富与资源的固有权利。
《消除对妇女一切形式歧视公约》	第3条 缔约各国应承担在所有领域,特别是在政治、社会、经济、文化领域,采取一切适当措施,包括制定法律,保证妇女得到充分发展和进步,其目的是为确保她们在与男子平等的基础上,行使和享有人权和基本自由。 第4条 1. 缔约各国为加速实现男女事实上的平等而采取的暂行特别措施,不得视为本公约所指的歧视,亦不得因此导致维持不平等或分别的标准;这些措施应在男女机会和待遇平等的目的达到之后,停止采用。 2. 缔约各国为保护母性而采取的特别措施,包括本公约所列各项措施,不得视为歧视。

续表

《儿童权利公约》	第5条 缔约国应尊重父母的责任、权利和义务，在个别地区尊重当地习俗认定的家族或社会成员、法定监护人或其他对儿童负有法律责任的人，以符合儿童不同阶段接受能力的方式适当指导和帮助儿童行使本公约所允许的权利。
《世界人权宣言》	第29条 一、人人对社会负有义务，因为只有在社会中他的个性才可能得到自由和充分的发展。 二、人人在行使他的权利和自由时，只受法律所确定的限制，确定此种限制的唯一目的在于保证对旁人的权利和自由给予应有的承认和尊重，并在一个民主的社会中适应道德、公共秩序和普遍福利的正当需要。 三、这些权利和自由的行使，无论在任何情形下均不得违背联合国的宗旨和原则。
《公民权利与政治权利国际公约》	第5条 一、本公约中任何部分不得解释为隐示任何国家、团体或个人有权利从事于任何旨在破坏本公约所承认的任何权利和自由或对它们加以较本公约所规定的范围更广的限制的活动或行为。 二、对于本公约的任何缔约国中依据法律、惯例、条例或习惯而被承认或存在的任何基本人权，不得借口本公约未予承认或只在较小范围上予以承认而加以限制或克减。 第18条 三、表明个人宗教或信仰的自由，仅受法律所规定的并为保障公共安全、秩序、卫生或道德或他人的基本权利和自由所必需的限制。 第47条 本公约的任何部分不得解释为有损所有人民充分地和自由地享受和利用它们的天然财富与资源的固有的权利。
《残疾人权利公约》	第4条 二、关于经济、社会和文化权利，各缔约国承诺尽量利用现有资源并于必要时在国际合作框架内采取措施，以期逐步充分实现这些权利，但不妨碍本公约中依国际法立即适用的义务。 四、本公约的规定不影响任何缔约国法律或对该缔约国生效的国际法中任何更有利于实现残疾人权利的规定。对于根据法律、公约、法规或习惯而在本公约任何缔约国内获得承认或存在的任何人权和基本自由，不得以本公约未予承认或未予充分承认这些权利或自由为借口而加以限制或减损。
《欧洲人权公约》	第16条 第10条、第11条以及第14条的规定不应认为阻止缔约各国对外国人的政治活动施加若干限制。 第17条 本公约不得解释为昭示任何国家、团体或个人有权进行任何活动或实行任何行动，其目的在损害本公约规定的任何权利与自由或在超越本公约规定的权利与自由的范围。 第18条 根据本公约许可的对上述权利和自由的强制，不应适用于已经规定的目的以外的任何目的。

续表

《欧洲社会宪章》	第31条 一、第一部分规定的权利与原则以及第二部分规定的对有效行使这些权利不得受到这些部分中没有具体规定的任何限制或局限的制约，除非法律有所规定，而且是在一个民主国家保障这些权利和他人的自由，或保护公众利益、国家安全、公众健康、道德所必不可或缺的。 二、本宪章所允许的在权利和义务上的限制将不得适用于规定之外的任何目的。
《欧洲联盟基本权利宪章》	第52条 所保护权利的范围 1. 任何对于本宪章所认可的权利和自由的行使的限制应由法律规定，并尊重这些权利和自由的本质内容。依据比例原则，只有在必要时和真正满足联盟认可的普遍利益目标时，或者保护他人的权利和自由需要时，才可作出限制。 2. 本宪章所认可的，以共同体条约或欧洲联盟条约为依据的权利应根据这些条约规定的条件并在其确定的限制内行使。 3. 当本宪章所包含的权利与《欧洲保护人权和基本自由公约》保护的权利一致时，这些权利的含义和范围应与该公约规定相同。本条不应妨碍联盟法律提供更广泛的保护。 第53条 保护标准 本宪章任何部分不得解释为限制或有损联盟法律和国际法承认的，以及联盟、共同体或所有成员国缔结的国际协定，包括《欧洲人权公约》及成员国宪法所承认的、在其各自的领域适用的人权和自由。 第54条 禁止滥用权利 本宪章任何部分不得解释为暗示从事或施行任何旨在破坏本宪章认可的任何权利和自由的活动或行为的权利，或旨在对他们加以较本宪章所规定的更广泛的限制的活动或行为的权利。
《美洲人的权利与义务宣言》	第28条 一个人的权利受其他人权利、所有人的安全以及大众福利的和推进民主的正当要求的限制。 第29条 个人有义务在和他人的关系中以使得每个人可以充分形成和发展其个性的方式、行为。
《美洲人权公约》	第30条 依照本公约对享受或行使其中承认的权利或自由而可能施加的限制，不得予以实行，但按照为了整体利益而颁布的法律和符合已经实行的这种限制的目的除外。 第32条 （一）每个人对他的家庭、他的社会和人类都负有责任。 （二）在一个民主社会中，每个人的权利都受到其他人的权利、全体的安全和大众福利的正当要求所限制。
《非洲人权和民族权宪章》	第27条 （一）人人对其家庭和社会、国家和其他合法认定的社区及国际社会负有义务。 （二）每一个人行使其权利和自由均须适当顾及其他人的权利、集体的安全、道德和共同利益。

(二) 人权公约中区别式限制条款

表 3-2 主要是从重要的人权公约中总结有关社会权的区别式限制条款，即针对劳动权、受教育权、社会保障权等权利内容作出具体限制的条款。当然，不同人权公约所秉承的价值观和时代内涵的不同，也导致社会权的各种权利类型存在不同，其中的限制条款也各有千秋。

表 3-2 人权公约中区别式限制条款

公约名称	权利/社会权区别式限制条款
《世界人权宣言》	第 22 条 每个人，作为社会的一员，有权享受社会保障，并有权享受他的个人尊严和人格的自由发展所必需的经济、社会和文化方面各种权利的实现，这种实现是通过国家努力和国际合作并依照各国的组织和资源情况。
《公民权利与政治权利国际公约》	无
《经济、社会和文化权利国际公约》	第 6 条 二、本公约缔约各国为充分实现这一权利而采取的步骤应包括技术的和职业的指导和训练，以及在保障个人基本政治和经济自由的条件下达到稳定的经济、社会和文化的发展和充分的生产就业的计划、政策和技术。 第 8 条 一、本公约缔约各国承担保证： (甲) 人人有权组织工会和参加他所选择的工会，以促进和保护他的经济和社会利益；这个权利只受有关工会的规章的限制。对这一权利的行使，不得加以除法律所规定及在民主社会中为了国家安全或公共秩序的利益或为保护他人的权利和自由所需要的限制以外的任何限制； (丙) 工会有权自由地进行工作，不受除法律所规定及在民主社会中为了国家安全或公共秩序的利益或为保护他人的权利和自由所需要的限制以外的任何限制； (丁) 有权罢工，但应按照各个国家的法律行使此项权利。 第 13 条（受教育权） 四、本条的任何部分不得解释为干涉个人或团体设立及管理教育机构的自由，但以遵守本条第 1 款所述各项原则及此等机构实施的教育必须符合于国家所可能规定的最低标准为限。 第 14 条 本公约任何缔约国在参加本公约时尚未能在其宗主领土或其他在其管辖下的领土实施免费的、义务性的初等教育者，承担在两年之内制定和采取一个逐步实行的详细的行动计划，其中规定在合理的年限内实现一切人均得受免费的义务性教育的原则。 第 15 条（文化权利） 二、本公约缔约各国为充分实现这一权利而采取的步骤应包括为保存、发展和传播科学和文化所必需的步骤。 三、本公约缔约各国承担尊重进行科学研究和创造性活动所不可缺少的自由。
《消除对妇女一切形式歧视公约》	无

续表

《儿童权利公约》	第23条 2. 缔约国确认残疾儿童有接受特别照顾的权利，应鼓励并确保在现有资源范围内，依据申请，斟酌儿童的情况和儿童的其父母或其他照料人的情况，对合格儿童及负责照料该儿童的人提供援助。 4. 缔约国应本着国际合作精神，在预防保健以及残疾儿童的医疗、心理治疗和功能治疗领域促进交换适当资料，包括散播和获得有关康复教育方法和职业服务方面的资料，以期使缔约国能够在这些领域提高其能力和技术并扩大其经验。在这方面，应特别考虑到发展中国家的需要。（儿童受教育权、健康权亦有此规定。） 第26条 1. 缔约国应认识到每个儿童有权受益于社会保障，包括社会保险，并应根据其国内法律采取必要措施充分实现这一权利。2. 提供福利时应酌情考虑儿童及负有赡养儿童义务的人的经济情况和环境，以及与儿童提出或代其提出的福利申请有关的其他方面因素。 第27条 3. 缔约国按照本国条件并在其能力范围内，应采取适当措施帮助父母或其他负责照顾儿童的人实现此项权利，并在需要时提供物质援助和支助方案，特别是在营养、衣着和住房方面。 第29条 2. 对本条或第28条任何部分的解释均不得干涉个人和团体建立和指导教育机构的自由，但须始终遵守本条第1款载列的原则，并遵守在这类机构中实行的教育应符合国家可能规定的最低限度标准的要求。
《残疾人权利公约》	第33条 二、缔约国应当按照本国法律制度和行政制度，酌情在国内维持、加强、指定或设立一个框架，包括一个或多个独立机制，以促进、保护和监测本公约的实施。在指定或建立这一机制时，缔约国应当考虑与保护和促进人权的国家机构的地位和运作有关的原则。
《欧洲人权公约》	无
《欧洲社会宪章》	第一部分：十八、任何缔约国的国民有权在其他缔约国的领土上并在与后者国民平等的基础上从事任何收益性职业，但要受制于无可辩驳的经济或社会原因方面的限制。 第4条 五、只有在某种条件下而且在国家法律和法规有规定的情况下，或者在集体协议或仲裁判定得以确定的情况下，才允许减薪。 这些权利的行使将通过自由达成的集体协议、法定的工资固定措施，或适合国情的其他手段来获得。 第5条 组织的权利。为了保障或促进劳动者和雇主组成地方、国家或国际性组织的自由，以保护他们的经济和社会利益，以及参加这些组织的自由，缔约各国保证国家法律将不受损害，也不应适用于损害这一自由。本条所规定的适用于警察保证的范围将由国家法律或规定来决定。是否这些保证适用于武装部队人员以及在何种范围内适用于这类人员，其制约原则亦同样由国家法律或规定来决定。 第7条 三、规定那些仍在接受义务教育的人们将不被雇佣从事那些有碍他们受到全面教育的工作。四、规定16岁以下人们的工作小时应根据他们家长的需要，尤其是根据他们接受职业培训的需要而加以限制。

续表

《欧洲联盟基本权利宪章》	第 14 条　3. 在尊重民主原则的基础上，建立教育机构的自由，以及根据实施该自由和权利的国家法律，父母享有的依照其宗教信仰、哲学观和教育观保证其子女接受教育的权利应得到尊重。
《美洲人的权利与义务宣言》	无
《美洲人权公约》	无
《非洲人权和民族权宪章》	无

二　人权公约中关于社会权限制条款的特征

以上从概括式和区别式两种立法模式着手，对当前主要的人权公约中的社会权限制条款作出列举，这些条款在具体规定上存在各种不同，其中也各有自身的特色。下文将围绕以上具体规定，对上述条款所体现的一般特征进行梳理和分析。

1. 两种限制模式在条款数量上表现各异。具体而言，概括式限制条款基本存在于上述所有重要的人权公约，且数量上总体差别不大；而区别式限制条款在许多人权公约中基本没有涉及，并且不同人权公约中对具体权利的区别限制内容差异较大。对概括式限制条款，通过一个条文加以规定的有《世界人权宣言》《残疾人权利公约》《欧洲社会宪章》《非洲人权和民族权宪章》；通过两个条文加以规定的有《公民权利与政治权利国际公约》《经济、社会和文化权利国际公约》《消除对妇女一切形式歧视公约》《儿童权利公约》《美洲人的权利与义务宣言》《美洲人权公约》；通过三个条文加以规定的主要有《欧洲人权公约》《欧洲联盟基本权利宪章》两个条约。当然，条文的多少并不能直接认定该公约对社会权概括式限制的情况，毕竟条文下面还有不同的款，而一个条文的内容也可以包含不同的要素。但是纵观上述条文的具体内容不难发现，通过三条内容对权利限制条款中所保护权利的范围、保护标准以及禁止滥用权利三方面内容加以规定的《欧洲联盟基本权利宪章》表现得更为全面和具体。

2. 两种限制模式在条款的具体内容设置上也存在不同。概括式条款因其更为宏观，致使其限制因素较为趋同；而区别式限制条款则更多地结合具体权利内容作出规定，因此呈现的要素更多，差别也较大。概括式条款中规定的限制因素主要包括：(1) 目的限制，如《欧洲人权公约》第 18 条规定的根据本公约许可的对上述权利和自由的强制，不应适用于已经规定的目的以外的任何目的；(2) 主体限制，如《欧洲人权公约》对外国人的政治活动施加限制；(3) 法律限制和条约限制，即对权利的限制必须通过法律或者其他公约作出规定；(4) 人人对社会和国家义务和责任；(5) 承认和尊重他人的权利和自由；(6) 民主社会的道德以及推进民主的正当要求；(7) 公共秩序和公众安全；(8) 普遍的和大众的福利；(9) 社会的以及所有人的安全；(10) 联合国的宗旨和原则，或者共同体认可的普遍利益目标；(11) 所保护权利和自由的本质内容；(12) 缔约国的现有资源；(13) 人民充分地自由地享受和利用他们的天然财富和资源的权利；(14) 权利滥用的禁止；以及部分人权公约中规定的只适合本公约范围的特殊限制因素。

相对于概括式限制模式中规定的大多数因素而言，区别式条款的主要特征在于针对不同的权利类型作出不同规定，而这些权利类型也直接关系到权利限制的内容。另外，了解这些权利类型，也可以看出哪些社会权在人权公约中得到特殊的限制，而从这些特殊规定中我们也可以看出权利限制的具体情形。这些权利主要包括：(1) 社会保障权（《世界人权宣言》第 22 条）；(2) 劳动权及其相关权利，如参加工会的权利、工会自由工作的权利、罢工权等（《经济、社会和文化权利国际公约》第 6 条和第 8 条）；(3) 受教育权（《经济、社会和文化权利国际公约》第 13 条、《欧洲联盟基本权利宪章》第 14 条）；(4) 文化权利（《经济、社会和文化权利国际公约》第 14 条）；(5) 残疾儿童特别照顾权（《儿童权利公约》第 23 条）；(6) 儿童社会保障权（《儿童权利公约》第 26 条）；(7) 对儿童监护者的帮助权（《儿童权利公约》第 27 条）；(8) 公约实施机制的限制（《残疾人权利公约》第 33 条）；(9) 平等就业权（《欧洲社会宪章》第一部分第 18 条）；(10) 合理报酬权（《欧洲社会宪章》第 4 条）；(11) 儿童和年轻人受保护的权利（《欧洲社会宪章》第 7 条）。针对这些具体权利，人权公约规定了特殊的限制条件和限制内容。

3. 概括式限制条款一般并不严格区分社会权和自由权，只针对社会权作出规定的人权公约除外。概括式限制模式几乎应用于所有人权公约，其最明显的特征是该条款适用于人权公约规定的所有权利，而不再区别社会权和自由权。以《欧洲联盟基本权利宪章》为例，其在最后一部分规定"一般条款"，主要涉及的就是宪章所列基本权利的限制问题。因此，社会权的限制问题也同样适用于概括式限制条款，这也从一定程度上不再严格区分社会权与自由权，尤其是在权利限制问题上。既然概括式权利限制条款不再区分社会权和自由权，那么传统上对于自由权限制及限制之限制的理论和实践只要在人权公约中予以统一规定，具体到社会权上也就可以加以运用。故而，国际公约中的这种规定模式和实践经验也助推内国法上有关社会权的限制及其合宪性控制的研究与实践，不再一味去试图界定自由权与社会权之分野，而是建构统一的基本权利限制理论。

4. 社会权的区别式限制条款在语词选择上更为中立，其约束力和强制力较弱。虽然从概括式限制条款上看，自由权与社会权在限制理论上的分野不再成为主流，然而就具体社会权的区别式限制条款而言，其限制因素在语词选择上仍然具有自身的特色。这种特色最明显的莫过于使用一些中性词汇，如"各国的组织和资源情况""经济社会和文化发展状况""国家法律所规定""逐步实行""发展国家的需要""酌情考虑"等字眼。这些语词所具有的共性特征就是强制力和约束力较弱。换言之，这些规定都旨在赋予一国政府或立法机关对相关问题进行适合自身情况的落实，可谓是一种立法裁量权，而这种裁量的限度如何、应如何规范等相关问题，人权公约并没有详细说明。然而，看待这种情况还需要结合人权公约的具体性质。众所周知，国际公约乃是各国根据实际需要加入的，并没有强制力，即使一国政府加入以后也可在公约内容的解释过程中结合本国实际情况来实践，因此国际公约在制定过程中不仅需要考虑其适用范围，即各国的可接受程度，也要考虑缔约国在实际履行过程中的难度。所以，社会权的区别式限制条款在语词选择上相对较为保守也在情理之中。

上述人权公约的限制条款所表现出来的一般特征直接关系到这些规范

在实践中的应用，无论是概括式限制条款还是区别式限制条款，都与社会权的实现程度密切相关，而人权公约的规定也为内国法实践提供借鉴。因此，梳理人权公约中社会权限制的一般要素并总结这些要素的具体适用方法乃是重中之重的问题。

三　人权公约中社会权限制的要素类别及解释适用

人权公约中存在诸多限制社会权的要素，散布于概括式限制条款与区别式限制条款之中。这些要素由于限制的权利内容不同以及所处的公约不同，效力存在差别。分析人权公约中权利限制要素的不同效力，不可避免地需要对其基本属性和具体适用方式进行探讨，首先应该解决的就是对社会权限制要素进行分类和解释。

（一）人权公约中社会权限制的要素类别

从上文列举的重要人权公约中的社会权限制条款可以看出，权利限制要素可谓非常复杂，无论是条款、语词，还是相关实质内容。面对这些复杂的限制要素，有学者将之进行分析，认为"国际人权条约明示权利限制条款最大的共性在于，尽管措辞不同，他们都包含合法性、合理性和必要性这三个要素"[1]。也有学者认为限制条件主要分为两类：一种是必须受限制的条件；另一种是必须证明为正当的条件。[2] 这种将限制要素根据其基本属性进行分类的方法是可取的，但是具体应该分为几类，以及如何分类则需要不同视角。本书认为，合法性、合理性和必要性的分类方法过于简单，并且缺少相应的分类标准，因此可以将之进行细化。本书根据各种要素的限制强度进行分类，旨在分为效力不同的六个层级，具体内容如下。

1. 最低核心标准要素。这一类要素主要是指对社会权的限制划定最低限度，如果逾越这个限度，有可能构成对权利的侵犯，而不再是限制。最低核心标准要素在人权公约中主要表现为两点：一是权利和自由的本质内容；二是权利滥用的禁止。这两点都出现在《欧洲联盟基本权利宪章》之

---

[1] 毛俊响：《论国际人权条约明示权利限制条款的限制对象和基本要素》，《西部法学评论》2010年第6期。

[2] 肖君拥：《国际人权法讲义》，知识产权出版社，2013，第320~321页。

中,其不仅体现了《宪章》的与时俱进,也反映了权利限制不得侵犯的核心内涵。

2. 合法性要素。基本上各个条约都规定了相关权利的具体内容和依照相应的国内法律落实,或者规定"按照法律规定""依据国内法律"等字眼。这种规定明显要求社会权的限制必须通过一国的法律加以规定,即一般意义上的法律保留原则。合法性要素的应用需注意三方面的问题。首先,此处的合法性之"法"不仅包括国内法律,还应该包括相关的国际公约,甚至是习惯法和惯例等。其次,限制社会权的法律应是良法,应该是符合现代法治精神的法律,例如立法应遵守正当程序,应具有可期待性,公民应有获知的可能性等。最后,限制社会权的法律应该是精确的,而不是模糊不清的。所谓精确就是对社会权作出限制的法律条款应该是明确无误的,应该对相应的限制条件规定得较为清晰。

3. 合目的性要素。合目的性是要求权利的限制必须符合一定的目的,正如《欧洲人权公约》第 18 条规定的那样:"根据本公约许可的对上述权利和自由的强制,不应适用于已经规定的目的以外的任何目的。"此处合目的性是要求国家限制权利的目的必须符合规范已经规定的目的,如果超过这一目的则视为不正当限制。当然,合目的性并不局限于只符合规范规定的目的,其中还包括联合国的宗旨和目标,作为区域共同体或国家所确立的目标,甚至还包括权利和自由的目的。国际性人权公约中规定的对社会权的限制显然应该受制于联合国的基本宗旨,而地区性人权公约就应该符合此共同体所确立的目标,如《美洲人权宣言》与《非洲人权和民族权宪章》在价值观和人权保障目标上就存在差异。

4. 主体要素。权利的享有者和行使者是每一个具有权利能力和行为能力的人,而人与人之间在行使权利过程中会存在差异,有时候是国籍因素影响,有时候又受限于年龄、性别、民族、身体与心理状况。因此,权利的限制与权利主体密切相关。最典型的有以下三种主体。第一,主体以外的他人,即部分公约中规定的"承认和尊重他人的权利和自由",虽然此处的他人可以理解为抽象的社会,但是在具体权利的冲突中,"他人"也就成了个体,因此权利限制理论本身就是正确处理个人权利与他人权利的关系问题。第二，外国人，即不具有本国国籍的人。权利保障都受限于国籍，即使是国际人权公约也不可能忽视国籍的作用。从共同体理念和财政税收制度出发对外国人的部分社会权进行限制乃属当然。第三，需要特别保护的特殊群体，如儿童、妇女和残疾人。对他们的社会权作出限制要受到更为严格的审查，相反，更大程度地保障这些群体的社会权成为国际人权公约的一致要求。

5. 正当性要素。这一类要素最为复杂，内容也最多，其解释的空间也非常大。所谓正当性要素主要是指国家给予一定的正当理由对公民的社会权作出限制，这些正当理由总体上可以概括为我国学者认可的广义的公共利益。其具体包括以下几个方面：(1) 人对社会的责任与义务；(2) 民主社会的正当要求；(3) 公共秩序；(4) 普遍福利；(5) 人民充分地、自由地享受和利用他们的天然财富和资源的权利；(6) 国家安全；(7) 公众的利益与健康；(8) 公共道德。对于这些看似简单的概念如何在具体司法实践中应用，不仅考验着司法机关的智慧，同时也要求立法机关对此尽责。正如学者所言："所谓'民主社会所必需'中的'必需'这一概念在这一语境中意指紧迫的社会需要，具体还需要国家当局对其现实状况作出初步判定。"[①] 因此，对于上述正当性因素的把握不可避免地需要一国政府根据具体的国内状况和实际需要，运用科学的解释方法进行界定，而不应笼统适用。

6. 功能性要素。权利的保障不可能只依赖于规范，还需要考量规范背后国家权力的实际运作和社会发展的现实状况。此时就要求在观察社会权限制因素的过程中不仅应注重规范的因素，还要注意从功能主义视角进行考察。在国际人权公约中，制约社会权的因素也包含众多功能性要素，其主要包括：(1) 缔约国的现有资源；(2) 国家努力；(3) 国家权力的行使机制；(4) 国际合作；(5) 父母的责任、权利和义务；(6) 习俗和惯例；(7) 经济、社会和文化的发展状况；(8) 发展中国家的现实需要；(9) 无可辩驳的经济或社会原因。这些因素的共同特征表现为社会权的实现不可避免地受制于国家、社会的具体情况。无论是国家的资源和经济社会发展

[①] 朱晓青：《欧洲人权法律保护机制研究》，法律出版社，2003，第65页。

状况，还是国家权力的行使机制等都不是简单地依靠规范所能改变的，而是必须通过综合分析和评价作出判断。因此，功能主义的社会权限制要素在适用过程中具有更为广泛的解释空间。

（二）人权公约中社会权限制要素的解释与适用

1.限制要素的适用强度的分析。人权公约中虽然规定了大量的社会权限制要素，根据这些要素的基本特征可将之分为最低核心标准要素、合法性要素、合目的性要素、主体要素、正当性要素以及功能性要素。以上六种要素类别又可以根据其不同的适用强度进行再划分。一般认为，适用强度与限制要素的明确性和可操作性密切相关，除此之外，在进行适用强度的划分过程中还需要综合各个要素类别所包含的具体内容。本书按照以上标准，对上述六种要素的适用强度加以归类，具体如表3-3。

表3-3　要素类别与适用强度对照表

要素类别	适用强度	审查力度
最低核心标准要素、合法性要素	强	严格审查
合目的性要素、主体要素	中等	中度审查
正当性要素、功能性要素	弱	合理性审查

社会权限制要素强度的分析并不止步于分类本身，而是将之应用于实践之中。适用强度弱的因素在具体实践中只需要进行合理性审查，审查机关也以立法机关为主；而最低核心标准和合法性要素等适用强度较大的因素则应该进行严格审查，以更好实现社会权。

2.限制要素的适用步骤分析。欧洲人权法院根据《欧洲人权公约》以及《欧洲联盟基本权利宪章》的规定，在对权利限制进行审查的过程中总结出最基本的三项步骤，也可称为"三段式提问法"。首先，人权法院应该对缔约国所作出的干涉行为是否与相关法律一致，或者是否是法律所明确规定的事加以明确；其次，如若干涉行为是合法的，人权法院则需要查实缔约国作出的限制行为的目标是否合理，即这一目标是否合乎《欧洲人权公约》中的具体条款的明示规定；最后，人权法院还需要就缔约国作出的相关限制是否在所有情况下都符合民主社会所必需作出询问。

合法律性的考量是人权法院审查限制行为是否符合法律形式所必需；合目的性审查则主要是依照比例原则的要求，对限制的必要性作出审查。也就是说，"一项限制不仅要满足某一合法目的，还必须是达到该目的所必要的"①。相关人权公约直接要求缔约国所实施的对权利的干预"必须是必要的"，这里必要性的确定标准，人权公约机构一般将之界定为干预是否符合紧迫的社会需要，而确定方法则可以借鉴比例原则的内涵，即"作为基本权利适用方法的比例原则表明了对基本权利主体的立场：个人自由不能被强烈侵犯，除非所追求的目的是必要的，并且侵犯影响与所追求的目的是均衡的"②。

"有关现实必须是民主社会之必需"之要素的审查则基本上采用二分法的方式，即从"基本标准"和"自决范围"两个层面展开。基本标准主要要求国家对社会权采取的限制行为必须是为了应对某种迫切需要，这种干涉并能够超过为解决社会需求的范畴，因此这一标准就要求人权机构对公共利益的重要程度进行衡量，以平衡限制行为与权利内容之间的重要性程度。基于此，学者总结了这种"基本标准"的确立步骤，其典型构成如下。(1)"必需的"这一形容词与"不可或缺的"并不是同义的，它也不具有诸如"可接受的""通常的""合理的""理想的"等表达所具备的灵活性；(2) 各缔约方在施加限制问题上享有一种特定的但是并非无限的自决范围，但是就这些限制是否与公约相容，应当由人权法院来作出终局裁定；(3)"民主社会之必需"这一短语意味着：要与公约相容，有关的干涉必须（除了其他的之外）对应于某种"紧迫的社会需求"并且"与所追求的合理目标适度"；(4) 公约各条的那些受保障的某项权利规定了某种例外条件的段落应当狭义地加以解释。③

有别于基本标准的确立原则，自决范围的界定则较为宽泛，具体取决

---

① 国际人权法教程项目组：《国际人权法教程》（第一卷），中国政法大学出版社，2002，第588页。
② 〔德〕安德烈亚斯·冯·阿尔诺：《欧洲基本权利保护的理论与方法——以比例原则为例》，刘权译，《比较法研究》2014年第1期。
③ 〔英〕克莱尔·奥维、罗宾·怀特：《欧洲人权法：原则与判例》，何志鹏、孙璐译，北京大学出版社，2006，第287页。

于所受限制的权利的基本属性,同时也取决于两个相互冲突的权利之间的平衡。也就是说,大部分情形下人权法院在处理有关概念和原则性问题时是不大可能统一的,而是赋予缔约国广泛的自由裁量权。在道德领域亦是如此,毕竟缔约国之间很难存在统一的道德标准。另外,对社会权的保障主要涉及一种积极义务的履行,在此情形下,缔约国往往也可以获得相应的裁量权,但是也会存在例外情形,如有关社会权的性质"相对于在整个社会的更广泛利益会得到较好的平衡"[1]。

具体而言,有学者指出国际劳工标准的内容认定也采用上述"基本标准"和"自决范围"的二分法,只不过这种二分法在用词上有所区别。将国际劳工标准的主要内容概括为基本权利和其他内容两类,前者包括涉及结社自由和有效承认集体谈判权利、消除一切形式的强迫或强制劳动、有效废除童工、消除就业与职业歧视四个方面的"核心标准";后者则主要包括就业、社会保障、产业关系、工作条件、特殊群体、特殊工种或特殊部门、社会政策、劳动行政管理等。[2] 从以上可知,社会权限制要素审查的适用步骤主要可以从纵向和横向两个维度进行,纵向包括审查的三个步骤,而横向则主要包括基本标准和自决范围两个层面。

第二节 宪法规范中的社会权限制

我国现行《宪法》规定了大量的社会权条款,规范之中不可避免地涉及社会权限制的问题,其中有些条款十分明确地指出了社会权限制的考量因素,如第14条第4款"国家建立健全同经济发展水平相适应的社会保障制度",也有一些条款的规定则相对隐晦,或者说必须运用宪法解释方法方能得出。德国宪法学家黑塞认为基本权的限制有多种形式,其中"基本权自由很多是由宪法规范划出其界限,这些界限有些是明示的,有些则是默示的"[3]。无论是直白的限制条款,还是隐晦的限制因素,都需要我们直面

---

[1] 〔英〕克莱尔·奥维、罗宾·怀特:《欧洲人权法:原则与判例》,何志鹏、孙璐译,北京大学出版社,2006,第288页。
[2] 杜晓郁:《全球化背景下的国际劳工标准》,中国社会科学出版社,2007,第20~28页。
[3] 〔德〕康拉德·黑塞:《联邦德国宪法纲要》,李辉译,商务印书馆,2007,第252页。

宪法中的社会权规范，确定社会权规范的性质与效力，找寻宪法中社会权的限制因素，从而为国家限制社会权的社会立法和社会政策进行合宪性审查做理论上的准备。

一 我国宪法中社会权规范的性质及效力

宪法中的社会权限制因素一般都以规范的形式展现出来，这些规范有些与社会权的内容紧密相关，有些则呈现为概括式的限制条款。欲要梳理社会权的宪法限制要素，除了对概括式的限制条款进行分析之外，还需要对宪法中涉及社会权限制内容的相关条款进行解释和适用，而这一工作的前提首先就是要对宪法中社会权规范的性质和效力加以确定。

（一）宪法社会权规范的性质

"权利乃是一种关系性规范，每个表述权利的语句同时也是规范语句"[①]，而关于基本权利规范语句的性质，则存在原则性规范与规则性规范的区分。原则性规范与规则性规范如何区分？阿列克西认为其关键点在于，原则是最佳化命令，而规则是确定性命令。原则规范作为最佳化命令，主要要求某事在相对于法律上和事实上可能的范围内尽最大可能被实现，也就意味着原则规范下的基本权利可以不同程度被满足，且被要求的满足措施不仅取决于事实上的可能，也取决于法律上的可能。由此可知，原则可以进行权衡，也必须进行权衡，其典型适用方式就是权衡。相反，规则性规范则与之表现不同，规则总是表现为要么被满足，要么不被满足，即一条权利规则如果有效且能够被适用，那就必须严格按照它的规定来做。可见，规则的适用方式是一种全有或者全无的状态，它不能运用权衡的方法，它的适用方式只能是涵摄。[②] 然而，将基本权利规范简单作原则/规则之二分也具有一定的局限性[③]，现实中许多基本权利规范往往表现为两种性质的结合，因此基本权利规范可以概括为纯粹原则模式、纯粹规则模式和既作为原则又作为规则模式三种。

[①] 王鹏翔：《论基本权的规范结构》，《台大法学论丛》2004年第2期。
[②] 〔德〕罗伯特·阿列克西：《法理性商谈：法哲学研究》，中国法制出版社，2011，第210~211页。
[③] 郑贤君：《基本权利原理》，法律出版社，2010，第127页。

基本权规范的原则与规则区分并不只停留于理论上和思辨上，其最重要的意义乃是在辨明基本权利规范性质之后将之应用于实践之中。吴庚教授认为："将不完整的法规范或纯粹的原则模式，使其完整化或使其兼具法规的规范效力，便是宪法法院或释宪机关的功能。"① 虽然，在德国有关基本权规范的适用是通过比例原则表达的，比例原则本身就是一个衡量过程，就是原则权衡的具体化，但是不难看出法院在适用比例原则和权衡原则过程中有一个前提是不可回避的，那就是必须将基本权规范加以定性。那么，宪法上的基本权规范之所以为原则或是规则，其区别点到底在哪呢？吴庚认为两者的区别相当于完整法规范和不完整法规范，即不完整法规范由于缺少构成要件和法定效果，只能是原则性规范，笔者认为这种观点值得商榷。因为不完整法规范虽然字面上缺少相关构成，但是可以转化为"若……则……"的表述形式，从而具有规范性。因此，宪法基本权规范之所以为原则或规则，其主要的区别点乃是在"当构成要件实现时，其法效果究竟为初步的或确定的成立"②。

基于这一原则可以发现，上述社会权条款一般都兼具原则和规则双重内涵，具体可以说，《宪法》总纲中的社会权规范基本都表现为一种原则规定，多为一种目标性规定。但是如第 14 条第 4 款"国家建立健全同经济发展水平相适应的社会保障制度"，则由于其内容较为明确，可以理解为国家有义务建立社会保障制度，而与其他条款相结合也能推导出公民具有社会保障权，因此，这一条款可谓兼具原则和规则双重性质。基本权利章中的社会权规范则更具有明显的规则与原则的双重性，其中第 49 条第 4 款"禁止破坏婚姻自由，禁止虐待老人、妇女和儿童"的规定则是典型意义的规则特征。可见，我国《宪法》中的社会权条款并不能简单理解为是一种不能实现的国家目标或者宣言，那种认为社会权条款只是一种"原则性规定"③，并进而认为"在社会主义初级阶段中，许多的积极权利是难以实现的，因而不如不在宪法中规定"④ 的论断，从社会权条款的规范

---

① 吴庚：《宪法解释的理论与实践》，三民书局，2004，第 571 页。
② 王鹏翔：《论基本权的规范结构》，《台大法学论丛》2004 年第 2 期。
③ 上官丕亮：《论宪法上的社会权》，《江苏社会科学》2010 年第 2 期。
④ 张千帆：《宪法不应该规定什么》，《华东政法学院学报》2005 年第 3 期。

意义上看是有失偏颇的。

（二）宪法社会权规范的效力

社会权规范具有原则与规则的二元属性，其在适用过程中不仅可以作为立法或者案件解释的来源，也可以作为具有直接效力的权利条款，然而这种观点并未获得学界的一致认可。但是，社会权规范的性质对于确定社会权条款的效力来说，乃是社会权研究的关键所在，也是决定我国宪法规范文本能否整体、有效实施的重中之重。当前，对社会权条款的效力一般存在以下几种学说。

1. 方针条款说。方针条款主要是指"宪法的规定，是给予国家公权力（尤其是给予立法者）一种日后行为的方针指示"，而这种指示作用"政治及道德意义大过于法律意义"[①]。这种方针条款的作用也可以理解为是一种国家的政策指导目标，也就是说规定在"总纲"或者《宪法》其他部分的有关社会权的内容属于国家政策，对于国家来说这些政策只不过起到政策指导作用，而不具有规范意义。从形式上看，这种观点最为典型的宪法例证乃是印度《宪法》和我国台湾地区"宪法"。印度《宪法》专章规定了国家政策指导原则，其中最重要的内容就是规定公民具有最低生存权、工作权和受教育权等社会权内容，而我国台湾地区"宪法"则是在文本的最后专章规定"基本国策"，其内容主要包括国防、外交、国民经济、社会安全、教育文化等内容。

如果将社会权规范作为方针条款和国家政策指导目标，而否定其规范意义，则存在几点可商榷之处。首先，将社会权规范作为方针条款不利于整体宪法规范性的实现。宪法虽然兼具政治属性及法律属性，但其法律属性绝不可轻视，对于作为规范科学的宪法学而言，文本规范乃是研究的核心，而承认宪法的整体规范性乃是前提。[②] 如果将社会权规范仅仅作为一种毫无拘束力的目标规定，显然无法促成宪法文本规范性的实现。其次，方针条款说与我国宪法社会权规范的地位不符。新中国成立以后的历次宪法

---

① 陈新民：《德国公法学基础理论》，法律出版社，2010，第442页。
② 林来梵：《从宪法规范到规范宪法——规范宪法学的一种前言》，法律出版社，2001，第39页。

文本都将相关社会权规范纳入基本权利章，而现行《宪法》的"公民的基本权利和义务"章中更是多条涉及社会权。虽然该章条文不一定具有规范性，但是经上文分析可知我国社会权规范虽然内容比较宽泛，规范性程度不足，但并不能全然否定所有社会权条文的规范性，否则便是武断且不负责任的。最后，国外的实践也对这种观点提出质疑。印度《宪法》是在国家政策之指导原则章中规定社会权的，但在实践中这并没有影响到印度法院积极适用社会权条款来保障公民相关权利。"印度最高法院在促进人权的过程中露了一手绝活：在基本权利中纳入了'国家政策的指导原则'，像国家有义务提供像样的生活水准、最低工资、公正人道的工作条件、提高营养和公共健康水平等等"[1]。可见，将社会权规范视作方针条款是行不通的，事实上这一观点也已经逐渐被否定。

2. 宪法委托说。宪法委托，又称立法委托，是指"宪法既已明文规定，某些有关基本权之事项应由法律加以规定，立法者即负有义务将该事项规定出来"[2]。宪法委托概念的兴起主要是伴随着方针条款说的式微，即在批判立法者绝对主权说的基础上发展起来的。有关宪法委托的条文大致可以分为两种类型，一是立法委托，即这种委托专属于立法机关，其形式既可以是宪法直接指示立法者的立法作为，也可以是宪法用间接的方式，指示立法者；二是宪法训令，即除立法者履行委托之外，也可以由其他国家机关来实现。可见，宪法委托克服了方针条款说毫无效力的弊端，课予立法者立法之义务，但是不难看出"这个义务在实际上无法强制之"[3]。具体到社会权领域，因为宪法委托学说自身具有要求立法者对社会权内容予以形成的义务，即如果立法者不履行这一义务，则有违宪之嫌，这既克服了将社会权作为国家指导原则的弊端，同时也契合了社会权自身的属性，从而得到学界的认可。

3. 制度性保障说。制度性保障的概念最早渊源于施密特，乃是一种区

---

[1] 〔美〕路易斯·亨金、阿尔伯特·J. 罗森塔尔：《宪法与权利》，郑戈等译，三联书店，1996，第 137 页。
[2] 李惠宗：《宪法要义》，元照出版公司，2001，第 97 页。
[3] 陈新民：《论宪法委托之理论》，载《德国公法学基础理论（上）》，法律出版社，2010，第 225~226 页。

别于基本权利的宪法规定，是"透过宪法法规，可以为某些特定的制度提供一种特殊保护，此时宪法的目标就是防止用普通立法手续来废除这些制度"①。当前的制度性保障概念已与施密特时代具有显著不同的意涵。第二次世界大战以后，制度性保障学说与基本权利结合，成为基本权利双重性质之一的客观价值秩序功能的一部分。吴庚教授认为制度性保障功能可以从以下四个层面加以理解：首先，每一个基本权利，无论是消极的自由权，或是积极的受益权，都具有制度性保障功能；其次，基本权利的这种制度性保障功能，课予国家提供"适当"之制度的保障的义务，以促成基本权利的实现；再次，所谓的制度既是由国家所提供，无疑是指"由法令或例规"所形成的制度，与社会生活事实中存在的各种不同尚未法制化的"制度"，尚属有间；最后，国家所提供的制度保障是否适当，视"各个权利之性质""社会生活之现实及国家整体发展之状况"而定。② 由此可见，社会权的实现更需要国家形成相关制度加以保障，就此有学者针对社会权的性质和内容而认为社会权的实现离不开制度性保障功能的发挥，这不仅是整体社会权的要求，其中部分子权利，如劳动权③和社会保障权④也是如此。

4. 基本权利说。该说认为社会权就是一项具体的权利，并可以通过公民个人的诉讼予以实现，也可以理解为将社会权的效力看成是针对国家权力的直接效力，其中最为典型的国家是南非。1996 年南非《宪法》广泛致力于社会权的保障，其不仅在宪法文本中规定了诸如安全与健康的环境权、公平获得土地权、适足住房权、健康权、儿童社会权、受教育权以及被关押者的社会权等，在司法实践中也十分重视社会权的保障。首先，南非宪法法院根据规范结构的不同将宪法中规定的社会权分为"有条件的社会权"和"基本社会权"，前者是指公民不可以直接获得某项社会物品或者服务的权利，而仅仅是有权获得实现某项权利的机会，其主要包括住房权、健康权、环境权等；后者是一类更为绝对的权利，政府负有立即实现的义务，

---

① 〔德〕卡尔·施密特：《宪法学说》，刘锋译，上海人民出版社，2016，第 229 页。
② 许宗力：《宪法与法治国行政》，元照出版公司，1999，第 173～174 页。
③ 谭倩、袁立：《基本权利的"制度性保障"及其问题——以公民劳动权为例的论证》，《法制与社会发展》2013 年第 4 期。
④ 任喜荣：《"社会宪法"及其制度性保障功能》，《法学评论》2013 年第 1 期。

这类权利包括基本教育权、儿童社会权和被关押者的权利。[1] 另外，南非宪法法院的裁决要求"密切关注处于危急关头的和明显处于优先位置的人类利益，但是它们没有命令保护经济需要处于困境的每个人"[2]。因此，南非宪法法院的实践赋予社会权以可救济性和具体权利属性。在日本，大须贺明教授从"基本人权条款是可以直接拘束立法、司法和行政三权的"[3] 理念出发，对生存权的具体权利属性予以系统论证，并对生存权涉及的"最低限度生活"的实现可能性予以证成，从而确立了以生存权为代表的社会权的具体基本权属性。可见，将社会权作为基本权看待，并赋予其司法救济的可能乃是一种趋势。

二 宪法中社会权的内在限制与外在限制要素

基本权利的限制形式在理论和实践上表现为不同样貌，李惠宗教授就认为，基本权的一般限制由四种形式构成，即基本权利构成限制——本质限制、宪法对基本权的限制、依法律之基本权限制以及对基本权限制之限制。[4] 汪进元教授认为基本权利的限制方式可以根据不同的标准分为六种不同的形式，分别为：（1）宪法自身限制与宪法授权限制；（2）刑事法律限制、行政法律限制与民事法律追惩；（3）事前限制、事中限制和事后追惩；（4）权利剥夺和权利限制；（5）追惩性限制于保护性限制；（6）隔离性限制于管束性限制。[5] 以上从不同视角看待基本权利的限制形式，然而最经典的基本权利的限制分类莫过于内在限制与外在限制理论。

（一）内在限制与外在限制理论的争议梳理与评介

基本权利的内在限制与外在限制理论是围绕基本权利的构成和适用范围展开的，同时也为处理基本权利与公共利益、他人权利的关系提供方法

---

[1] 龚向和：《社会权的可诉性及其程度研究》，法律出版社，2012，第 174~175 页。
[2] 〔美〕凯斯·R. 桑斯坦：《罗斯福宪法：第二权利法案的历史与未来》，毕竞悦、高瞰译，中国政法大学出版社，2016，第 197 页。
[3] 〔日〕大须贺明：《生存权论》，林浩译，法律出版社，2001，第 93 页。
[4] 李惠宗：《宪法要义》，元照出版公司，2005，第 105~111 页。
[5] 汪进元：《基本权利的保护范围：构成、限制及其合宪性》，法律出版社，2013，第 50~52 页。

依赖。基本权利的内在限制与外在限制理论的重要作用不言而喻，然而到底内在限制与外在限制理论的指向为何，两者如何区分等仍然存在争议，并且观点之间的差异也很大。对于基本权利内在限制与外在限制理论主要存在以下不同观点。

1. 将宪法对基本权利的限制视为内在限制。这种观点是建立在对基本权利的限制形式作出具体分类基础之上的，即认为对于基本权利的限制条件如果直接规定在宪法之中，那么这种限制就属于基本权利的内在限制。吴庚教授在论述基本权利的限制样态时直言基本权利的限制形式主要有宪法直接限制、单纯法律保留、因冲突产生的限制三种。而所谓的宪法直接限制，"学说也称为宪法对基本权受实质保障的规定或基本权的内在限制"①，并举例说此种限制如设立社团之目的及行为的限制。可见，此种观点下的基本权利内在限制与基本权利的构成要件并不区分，即将宪法中规定的基本权利内容直接视为其内在限制。

2. 将基本权利内在限制与基本权利的客观效力范围相等同。此种观点认为基本权利的内在限制并不包括所有宪法规范，因为有些基本权是由宪法规范划出其界限，但这些界限有时候并不能直接称为基本权的内在限制。正如黑塞教授指出的，任何一种基本权利的界限首先会出现在其客观效力范围的终止之处。这种界限是一个基本权的"规范领域"问题，也可以是一个（基本法）额外规范只是所做的限制的问题，这些限制都包含在基本权保障之中。② 因此，"这些基本权的内在界限是通过解释而被确定的，它们常常是立法者形成基本权的对象"③。也有学者同意上述观点，认为基本权的构成要件是一种限制，但将这种限制称为基本权利的本质限制问题。④还有类似观点认为基本权利的构成要件等同于基本权利的保障范围，而基本权利的保障范围与基本权利干预两者之间是一种"一体两面、互为表里"

---

① 吴庚：《宪法的解释与适用》，三民书局，2004，第158页。
② 这种情况在德国基本法中多有规定。以《基本法》第5条第1项第1句中的信息自由为例，其所指的就是获取源于一般渠道信息的自由权利；第8条第1项的集会自由，被限制为"和平"的集会活动。参见〔德〕康拉德·黑塞：《联邦德国宪法纲要》，李辉译，商务印书馆，2007，第251页。
③ 〔德〕康拉德·黑塞：《联邦德国宪法纲要》，李辉译，商务印书馆，2007，第251页。
④ 李惠宗：《宪法要义》，元照出版公司，2005，第105页。

的关系，但是当讲到"不妨害社会秩序公共利益""不妨碍他人自由"等规定时又认为其性质为宪法对基本权利之限制事由，而与基本权利之构成要件（保障范围）无关，二者分属不同层次的问题。① 可见，这种观点实质上是运用了基本权利内在限制和外在限制理论的，只不过在用词上存在差异罢了。

3. 以公共利益为标准划分基本权利的内在限制和外在限制。此种观点主要盛行于日本宪法学界，其出发点为解释日本《宪法》第 12 条规定的国民对基本人权负有"为公共福利"而利用的责任，以及第 13 条就国民的权利规定"在不违反公共福利的限度内"等内容。其中主要围绕将公共福利视为内在限制还是外在限制而展开，在此之前日本学界围绕上述问题提出了"一元外在制约说""内在与外在二元制约说""一元内在制约说"等观点，其中"一元内在制约说"直言"公共福利指的是为了调整人权相互之间冲突与矛盾的实质性公平之原理，这种意义上的公共福利与宪法规定无关，在论理上必然内在于所有的人权"②。然而，这种观点存在天然的缺陷，即作为人权具体界限的判断标准不够明确。因此，日本学界一般在界定人权的内在制约时将公共福利排除在外，而是从不侵害他人的生命与健康、不可侵害他人作为人的尊严以及在与他人的人权相冲突时，有互相调整之必要这些观点引出界限。关于此观点，三浦隆教授直言："一元外在制约说与一元内在制约说，前者将公共福利理解为置于人权之外的制约原则，而后者将公共福利理解为人权内在的、逻辑的、必然的原则，所以每个人的人权对应不同。"③ 可见，将公共利益作为轴线对基本权利的内在限制与外在限制进行讨论，虽公共利益应属于内在限制还是外在限制还有一定争议，但倾向于其作为外在限制要素更能发挥保障人权的作用。

4. 从基本权利的构成与适用上区分内在限制与外在限制。在德国，探讨基本权利的限制理论离不开对"外在理论"和"内在理论"的研究。外

---

① 法治斌、董保城：《宪法新论》，元照出版社，2006，第 175~177 页。
② 〔日〕芦部信喜：《宪法》（第三版），林来梵、凌维慈、龙绚丽译，北京大学出版社，2006，第 86~87 页。
③ 〔日〕三浦隆：《实践宪法学》，李力、白云海译，中国人民公安大学出版社，2002，第 93 页。

在限制理论认为，基本权利与基本权利之限制在概念上并无必然之联结，因此必须清楚区分尚未受到限制之权利本身以及已受限制之权利。前者为初步性权利，相当于基本权利的保护领域或者初步保障范围，后者则是确定性权利，为基本权利的实际保障范围。只有初步性权利受到限制后才产生有无确定之权利保障的问题。内在限制理论反对权利与权利限制在概念上的区分，其认为基本权利自始即有确定的内容，外在理论中的基本权利限制其实质是基本权利内容的界限问题，此一界限又称为基本权之内在限制。

从审查适用的角度来看，依照内在理论之建构，要审查一行为是否受基本权利保障只有一个步骤：审查系争行为是否落入各个基本权内在界限所划定的保障范围之内。如果是，则该行为受到确定的保障，如果不是，则属于逾越界限之行为而不受基本权保障。此种规范适用方式为涵摄。依外在理论之建构，基本权利具有原则的特征：尚未受到限制的基本权利要求落入其保护领域之行为或状态都应受到初步的保障。其审查程序必须经过两阶段：首先，系争行为或状态是否属于某一基本权利之保护领域；其次，衡量基本权利与限制基本权利的原则，此时的规范适用方式为衡量。[1]

关于内在限制与外在限制的问题，林来梵教授认为，内在界限指的是基本权利在其自身的性质上理所当然所应伴随的、源于基本权利自身之中的界限；外在界限指的是从权利的外部所加诸的，并为宪法原理所容许的制约。外在界限不是基于某种权利的行使可能对其他权利构成侵犯才产生的，甚至也不存在明显的权利冲突，而是仅仅基于公共政策，主要是指公共福利，而对基本权利所加的一种限制，只不过，这种限制虽然是权力外部加进来的，但宪法本身的价值目标也容许，为此在规范上才得以成立。一般来说，这种外在限制只适用于部分权利，主要表现为现代宪法根据社会公共福利的需要对经济自由所施加的限制。外在限制必须具有三个条件：存在公共利益；有法律依据；给予正当补偿。[2] 在结合我国《宪法》文本论述时，林教授认为《宪法》第 51 条的规定体现了基本权利的内在界限原

---

[1] 王鹏翔：《论基本权的规范结构》，《台大法学论丛》2004 年第 2 期。
[2] 林来梵：《宪法学讲义》，法律出版社，2015，第 328 页。

理,《宪法》第 13 条的规定是对私有财产权的外在限制。与此不同的是,张翔教授则认为"内在限制说"有着为严谨的法学学理所不能容纳的逻辑问题。故而,采纳的学说仍然是"外在限制说",但是必须通过确定一定理念与规则去消除其危险性。[①]

综上可知,从基本权利的构成和适用层面区分内在限制与外在限制的不同观点,突出了内在限制与外在限制理论区分的重要性和指向性。无论采用何种观点,基本权利内在限制与外在限制的区分必要性已然清楚,虽然两者都建立于基本权利的构成范围和本质内容之上,但两者并不可混淆。内在限制主要解决抽象基本权利的具体化问题,对基本权利的实质内容,如主体、客体和保障范围等作出界定;而外在限制则围绕基本权利的外在因素,对公共利益和国家干预措施等进行衡量,从而对基本权利作出阶层式审查。

(二)内在限制与外在限制理论在社会权限制中的具体应用

基本权利限制理论除了传统认为的"基本权利保障范围—基本权利限制—基本权利限制的违宪阻却事由"这一基本框架以外,沟通基本权利构成范围和基本权利限制的要素还包括基本权利的内在限制与外在限制理论。上文提到有学者将基本权利的构成和基本权利的限制看作是基本权利一体两面,这种观点虽然不太严谨,但也有其合理之处,因为探讨基本权利的限制首先就应该明确基本权的保障范围。可见,从另一个角度说,基本权利保障范围的确定是探讨基本权利内在限制时所不可缺少的,而基本权利的限制考察,实质上就是对国家限制基本权利的理由和要素进行总结。因此,基本权利内在限制和外在限制理论主要就是解决传统基本权利限制框架中的"基本权利保障范围"和"基本权利限制"的问题。因此,欲要解决社会权的宪法限制问题,就必须运用基本权利内在限制与外在限制理论,构建社会权的核心保障范围和限制理由。

对于社会权的限制问题,传统的内在与外在的二元制约说主张"将权利分为经济社会权利和自由权利,前者的限制是一种外在限制,后者是一

---

① 张翔:《基本权利冲突的规范结构与解决模式》,《法商研究》2006 年第 4 期。

种内在限制"①，即对自由权进行的外在限制实质上就是在保障社会权，而实现社会权本身就是对自由权的一种外在限制。这种观点明显是存在问题的，在日本也受到质疑。首先，这种武断地将权利直接区分为社会权和自由权的方式并不值得推崇，毕竟将基本权利分为社会权与自由权只是众多基本权利分类方法中的一种，而基本权利也并不是非此即彼。另外，自由权和社会权的区别越来越相对化，将之截然分为内在的和外在的有所不妥。其次，这种分类方法明显将社会权视作宪法中的公共利益或者公共福祉，这明显与作为基本权利的社会权不相符。这也是否认社会权的基本权利属性和可诉性的动机在作祟。公共利益并不只是社会权，甚至与社会权存在很大差异。最后，这种分类还动摇了我国《宪法》第51条和日本《宪法》第13条这样的概括式限制条款的地位，不利于基本权利的整全性理解。因此，将社会权视为外在限制、自由权视为内在限制是不妥当的。社会权和自由权都需要从内在限制和外在限制两个层面加以理解。只有如此，才能对宪法中的社会权限制因素加以有效规制。

1. 宪法中社会权的内在限制要素。社会权的内在限制主要考察社会权的权利内涵和社会权的本质内容。任何权利的不当行使都要受到限制，但是任何限制都有界限，权利的核心内容不受限制和侵犯已然成为通说。基本权规定在宪法中，本身就存在内涵性限制。② 这种内涵性限制显然有别于立法者对宪法中基本权利规定的落实。而放置在内在限制理论与外在限制理论中考察，这种内涵性限制属于基本权利的内在限制范畴。

首先，社会权有其内涵性限制，也就要求社会权的本质内容不受侵犯。我国《宪法》中规定了大量的社会权条款，这使得社会权在规范层面上有其特定的宪法内涵，这种宪法内涵主要体现为一种本质内容。如劳动权、受教育权、获得物质帮助权等。既然受教育为一种权利，那么受教育所体现的意涵就不能受到限制，就不能由立法随意变更。本质内容限制之禁止就是杜绝立法对宪法权利的"掏空"，防止宪法上的社会权条款失去其最基本的效力。

---

① 〔日〕芦部信喜：《宪法》（第三版），林来梵、凌维慈、龙绚丽译，北京大学出版社，2006，第86页。
② 陈慈阳：《宪法学》，元照出版公司，2006，第409页。

其次，社会权享有主体限制。任何权利的保障范围都不可回避主体层面，社会权享有主体的限制主要是指对哪些人具有社会权需要国家予以特殊保护作出规定。有学者认为，"以生存权为首的各种社会权的权利主体，是指生活中的贫困者和失业者等，是存在于现实中的个别的、具体的人，即带有具体性、个别性这样属性的'个人'"①。可见，社会权保障的权利主体是在一定限度上，对自由权权利主体所具有的普遍性和抽象性的法律范围的修正，而并非现实生活中具体存在的个人。以我国宪法中的劳动权为例，劳动权的享有主体为劳动者，但是这里的劳动者并不包括所有的劳动者，农民就是例外。这一主体限制也在《劳动法》《劳动合同法》中有所体现。再就受教育权而言，其保障范围的界定主要涉及权利主体的区分问题。因为九年义务教育主要规定的是儿童和少年的受教育权，而受教育权能否扩展至学前教育、高中教育、高等教育以及终身教育则存在争议，这一争议也表现为一种主体范围确定的问题。除此之外，最典型的莫过于特殊群体的社会权保障，在我国宪法中特殊群体主要是指妇女、儿童、残疾人等，对此都有专门的条款予以规定，而这些条款在适用过程中必然要受到特殊权利主体的限制。

再次，社会权义务主体限制。一般认为保障宪法上社会权的义务主体只能是国家，即在宪法上公民权利对应国家义务。然而，我国《宪法》部分社会权条款将国家与社会同时作为义务主体，这能否解释为我国《宪法》中社会权保障的义务主体不仅指国家，同时也包括社会呢？

宪法一般被认为是调整国家与公民之间的关系，"公民权利与国家权力是宪法关系的实质内容"②。然而这种传统二元论也遭遇到挑战，有学者认为，"基于多元国家理论，认为在不同利益团体、正当多元竞争之国家，应挣脱出国家与社会二元论之桎梏"③。此种多元国家理论并没有成为通说，相反在保护基本权利领域，国家与社会二元论仍旧是难以逾越的基本理论前提。我国宪法是社会主义性质的宪法，故"社会"色彩比较浓厚。我国

---

① 〔日〕大须贺明：《生存权论》，林浩译，法律出版社，2001，第16页。
② 周叶中：《宪法》，高等教育出版社、北京大学出版社，2009，第148页。
③ Maier, Staats-und Verfassungsrecht, 1985, S. 35. 转引自葛克昌《国家学与国家法：社会国、租税国与法治国理念》，月旦出版社，1996，第11页。

《宪法》条文也多次出现"社会"的主体性词汇，与社会保障制度息息相关的社会基本权利条款中也如此。从以上条文可以看到给予公民物质帮助的主体为"国家与社会"，此处的"国家与社会"是否与宪法调整的基本范畴存在冲突呢？笔者认为答案是否定的。一是宪法中规定的基本权利的给付义务，以及建立健全社会保障制度等都是从整体观念出发的，这种制度建构的义务能且只能由国家建立。正如前文所述，国家基本制度的建构必须依赖于完整的法律体系（此处法律为狭义的只能由全国立法机关制定的法律），而宪法规定的立法机关在我们国家只能是全国人民代表大会及其常务委员会。此时，社会保障制度建构的义务也只能诉诸国家立法机关，而社会绝无立法职能存在。二是《宪法》第45条规定的物质帮助权的给付主体相对于制度建构主体而言，其严格程度不言而喻。但是在宪法中明确规定"社会"的给付义务是否妥当值得探讨。

最后，社会权保障内容的限制。此处探讨的社会权保障内容与第一章谈到的社会权的权利内涵相关。其保障内容主要可从两个方面展开：权利内涵和权利外延。权利内涵主要包括个人层面的权利意涵和国家层面的需要。在这里，社会权保障内容的限制主要围绕社会权的具体内容展开，由于社会权作为一种权利束，其具体内容可以根据不同的权利类型确定。但是，社会权本身具有最低限度的保障内容，其主要包括社会权的实现必须符合人性尊严的基本要求、满足人的基本需要和实现人的规范能动性。同时也应该从社会层面考量，应包括社会权的保障应恢复个人参与社会竞争的能力；应与经济发展水平相妥适，并且应在国家可承担的范围之内。以生存权为例，其主要内容就是"保障国民能过像人那样的生活，以在实际社会生活中确保人的尊严；其主要是保护帮助生活贫困者和社会的经济上的弱者，是要求国家有所'作为'的权利"[①]。吴庚教授也认为生存权的规范效力应包含两个层面：人民在国家生活中维系生命（赖以活命）乃最低度的生存权要求，所以维护人民最低生存水准是国家的保障义务；符合人的（或人格）尊严生活是保障生存权的合理目标，强调符合人的尊严之生

---

① 〔日〕大须贺明：《生存权论》，林浩译，法律出版社，2001，第16页。

活也就是课予国家更高的作为义务，不以最低生存水准为满足。① 除此之外，也有学者认为"二十一世纪的生存权保障法理，不再是生活困苦者单纯被动地接受国家给付的权利，更应有隐私权的保护、自我决定权、选择的自由等"②。由此看出，生存权的具体规范效力也可以从人的层面和国家层面两个角度进行确定，如果符合人之尊严的最低生活水准没有实现，或者国家没有履行相应的积极义务，则构成了对社会权的限制，就需要承担违宪责任。

2. 宪法中社会权的外在限制要素。和社会权的内在限制要素一样，宪法中也规定了一定数量的社会权外在限制要素。这些外在限制要素主要立基于社会权具体保障条款之上，主要包括基本权利的概括式限制条款和独立的社会权限制条款，前者的代表为《宪法》第51条，后者则主要体现在《宪法》第14条第4款。除此之外，社会权的外在限制要素还包括法律规定的其他限制条款，以及他人的权利与自由。

（1）公共利益。《宪法》第51条规定了"国家的、社会的、集体的利益"，这一宪法术语在理论上一般合称为公共利益。上文提到基本权利的内在限制与外在限制的区分实益，其关键点就在公共利益的判断上。在日本，一元外在制约说与一元内在制约说也是围绕着公共利益展开的。除此之外，关于公共利益的地位还有两种学说，即助成说和调整说，无论何种学说都表现出了公共利益在基本权利限制与社会权限制中的重要地位。然而，我国大多数学者因公共利益的高度抽象性，认为它作为一项宪法原则是不可定义的③，甚至有学者认为，"公共利益本身是个较为抽象的概念，而在以国家任务为标准的界定方式之下，界定公共利益的具体内涵和外延极其困难且并无必要"④。2004年，我国《宪法修正案》将"公共利益"纳入其范畴，加之在土地征用和城市房屋拆迁过程中引发了社会上对于"公共利益"事件的重视，如何把握公共利益的内涵与外延日益成为学术界亟待解决的

---

① 吴庚：《宪法的解释与适用》，三民书局，2004，第271~272页。
② 简玉聪：《日本社会保障法理论之再探讨：以生存权理论为中心》，载《黄宗乐教授六秩祝贺·公法篇（一）》，学林文化事业有限公司，2002，第333页。
③ 范进学：《定义"公共利益"的方法论及概念诠释》，《法学论坛》2005年第1期。
④ 陈征：《国家权力与公民权利的宪法界限》，清华大学出版社，2015，第8~18页。

问题。随之,学界纷纷围绕"公共利益"展开各具特色的研究,有人从公共利益的享有主体出发进行界定,有学者则从"公共"和"利益"相区分的角度进行研究,还有学者从我国宪法文本出发,认为宪法文本中的公共利益是社会共同体的利益整合,其内容以公共秩序与社会秩序为基本价值取向,并与国家利益、社会利益相区别。①

与以上观点不同的是,张翔教授围绕基本权利内在限制与外在限制之二分,在坚守"外在限制说"的基础上,试图对我国宪法规定的公共利益原则进行限制,也就是对"公共利益"作出严格的限定,对"权利的限制"进行限制。② 与此同时,按照现代宪法的原理,对基本权利的限制属于"法律保留"的事项,公共利益条款必须由立法机关制定法律加以明确后才可以成为限制基本权利的具体条件。另外,虽然公共利益这一限制要素的具体化主要是由立法机关完成,但是最终还应该接受司法机关的审查。

综上所知,公共利益作为重要的社会权外在限制要素已无争议,关键是如何界定公共利益的具体内涵,虽然这一问题已经多有讨论,然而最终答案仍无定论。本书认为,在社会权限制中,公共利益仍应该交由具体立法者进行细化,这一具体化任务并不是可有可无的,只要立法者在制定法中规定了公共利益,那么立法者就有义务在法律文本中明确公共利益的具体内涵和适用范围。只有如此,才能让虚无缥缈的公共利益落到实处,这也使得公共利益在对具体权利进行限制时能够有的放矢。当然,如果在具体实践中,公共利益的判断出现冲突和不恰当之处,还是要交由司法机关或者合宪性审查机关作出进一步界定。

(2)他人的权利和自由。他人的权利和自由作为基本权利的外在限制理由并无争议,民国时期王世杰、钱端升就认为,"个人自由的范围,应具两种限制:第一,不妨碍他人的自由;第二,不违反国家承认个人自由的目的。国家承认个人自由,其目的在谋个人知识、道德或身体上优性的发展"③。一般认为,他人自由和权利在限制社会权之时一般是指自由权,因

---

① 姜秉曦、张翔:《基本权利理论研究30年》,载中国宪法学研究会编《中国宪法学三十年(1985-2015)》,法律出版社,2015,第154页。
② 张翔:《公共利益限制基本权的逻辑》,《法学论坛》2005年第1期。
③ 王世杰、钱端升:《比较宪法》,商务印书馆,2009,第77页。

为保障社会权本身就需要对公民的自由权,如财产权、营业自由等进行限制。社会权也可以作为限制社会权的理由,最为典型的例子就是为了保障公民的受教育权,就必须对就业年龄作出限制,也要求必须限制童工。因此,无论是自由权还是社会权,都可以作为社会权的外在限制因素,而这种因素一般都具有直接的效力。如果为了保障社会权而牺牲公民的其他权利,这样的立法要受到严格的审查,哪怕在宪法中有具体规定。可见,作为社会权的外在限制因素,他人的自由和权利较之于公共利益在内涵上更为清晰,适用方式也更为明确。

(3)法律规定的其他限制条件。主要围绕宪法有关条文中的"国家依照法律规定……"的字眼展开。法律规定的其他限制条件的具体内容属于社会权立法限制要素,将在本章第三节予以详述。此处要说的是,法律规定的其他限制条件并不是独立于宪法之外的,相反它们应该受到更为特别的关注。换言之,对这些限制条件的合宪性应做重点审查,以避免这些限制条件违反宪法的实质内容,侵害社会权。

另外,我国《宪法》第 14 条第 4 款规定的"国家建立健全同经济发展水平相适应的社会保障制度"同样构成了对社会权的宪法限制,只不过该条对于社会权限制而言具有统摄意义,并且其规范内涵的界定也不清晰,因此下文将运用教义学的方法对"同经济发展水平相适应"原则进行剖析,以期总结出规范内涵。

三 《宪法》中社会权典型条款:第 14 条第 4 款

2004 年《宪法修正案》第 23 条规定:"宪法第十四条增加一款,作为第四款:'国家建立健全同经济发展水平相适应的社会保障制度。'"这一条款成为我国建构社会保障法律制度体系的宪法规范依据,使社会保障制度的建立与经济发展水平的关系在宪法层面得到确立,也使得社会保障与经济发展之关系的研究成果颇丰。然而,"同经济发展水平相适应"这一源自宪法规范的原则却在学界少见身影,但不妨碍其成为现实生活中大量存在的城乡二元社会福利结构、国有企业与垄断部门高福利、整体保障水平尤其是农村保障层次较低等一系列与宪法基本理念截然相悖现象的解释理由。① 故以下内容试图从规范角度分析并厘清该条款中"经济发展水平"的范围、"相适应"的基准确定以及总纲中该条规定与公民基本权利条款的关系等问题，以期廓清该条款的宪法实质内涵，发挥其制度性保障功能，为饱受误读之累的"同经济发展水平相适应"原则正名。

（一）第 14 条第 4 款的入宪意旨：经济发展与社会稳定

该条款是以《宪法修正案》的形式被确认的，而所谓宪法修改是宪法适应不断变化的政治、经济形势而发生变动的，除宪法解释与宪法变迁之外的一种形式。德国著名宪法学家耶利内克在区分宪法变迁与宪法修改时指出，"宪法修改系指通过以变更宪法为目的的意识行为对宪法文本进行修改"②。宪法修改的意义较之于宪法解释、宪法变迁而言更为重要，因后两者在我国已有的宪法实践中极不典型，只有"宪法修改最活跃……如果没有宪法修改，我国宪法就有可能成为一部静止的宪法，无法适应在急剧转型的时代变化了的社会实际的需要"③。故宪法规范的内涵是对规范入宪时代社会实际需要的反映，也离不开宪法制定和修改者的原初意思指向。2004年《宪法修正案》第 23 条的原初意向，笔者认为可以从修宪机关对修宪内容作出的说明中探寻。

2004 年 3 月 8 日，全国人大常委会王兆国副委员长在第十届全国人民代表大会第二次会议上作《关于〈中华人民共和国宪法修正案（草案）〉的说明》的报告，在对第 23 条修正案说明时指出，"根据党的十六大精神，宪法修正案（草案）在宪法第 14 条中增加一款，作为第四款：'国家建立健全同经济发展水平相适应的社会保障制度。'社会保障直接关系广大人民群众的切身利益。建立健全同经济发展水平相适应的社会保障制度，是深化经济体制改革、完善社会主义市场经济体制的重要内容，是发展社会主义市场经济的客观要求，是社会稳定和国家长治久安的重要保证"④。该说明指出社会保障制度入宪的三条重要性理由：第一，社会保障直接关系广

---

① 任喜荣：《"社会宪法"及其制度性保障功能》，《法学评论》2013 年第 1 期。
② 〔德〕格奥尔格·耶利内克：《宪法修改与宪法变迁论》，柳建龙译，法律出版社，2012，第 3 页。
③ 林来梵：《宪法学讲义》，法律出版社，2015，第 116~117 页。
④ 王培英：《中国宪法文献通编》，中国民主法制出版社，2007，第 135~136 页。

大人民群众的切身利益；第二，社会保障制度事关经济体制改革和市场经济发展；第三，社会保障制度是国家和社会稳定的重要保证。通过以上三点总结，可以得出以下修宪者关于社会保障制度的价值取向与现实抉择。

首先，社会保障制度作为市场经济体制的一部分，其经济发展价值和促进改革的意味浓厚。我国的社会保障制度渊源于劳动法，旨在调节劳动者与雇主的经济关系。传统社会保障学、制度性社会保障学认为社会保障有经济、社会两大功能，经济功能主要是维持劳动力再生产、促进资本市场发展；社会功能则可以理解为体现社会公平、保持社会稳定。[①] 更有学者坦言社会保障制度是"从社会公平的角度出发考虑社会成本，因此它是市场经济不可分割的组成部分"[②]。以上观点着重强调了社会保障的经济发展功能。从文本上看，社会保障制度的建立必须与经济发展水平相适应，此种相适应主要包括"过度发展"与"积极发展"[③] 两种理解方式。但无论何种理解方式，从修宪者的表述中都可以明显看出其对经济功能的侧重。

其次，修宪者明显倾向于社会保障对社会稳定的价值。现代意义的社会保障制度的确立基本源于德国俾斯麦时期的"社会保险三法"和英国的"贝弗里奇计划"。当时伴随着资本主义经济迅速增长以及社会主义运动的发展，西方国家开始加大社会保障力度，及至"福利国家"理念付诸实践。不难发现其原初意旨便是力图回避社会风险，维护社会安全。国际劳工组织的报告《展望 21 世纪社会保障的发展》也认为，"社会保障应当是对最广泛意义上的安全渴望作出响应……简言之，它是用来抵御'社会的'风险"[④]。此种强调社会保障团结互助、应对风险的制度安排与我国学者对社会保障的社会功能表达有相通之处。社会保障或者社会福利制度作为全世界已达之共识，若从功能论角度考察其维护社会稳定、保障社会安全之意义应为合理。从价值论视之，社会保障/社会福利的基本理念正在发生"从

[①] 史柏年：《社会保障概论》，高等教育出版社，2004，第 7~9 页。

[②] 任正臣：《社会保险学》，社会科学文献出版社，2001，第 4 页。

[③] "过度发展"是强调避免超越经济发展水平的社会保障；"积极发展"是强调促进体现经济发展成果的社会保障。参见陈颐《论建立健全与经济发展水平相适应的社会保障体系》，《江海学刊》2006 年第 6 期。

[④] 〔比〕丹尼·皮特尔斯：《社会保障基本原理》，蒋月译，商务印书馆，2011，第 2~3 页。

保障生存权向个人尊严的改变"[①]，这一改变虽与"人权发展的历史逆向而行"[②]，但这样的事实已经或正在发生。故，社会保障制度建构之理念应以公民基本权利保障为出发点，以公民平等权与人性尊严之实现为价值依归。

另外，修宪者强调的直接关系广大人民群众的切身利益能否引出社会保障的人权保护功能有待商榷。"直接关系广大人民群众的切身利益"的论述不仅表达了社会保障制度所涉及的群体范围之广度（广大人民群众甚至全体公民），也从另一个侧面表示出社会保障制度对于公民个人的重要程度。但是，从文本自身出发难以看出其具有"权利"的属性。然而，较之世界各国宪法文本一般"不直接论及社会保障"[③]而言，我国通过修正案的形式为社会保障提供制度法规范依据已属不易。

综上，《宪法修正案》为推动更全面的社会保障制度的建立提供了宪法规范依据，且作为总纲基本条款赋予国家以制度建构义务，为保障公民的社会权利提供制度性保障。面对国际劳工组织将社会保障作为一种权利的肯认[④]，以及我国法治状况近十年的改观和快速发展，把社会保障仍看作是国家"恩赐"的理念显然已成明日黄花。在社会保险、社会救助法律制度中已经贯彻宪法规定的"同经济发展水平相适应"原则的情况下，如何将该原则与国家履行建构社会保障制度义务和公民基本权利保障相结合，解决目前大量存在的社会保障权利受限的实况，已成为不可回避的宪法释义学课题。

（二）第 14 条第 4 款的效力分析

该条位于我国宪法文本的总纲部分，虽然总纲部分的宪法规范效力存在争议，但该条款对于公民基本权利的保障尤其是对"社会保障权"的发展仍具有非同寻常的意义。为进一步完善社会保障制度，型构雏形初现的"社会宪法"体系，探讨总纲的性质及效力在所难免。

1. 《宪法》总纲条款的分类及其规范效力。根据其不同性质和规范价

[①]〔日〕桑原洋子：《日本社会福利法制概论》，韩君玲、邹文星译，商务印书馆，2010，第 1 页。
[②] 龚向和：《社会权与自由权区别主流理论之批判》，《法律科学》2005 年第 5 期。
[③]〔比〕丹尼·皮特尔斯：《社会保障基本原理》，蒋月译，商务印书馆，2011，第 2~3 页。
[④]〔荷〕弗朗斯·彭宁斯：《软法与硬法之间：国际社会保障标准对国内法的影响》，王锋译，商务印书馆，2012，第 37~39 页。

值，笔者将《宪法》总纲区分为国家基本原则、基本权利、基本国策、基本权利与基本国策相结合四种类型。条款的性质决定其效力，效力强弱决定其实施形态和实施方式。国家基本原则条款是宪法的灵魂所在，决定一国之价值取向，亦关系到最根本的公民基本权利保障程度。如社会国家原则的确立，"乃课予国家社会义务之所在"①，为社会基本权利提供制度性保障功能。国家基本原则的效力多已于国家建立之初落实于建构过程之中，其涵射力非一般宪法规范所能达致。《宪法》第 14 条第 4 款并非国家基本原则条款，故其效力与适用不在其列。而基本国策的效力则是衡量其他二类规范效力之大小的关键。当下，基本国策的效力"不能一概而论，须视其规定内容而定"②，此为我国台湾地区之通说。吴庚教授论及有关基本国策规定的效力时分四个层面加以考察，主要有："（一）仅为理想或遥远的国家目的；（二）有明确之规范对象，具有宪法委托性质；（三）属于实施时最低限度的规定；（四）其余条文多属指示行政及立法方针之性质，同时亦为解释宪法问题时重要的基准。"③ 这种分类大致可以认为基本国策之效力主要有方针条款说、宪法委托说和国家目标条款说三类。④

"方针条款说"最核心之处在于方针政策无任何拘束力，"只是一种纯粹的宣誓性质"⑤。此学说因其含义十分宽松，且与宪法的规范性和法律性相冲突，故已基本消逝。将社会保障制度条款立足于方针政策说不仅理论上难以跟进，也无法解释我国正在形成的社会保障制度的合理性。随着方针条款说的消逝，代之而起的是立法者的宪法委托说。宪法委托乃"宪法在其条文内，仅为原则性之规定，而委托其他国家机关（尤以立法者为然）之特定的、细节的行为来贯彻之"⑥。"国家建立健全同经济发展水平相适应的社会保障制度"的规定，从宪法委托说出发，即社会保障制度之建立有赖于国家尤其是立法机关的立法，而与"经济发展水平相适应"则为国家

---

① 陈慈阳：《宪法学》，元照出版公司，2006，第 259 页。
② 林明锵：《论基本国策》，载《李鸿禧教授六秩祝贺文集》，月旦出版社，1997，第 1465 页。
③ 吴庚：《宪法的解释与适用》，三民书局，2004，第 6~69 页。
④ 陈新民：《德国公法学基础理论（下卷）》，法律出版社，2010，第 442~444 页。
⑤ 陈新民：《德国公法学基础理论（下卷）》，法律出版社，2010，第 194 页。
⑥ 陈新民：《德国公法学基础理论（下卷）》，法律出版社，2010，第 198 页。

在履行立法义务时所要考量之前提条件。此宪法委托说较之方针条款说对于国家尤其是立法机关而言,具有法律约束力,使得该条款的规范性质得以显现,不再"苍白无力"。但是随之而来的问题则是立法不作为之救济。我国违宪审查制度、宪法诉愿制度阙如,立法自由裁量权基本不受限制,使得宪法委托"对立法机关课以法律上更为严格的责任,缩小立法机关自由裁量权的范围"①之宗旨沦为一种"憧憬"。

国家目标条款说立足于一种价值导向,将国家在宪法总纲中设定的一系列规范看作是动态意义的国家目标与努力方向,使得上述规范的效力及于整个社会。这种国家目标条款是"宪法对国家之政策性指示,而国家依其能力负有义务去实践此一具有拘束性之指示,所以也可以说是:内容具体化的公共利益"②。在德国,这种"在确定结构的稳定性意义上属于国家结构原则而在确定方向的动态意义上则是国家目标条款"③ 的主要规范包括:民主国、法治国、社会国、联邦国、共和国以及后来的环境保护和动物保护。基于德国之通说,将总纲中社会保障制度条款看作是"国家目标条款"对于拘束所有国家权力机关有一定可期待性。

2. 定性与效力。宪法第 14 条第 4 款与宪法总纲中有关环境保护条款(第 9 条第 2 款、第 10 条第 5 款、第 26 条等) 的性质较为相似。主要是因为《宪法》第二章中没有对社会保障权和环境权加以规定,且两者无论是在相关国际条约还是域外法中,其地位都较为突出。故学者们将之解释成基本权利条款的一部分,使得该种条款具有"一体两面性",即基本国策与基本权利的结合。亦有学者指出,"纲领性条款实际上具有双重规范本质,其外在显现的是宪法政策构造……基于对人的尊严与基本权利之保障的目标,纲领性条款内核潜藏的是宪法原则的规范本质"④。这一论述的规范立场以及把纲领性条款的权利规范本质加以剥离的方法与笔者提出的"一体

---

① 张翔:《基本权利的规范建构》,高等教育出版社,2008,第 140 页。
② 林明锵:《论基本国策》,载《李鸿禧教授六秩祝贺文集》,月旦出版社,1997,第1486 页。
③ Alfred Katz, Staatsrecht, 18 Aufl. 2010 Mueller, S. 68. 转引自张慰《"文化国"的秩序理念和体系——以国家目标条款带动的整合视角》,《南京大学法律评论》2015 年春季卷。
④ 潘昀:《论宪法上的"社会主义市场经济"——围绕宪法文本的规范分析》,《政治与法律》2015 年第 5 期。

两面性"相映衬。笔者认为这种释义学层面的基本权利建构方法是值得肯定的，一来可以纾解法的安定性与社会加速变迁的紧张关系，更为重要的是能实现宪法自身的"自我更新与自我发展"，"以既有体系为基础，可以对于实践问题的解决提出各种不同的、相互竞争的建议"①，以供司法者适用。因此，第 14 条第 4 款的性质应该根据其适用对象的不同，分别以基本国策或者基本权利的面貌加以适用。

当该条款单独作为一种基本国策加以解释适用时，其效力具有明显的"国家目标条款"之功能。该功能不仅要求立法机关积极制定社会保障领域的法律法规，完善相关法律体系，同时也要求行政机关尤其是与民政服务相关的行政部门积极执行法律法规赋予的权力，保障公民基本权利。相对于立法机关与行政机关而言，司法机关的功能则相对保守，但其"通过受理有关社会权的个人或者团体诉讼，正逐步保障了社会权的充分实现"②。当然，单纯作为基本国策的"国家目标条款"并不能独自实现社会保障制度条款的规范内容，更为重要的是与《宪法》基本权利条款的相关内容（第 43 条关于休息权规定，第 44 条关于退休权规定，第 45 条关于物质帮助权的规定）形成社会保障的制度体系，以实现"国家建立健全"之义务。

另外，该条款与其他条款（国家尊重和保障人权）结合构成基本权利之时，两者协力组成新型基本权利的规范内涵，从而使各自具有的规范性质消弭，对外则以该基本权利之全新面貌出现，此新型权利即为社会保障权。社会保障权具有一般权利之"主观功能"与"客观功能"构成的功能体系。主观功能主要包括防御功能和给付功能，客观功能则指的是客观价值秩序功能。③ 在"公民权利—国家义务"④ 这一理论预设下，社会保障权的功能发挥要求国家履行相应的尊重、保护和给付义务。社会保障权具有明显的积极权利的属性，即要求国家积极履行给付和保护的义务。

---

① 张翔：《宪法释义学：原理、技术、实践》，法律出版社，2014，第 4 页。
② 龚向和：《社会权的可诉性及其程度研究》，法律出版社，2012，第 245 页。
③ 李建良：《基本权利理论体系之构成及其思考层次》，《人文及社会科学集刊》1996 年第 1 期。
④ 龚向和：《国家义务是公民权利的根本保障：国家与公民关系新视角》，《法律科学》2010 年第 4 期。

（三） 第 14 条第 4 款的规范内涵及其限制作用

"国家建立健全同经济发展水平相适应的社会保障制度"既可作为一项基本国策条款，要求立法机关建构社会保障制度体系，又能作为社会保障权的权利规范之组成部分，要求国家保障其价值实现。该条款具有鲜明的规范性语句色彩，其准确的应然模式可以表述为："国家应当建立健全同经济发展水平相适应的社会保障制度。"以下笔者试图从"国家""同经济发展水平相适应""社会保障制度"三个维度解读该条文的规范意义。

1. "国家"的理解。在该条款中，国家作为社会保障制度建立健全的主体身份被表达出来。从义务论视角出发，国家被赋予了构建社会保障制度义务。这一义务来源，如上文所说，不仅是宪法基本理念（保障人权）自身的整体要求，也是基本国策与基本权利双重性质决定的。从规范意义出发，该条款所要求的国家义务来源已无探讨之必要，关键在于如何衡量此处"国家"之内涵和外延。

宪法文本中的国家有别于黑格尔所提出的"伦理理念的现实"、"绝对自在自为的理性东西"① 等一种伦理层面、精神层面的国家概念。也不能简单地利用社会结构学意义将之定义为领土、主权与人民的结合体，或者去除其所有价值判断和道德义务后的"法律秩序达到一定程度之集中"② 而已。国家，尤其是宪法规范意义上之国家不能仅仅说其乃一种精神存在，是伦理功能发挥的工具，也不能将之定义为一种社会结构，否则人民建构国家之时所欲达保护个人生命、自由与财产之效果难以彰显。故宪法上之国家应该是相对于公民个人而言的，一种具有政治性与公共性的以保护公民之整体需求为目标的组织存在。作为以保障公民基本权利为最高宗旨之国家，其义务层次是宪法条款和基本权利内容决定的。有关该条款之"国家"主要从以下层面探讨。

对该条款中"国家"纵向范围的理解至关重要，即制度建构功能所要求的是中央政府还是地方政府，抑或两者都包含。作为实体存在的国家，其权力达致的横向范围以其领土界限为标准，这不仅仅是宪法规范自身的

---

① 〔德〕黑格尔：《法哲学原理》，范扬、张企泰译，商务印书馆，2014，第 247~253 页。
② 〔奥〕凯尔森：《纯粹法理论》，张书友译，中国法制出版社，2008，第 120~121 页。

约束（《宪法》第33条"公民"条款），也受历史、社会变迁以及国际法的影响。但在此处凸显的是社会保障制度建构义务的主体应为中央政府、地方政府还是抽象的国家？首先，我国《宪法》第5条第2款规定"国家维护社会主义法制的统一和尊严"，即维护法制统一是国家的基本任务之一。法制统一原则不仅要求法律体系的统一，也包含执行法律制度的统一。当然，在法律体系统一的前提下，制度是不可能凌乱琐碎的。其次，单一制的国家结构形式也对法律制定和制度建立产生影响。《宪法》第3条第4款规定："中央和地方的国家机构职权的划分，遵循在中央的统一领导下，充分发挥地方的主动性、积极性的原则。"既然中央在职权划分中的地位为统一领导，则其对于社会保障制度构建所应担负的责任较之于地方政府而言应该是基础性、根本性的。最后，纵观我国《宪法》文本，关于国家一词出现频率较之于其他词汇不可谓不多，但其内涵并没有严格地把中央政府与地方政府区分开。尤其是宪法中多规定一国基本的制度内容和价值取向，单一的地方政府职权不宜承担此种类型的义务。故"国家"一词应理解为中央与地方以及其他行使公权力的政治组织共同组建的权力机构。

2. "同经济发展水平相适应"的内涵。社会保障与经济发展水平密切相关，作为积极权利的社会保障权的实现离不开国家给付义务的履行，而"国家给付总额由租税所限定"[①]，这一论断已基本为学界认可。从世界范围来看，经济较为发达的西方国家，其社会保障制度也较为完善。在我国，有关社会保障的立法中"同经济发展水平相适应"俨然已经成为社会保险、社会救助的基本原则，因其在宪法中规定亦可冠之曰宪法原则。但是"同经济发展水平相适应"一边大行其道，另一边却存在难以把握的模糊性，甚至成为社会保障制度不健全的堂而皇之的理由。如此理解显然与宪法规定的理念和内涵相左。笔者试图用教义学的方法从以下几方面对"同经济发展水平相适应"原则在当下社会所应具有的实质内涵加以论述。

（1）宪法将"同经济发展水平相适应"作为建立健全社会保障制度的限制性规范体现了国家层面的"量能原则"。量能原则又称为税收量能负担

---

① 葛克昌：《国家学与国家法：社会国、租税国与法治国理念》，月旦出版社，1996，第66页。

原则,有两个层面的意义:一是"不可支配之所得即非可税收入,亦不能纳入税基";二是"基本生存所需不能纳入税基"[①]。该原则最核心的部分是公民应维持最低生活,该部分收入国家不应纳入税收。所谓国家层面的量能原则主要是指国家经济水平决定社会保障水平,亦即国家应在维持其正常运转和经济可持续发展的前提下来发展社会保障制度。也可谓"有多大能力,做多大事情"。国家层面量能原则能够保障社会、经济的可持续性发展,同时其对国家的自我规制水平和民主法治的发达程度提出要求,否则国家则存在不作为的嫌疑。当然,量能原则并不能成为国家摆脱给付义务的借口。

(2)"经济发展水平"的解释是该原则适用的关键。国家的经济发展水平可以通过一系列的经济学指标加以衡量,无论是总体经济水平还是人均水平,该指标的制作与统计并不属于法学尤其是宪法学研究对象。但是社会保障制度应与哪种经济发展水平相适应才能最大限度实现公民基本权利则值得思考。

首先,我国地域经济发展水平差距较大,东部部分地区如上海等已然进入中等发达国家行列,但西部的贫穷人口仍占相当重要一部分。另外,所谓区际并不仅仅指的是东中西三大区域,省际甚至省内的经济水平也难以统一,甚至差距更大。而如果把县域经济发展水平作为社会保障制度的标准,显然会造成标准不统一,也会造成对平等原则的严重破坏。而如果社会保障制度在建构过程中,不同区域按照不同标准,显然不符合上文所述"国家统一"的要求,更重要的是这种标准制定规则的权力下放会导致地方乱象频出,人民赖以生存的最后保障也将受到威胁。

其次,城乡经济发展水平的度量。我国历史上形成了城市与农村二元结构相区隔的制度体系,尤其是在权利分配领域。这一问题的根源应该与城乡不同的经济形态有关。目前,城乡社会保障制度截然二分,以医疗保险制度为例,城市居民享受的是基本医疗保险,而农村则是新型农村合作医疗制度,两种制度在不同层面上享有的优惠程度是不同的。依照城乡经济发展水平为标准制定的"二元制"规则,产生一种如此的"二律背反",

---

① 蔡维音:《全民健保财政基础之法理研究》,正典出版文化有限公司,2008,第174页。

即对社会保障制度依赖程度更高的农民得到的补助范围和程度却相对更低。

最后,"同经济发展水平相适应"原则也面临着经济发展动态调适的过程。我国经济发展速度有目共睹,短时期内经济增量变化很大。在制度与法律的稳定性与经济发展水平不断变化之间找到合适的平衡点,使得社会保障制度在充分保障社会安全和基本权利的前提下"与经济发展水平相适应",方为上策。

3. 除了"国家""经济发展水平"外,"社会保障制度"也是需要厘清范围的语词。从文本来看,《宪法》第45条在获得物质帮助权基础上延伸出社会保险、社会救济和医疗卫生事业,以及社会优抚、残疾人权利。理论上社会保障制度的内容已基本由社会保险(养老、失业、医疗、工伤、生育等)、社会救助、社会福利、社会优抚等特别制度组成。[①] 这四部分构成业已成为我国社会保障领域的通说。

综上,宪法文本上所言国家建立健全社会保障义务,从主体上限定了社会保障制度只能由国家通过立法来建构,且此时的国家应该是行使公权力的整体机构,而非单纯的中央国家机关或者地方各级机关。"同经济发展水平相适应"原则也应该理解为国家整体经济水平,即国家应该根据整体经济发展程度建构最基本的社会保障制度,而不应该将权力下放到基层政权,由其根据所谓"经济发展水平"或者财政能力自由裁量,否则国家将面临怠于履行社会保障权利要求的给付义务和制度保障义务。社会保障制度的具体内容的划定和标准是一项复杂的工作,而学界形成的通说也已基本为国家认可,可见上述社会保障制度的基本内容是符合现阶段我国经济发展水平和公民要求的。

第三节 社会权的立法限制

宪法实施的关键是基本权利的实施。基本权利实施的本质在于基本权利效力得以发挥,即基本权利享有者能够有效地行使该权利。然而,实际生活中基本权利的行使过程即为其受到限制之过程。这一过程不仅包括基

[①] 林嘉:《社会保障法的理念、实践与创新》,中国人民大学出版社,2000,第119~125页。

本权利规定在宪法中就天然具有的内涵性限制，也包括立法者经宪法授权对基本权利予以法律限制，以及行政权、司法权乃至部分私人主体对基本权利的侵害与限制。在以上基本权利限制类型中，立法对基本权利的限制最为关键，而"在立法、行政和司法等公权力的违宪类型中，立法违宪是最重要的，也是最普遍的类型"[1]。因此，立法在基本权利实现过程中的形成、限制与保护作用乃成重点。

基本权利按照其属性和功能划分，一般认为主要包括自由权与社会权。较之于自由权，社会权更强调国家履行一定的给付义务，并要求国家权力的积极和适度干预。[2] 社会权主要包括生存权、受教育权和劳动权等权利类型。[3] 充分保障以上权利都离不开国家财政资源，这必然导致公民权利诉求与经济发展水平之间存在实践张力。具体到当前社会生活，劳动合同解除权引发的劳资平衡保护的基点问题；如何协调城乡统一的社会保障体制带来的财政压力与趋于平缓的经济发展之关系问题；国家应否为全民免费提供医疗保障和长期照护；义务教育延伸至学前与高中阶段的可能性；以及社会救助范围与标准的确定等一系列现实问题，都亟须从宪法层面考量社会权保障的国家给付义务及其合理限度。

面对上述问题，传统的基本权利限制理论多是借鉴德、美两国的宪法规范和实践经验，很少对社会权的限制予以关注，而无法提供切实可行的具体方案。就社会权的理论研究而言，仍较多关注如何提高给付水平，对其限制尚处于浅尝辄止阶段。故而，无论是传统的基本权利限制理论，还是有关社会权的研究成果都有意或无意地"巧妙"回避了权利限制问题。因此以下问题有待回答，如立法对社会权的具体作用为何？当前的社会立法是否在保障社会权的同时产生限制效应？如果立法对社会权具有限制作用，那么这种限制作用较之于自由权有何区别？立法对社会权的限制效应应该如何评价？

---

[1] 林来梵：《宪法学讲义》，法律出版社，2015，第 415 页。
[2] 胡锦光、韩大元：《中国宪法》，法律出版社，2006，第 278 页。
[3] 〔日〕芦部信喜：《宪法》（第三版），林来梵、凌维慈、龙绚丽译，北京大学出版社，2006，第 232 页。

一 立法对基本权利的多元作用

立法对社会权的作用是建基在立法与基本权利的内在关系之上的，同时欲分析立法实现社会权的作用，就必须对基本权利保障中的立法作用详加分析。立法是实现基本权利的最重要方式，其在基本权利实现过程中主要表现为形成、限制与保护的作用。具体到社会权，立法在其实现过程中具体扮演何种角色乃是本书研究的重中之重。

(一) 立法与基本权利的内在关系

立法与基本权利的关系十分紧密，从过程维度看，立法是基本权利纳入宪法之后实现的首要步骤。立法与基本权利的天然关系可以从以下两方面展开。首先，从基本权利的规范构成来看，基本权利条款一般较为简略，规定具有相当大的开放性，这种开放性导致基本权利规范在适用时必须进一步加以解释或精确化。[1] 针对基本权利规范的开放性特征，阿列克西甚至认为宪法中的基本权利规范呈现有别于规则的原则结构，而这种"最佳化命令"的结构在适用时一般多采用权衡法则。[2] 阿列克西关于基本权利规范的适用方式主要针对司法机关，但是不难看出基本权利规范所具有的抽象性要求在实施过程中应该加以具体化。

其次，从立法机关的角度看，贯彻宪法基本权利的精神，将基本权利的具体内容加以明确乃是宪法义务，理由如下。第一，基本权利双重性质理论认为，基本权利除具有主观权利功能外，还具有客观价值秩序功能。基本权利的"客观功能"主要体现为制度性保障和组织与程序保障，前者要求国家（立法者）必须建立某些"（法）制度"，以促进基本权利实现的功能；后者则是指"基本权利的实现，有赖特定的公平合理程序作为'配套'"，[3] 这种公平合理程序的建立也须依靠立法者去完成。综上可知，基本权利客观价值秩序功能的实现主要依赖立法机关通过制定法律，建构基本权利实现的制度、组织与程序。第二，法治社会，立法受宪法秩序的

---

[1] 王鹏翔：《论基本权的规范结构》，《台大法学论丛》2004年第2期。
[2] 〔德〕罗伯特·阿列克西：《法：作为理性的制度化》，雷磊编译，中国法制出版社，2012，第132~138页。
[3] 法治斌、董保城：《宪法新论》，元照出版公司，2006，第140页。

约束已无异议，而基本权利与立法的最主要联结点即为法律保留制度。所谓法律保留制度，德国宪法学者 Hippel 认为是立法者可以全盘考虑社会各阶层的利益及国家社会需要后，公正地决定人权的界限及人权内容。① 可见，法律保留原则虽然要求立法机关在制定有关基本权利，尤其是基本权利限制的法律时必须遵循宪法规范，但反之也可谓法律保留原则将基本权利的形成与限制权力授权给了代表民意的立法者。

以上不难看出，立法在基本权利的实现过程中发挥着重要作用，其不仅是基本权利自身属性的要求，也是宪法中基本权利规范结构的特点决定的。然而，立法最终在基本权利，尤其是社会权的实现中具有何种作用还需要进一步分析。

（二）立法对基本权利的形成、限制和保护作用

当前我国具有实效的司法审查制度阙如，将宪法规范予以具体化的立法实施无疑成为我国宪法实施的主要方式。② 正如上文所述，宪法实施在内容层面首先就是基本权利的实施。③ 换言之，立法实施宪法就是立法实施基本权利，立法实施基本权利的过程就成为当前我国宪法实施的主要形式。正是基于此，立法对基本权利的作用问题成为宪法实施的关键。

1. 立法对基本权利的形成作用。所谓立法对基本权利的形成作用，是指由立法者来确定基本权利的保护范围。换言之，立法机关为了基本权利的功能得以发挥，有义务对绝大部分基本权利所保障的生活领域与生活关系予以形成。立法之所以对基本权利具有形成义务，乃是因为如果没有国家的立法行为，该权利就不能或者不能有效地行使。在我国宪法学界多以"塑造或者确定基本权利的保护范围"④ 来称谓形成作用。有学者认为立法对基本权利具有多元效应，其中不可避免地包括"塑造特定基本权利的保护范围"和"作用于基本权利规定范围与保护范围的'中间地带'"，即将基本权利的保护范围与规定范围相区分，试图以此将基本权利的形成与基

---

① 陈新民：《德国公法学基础理论（上）》，法律出版社，2010，第402页。
② 赵一单：《立法权的宪法界限研究——以立法余地的正当性为视角》，《甘肃政法学院学报》2016年第2期。
③ 范进学：《宪法实施：到底实施什么?》，《学习与探索》2013年第1期。
④ 陈鹏：《论立法对基本权利的多元效应》，《法律科学》2016年第6期。

本权利的限制划清界限。① 笔者认为，无论是基本权利的保护范围、规定范围，还是两者的"中间地带"，都应该属于广义的立法对基本权利的形成作用，故本书对此二者不作详细阐释。当然，立法通过宪法委托或其他方式形成基本权利的保护范围并不能够因此获得限制基本权利的授权，立法者在形成过程中仍应受到基本权利规范的拘束。

2. 立法对基本权利的限制作用。限制是立法对基本权利最常见的作用之一，也是法律保留原则的题中之意。这种限制作用可以根据宪法规范的具体内容划分为一般法律保留、特殊法律保留以及无法律保留三类。② 一般法律保留是指要限制人民基本权利，只要基于法律规定或是法律授权，而不需其他要件；特殊法律保留认为法律限制公民基本权利时不仅应由法律或者基于法律作出，法律本身也要作进一步的规范和限定；而无法律保留是认为该项权利是其他基本权利以及国家存在的基础，不能加以限制。我国学界对立法的基本权利限制作用涉及较多，形成了所谓的基本权利限制理论，即包括"基本权利的构成—基本权利的限制—基本权利限制的违宪阻却事由"三个思考层次。③ 这种基本权利的限制理论是对限制概念的广义理解，是一种框架性思考。除此之外，有学者认为立法对基本权利有一种纯粹的限制作用，这种狭义层面的限制可以理解为国家阻止基本权利主体实施处于基本权利保护范围内的行为。狭义层面理解立法对基本权利的限制作用与德国学者巴夫厚提出的法律概念三元化理论中的第一层次，即纯粹限制基本权利的法律相契合。④ 立法对基本权利的限制作用无论是作广义理解还是狭义理解，都具有一定的理论背景，并非毫无依据。而立法对基本权利的形成与限制作用的界限也已在上文详述。

3. 立法对基本权利的保护作用。基本权利的保护作用在德国主要强调的是司法机关的义务，即"由法院来保护基本权的诸项保障以及宪法诉讼的制度"⑤。在具体操作中，联邦宪法法院通过运用《基本法》第 19 条关于

---

① 陈鹏：《论立法对基本权利的多元效应》，《法律科学》2016 年第 6 期。
② 陈慈阳：《宪法学》，元照出版公司，2005，第 417~418 页。
③ 张翔：《基本权利限制问题的思考框架》，《法学家》2008 年第 1 期。
④ 陈新民：《德国公法学基础理论（上）》，法律出版社，2010，第 399 页。
⑤ 〔德〕康拉德·黑塞：《联邦德国宪法纲要》，李辉译，商务印书馆，2007，第 264 页。

法律保留原则、法律明确性原则以及本质内容保障原则来对立法予以审查。与德国不同的是，我国宪法学界对于立法的基本权利保护作用主要从两方面予以探讨。其一，宏观上理解立法的基本权利保护作用，认为"保障基本权利的立法，在内容上包括对基本权利的内容、限制、救济作出规定"①。具体而言，保护作用包括立法者应当在最低限度上规定基本权利的内容；立法者应当明确规定基本权利的限制，防止公权力进行扩大解释；对基本权利遭受侵犯的公民应提供法律救济等。其二，从国家保护义务角度阐述立法的基本权利保护作用。国家保护义务首先是立法机关的立法义务，立法者主要通过两种方式履行保护义务：一种是主动对侵害基本权利的一方进行干预，另一种是为被侵害方提供某种保护措施。②

二 立法限制社会权的正当性证成

立法在实现社会权的过程中主要表现为形成与限制作用，形成作用主要是立法机关通过制定法律规范确定社会权的保障范围，而限制作用则表现为立法机关通过立法限缩社会权的权利主体、保障程度和具体内容，或者消极的立法不作为。立法机关干预社会权的实现不仅是其自身义务的体现，也是一种宪法委托，但这种限制的正当性还需要从社会权的属性以及整个社会的运行机制加以综合考量。

（一）立法限制社会权的必要性分析

任何权利的行使都不是恣意的、无限制的，自由本身就蕴含着对自我的约束，每一项权利都有其界限，即使基本权利也是有限度的。③ 诚然，社会权是基本权利的组成部分，具有主观权利和客观价值秩序双重属性，对基本权利限制的理由同样应该适用于社会权，但社会权具有要求国家积极给付的特殊性，这决定了其限制的必要性有别于一般自由权。

1. 基本权利内部冲突的纾解要求立法限制社会权。基本权利冲突是指数个基本权主体所拥有的基本权相互主张而产生冲突，其大致包括不同种

---

① 谢立斌：《论基本权利的立法保障水平》，《比较法研究》2014年第4期。
② 陈征：《国家权力与公民权利的宪法界限》，清华大学出版社，2015，第53页。
③ Peter Cane and Joanne Conaghan, *The New Oxford Companion to Law*, Oxford University Press, 2008, pp. 1027-1028.

类基本权利的冲突以及同种基本权冲突。① 简而言之，基本权利的冲突就是一方在行使基本权利的过程中可能导致其他主体基本权利受到压制。对于不同种类基本权的冲突而言，社会权与自由权的冲突可谓较为明显，最典型的莫过于国家为保障社会权而增加税收，从而限制公民的财产权。即"人民实质自由之维护，须受国家财务负担之限制，亦即在租税国家，租税收入之总额决定了社会给付之总额"②。宪法保障人民的财产权实质上就是保障财产所有人自由使用财物，而为实现社会法治国对财产的限制应在合理限度之内。这种对财产权限制的界限间接限制了国家的给付总额和给付潜力。除此之外，用人单位的雇工自主权与劳动者的工作权之间；社会保险的强制性与个人选择之间都存在一定程度的冲突。因此有学者总结道："基本权利的国家给付义务与基本权利的损害密不可分，因为社会权的实现必然以牺牲自由权为代价。"③ 欲解决上述基本权利的冲突，司法机关显得力不从心，有学者甚至认为"在违宪审查中，法官面临的是权力与权利的冲突，而不是权利与权利的冲突"④。基本权利的冲突，尤其是社会权与自由权之间冲突的平衡只能依靠具有资源分配功能的立法机关。

2. 优化社会资源的合理配置需要立法限制社会权。众所周知，世界上可供人类支配的总体资源在一定时期内是有限的，即便是科学技术十分发达的当代社会，可供人类进行分配的总体社会资源也无法实现完全满足人的需求。而资源的有限性与人类需求的不断增长之间存在张力，而这一张力也可谓权利冲突的本质所在，甚至有学者坦言，"绝大多数权利冲突的前提条件都是社会可供资源的不足"⑤。故基本权利之间，尤其是社会权与社会权之间，以及社会权与自由权之间对于社会资源的分配要求程度更高，其对立法合理分配资源的诉求也更为强烈。

既然社会权实现直接关系到社会资源的分配，唯有依靠公民选举出的代表组成的立法机关才有权力对一国之内的社会总体资源进行分配和再分

---

① 李惠宗：《宪法要义》，元照出版公司，2005，第 120~121 页。
② 葛克昌：《租税国危机》，厦门大学出版社，2016，第 59 页。
③ 陈征：《国家权力与公民权利的宪法界限》，清华大学出版社，2015，第 91 页。
④ 马岭：《宪法权利解读》，中国人民公安大学出版社，2010，第 77 页。
⑤ 何志鹏：《权利基本理论：反思与构建》，北京大学出版社，2012，第 129 页。

配。随着我国经济社会的不断发展，公民的权利诉求越来越强烈，而众多社会权利与人民生活息息相关，因此对社会权予以制度化保障亦属当然。然而，这种强烈的权利诉求必然与当前经济发展水平和国家给付能力之间存在扞格。为了解决这种基本权利层面的资源与需求之间的冲突，亟须通过立法确定相应的权利位阶、权利边界以及制度性架构。

除此之外，立法限制社会权还可以防止权利主体滥用权利导致的社会资源浪费。而通过立法对社会权予以限制、间接保障自由权的同时，也可实现社会资源的总体平衡。立法过程中不同利益群体之间的积极参与，也能够使潜在的社会矛盾在制度化程式中得以消减，使公民通过合法渠道表达自己的正当诉求，使冲突恶化的可能性得以化解，从而最大限度地实现我国宪法第51条规定的"国家的、社会的、集体的利益和其他公民的合法的自由和权利"。

（二）立法限制社会权的可行性探索

社会权实现过程中存在的一系列问题要求国家公权力积极介入，予以限制。相较于行政权和司法权，通过立法来实现社会权的限制不仅是社会权自身属性的要求，也是由立法权自身的功能决定的。

1. 宪法赋予立法形成和限制社会权的义务。我国《宪法》中关于社会权的条款，其规范模式大致采用"中华人民共和国公民/劳动者具有……权利"和"国家应……"两种模式。虽然这种规范形式与自由权的规范形式基本无异，但是社会权本身的抽象性及其权利属性要求立法将之具体化，故可以理解为一种宪法委托或者制度性保障。宪法委托是对传统方针条款概念的继承和发展，认为宪法在其条文内只对基本权利条款为原则性规定，而委托其他国家机关（尤其是立法者）之特定的、细节性的行为予以贯彻。诚然，立法者实践宪法委托，即决定社会权的内容和限制时，具有相当大的裁量权限，但是如果立法者制定的法律有违背宪法中的社会权条款时，或者典型不作为时，则会产生违宪的后果。

2. 社会权的制度性保障功能要求立法对其限制作用予以明确。制度性保障功能主要渊源于基本权利的客观价值秩序属性，即要求国家通过建立和完善相关制度的方式对基本权利加以保障。魏玛时代，制度性保障是指基本权利除作为个人权利以外，也包括对公私生活上既存的社会事实，经由各种复杂的法规加以规范，形成建制保障，立法不得侵犯。后来，随着基本权利效力的发展，制度性保障逐渐成为客观价值秩序的一部分，其内涵也着重于要求立法机关积极提供各种建制保障。[①] 由此可见，每一个基本权利，无论是消极的自由权，还是积极的受益权，都具有制度性保障功能，这里的"制度"也是国家所提供，系指"由法令或例规"所形成。[②] 因此，立法在对以社会权为代表的基本权利形成制度性保障的同时，须对权利所产生的限制作用加以说明。

3. 立法机关的民主正当性为其限制社会权提供合理性依据。立法机关因其产生与组成使之成为人民主权原则在国家构成中的重要体现。可以说，"人权立法权，即人民主权，便是正当政治的第一原则"[③]。我国《宪法》第2条第2款也明确指出"人民行使国家权力的机关是全国人民代表大会和地方各级人民代表大会"。正因为人民代表大会是国家的主权机关，也就使其具有制定、修改和解释法律的权限。立法过程本身就是权利保护和限制的过程，也是对社会资源进行制度化分配的过程。社会权的保护需要国家合理配置财政收入、积极投入社会资源以保障公民的最低生活标准。能够行使社会整体资源再分配职能的国家机关只有立法者，而立法者对民生保障的投入直接关系到社会权的实现程度。因此，法律规定的给付标准低于正常的基本生活水准即可认为是对公民生存权的限制，而过多给付和恣意给付也同样违反比例原则，造成社会资源的浪费，同时也间接损及其他公民的社会权实现。

三 立法限制社会权形式的类型化

立法对社会权的限制作用不仅体现在宪法理论上，同时在具体立法实践中已经发生，只是囿于传统的基本权利限制理论的自由权色彩，而没有对立法限制社会权的形式、内容等予以概括。上文就立法对社会权的限制

---

① 吴庚：《宪法的解释与适用》，三民书局，2004，第120~124页。
② 许宗力：《宪法与法治国行政》，元照出版公司，1999，第173~174页。
③ 翟小波：《论我国宪法的实施制度》，中国法制出版社，2009，第6页。

作用加以梳理的同时，另从理论上对立法限制社会权的正当性予以论证，从而为分析立法限制社会权的实践提供依据。以下，将结合具体的社会权立法，对其中关于限制的内容进行类型化分析。

1. 立法对社会权的内涵性限制。一般认为，内涵性限制是相对于法律保留的限制而言的，又称为内在限制，其基本思想是"宪法权利在其自身的性质上理所当然所伴随的、存在于宪法权利自身之中的界限"[1]。但内在限制理论与外在限制理论的区分实益乃在于合理划清权利构成与权利限制的界限，并没有直接说明基本权利的内涵性限制只存在于宪法之中，故立法有无对基本权利进行内涵性限制的可能，并没有确定答案。有学者认为，立法对基本权利进行内涵性限制可能只是对宪法规定中已存在的限制以法律规定来实践，这并不是结构上的基本权利限制概念，而只是宣示性履行宪法所赋予的义务。[2] 从这一论述中可以看出，立法是可以对基本权利的内涵性限制予以规定的。那么这种规定到底是否涉及真正的"限制"呢？关于此问题可以结合立法对社会权的形成作用予以论证，上文提到立法对社会权的形成作用就是形成社会权的具体内容。并且相对于自由权而言，社会权的立法形成作用更为重要，这也是立法对社会权的作用之特色所在。可见，仅就社会权来说，立法的内涵性限制作用还是存在的，因为部分社会权的权利称谓、内涵与构造都可能需要立法予以具体化，因此立法对社会权的首要限制作用应该是内涵性限制。这种内涵性限制明显要受到宪法中"本质内容保障"理论的限制。

2. 立法对社会权享有主体的限制。决定基本权利的主体，即基本权利的享有者范围的主要是国籍。传统学说认为，基本权利的享有主体是拥有本国国籍的公民。[3] 我国宪法有关基本权利的条款一般都将权利主体限定为"中华人民共和国公民"。但是随着国际人权法的发展，我国也已经批准生效了相关国际和地区间人权保障公约，基本人权的保障主体，除了政治权

---

[1] 林来梵：《从规范宪法到宪法规范：规范宪法学的一种前言》，法律出版社，2001，第99页。

[2] Maunz, The., Deutsches, Maunz/Zippelius (Hrsg.), 28. Aufl. 1991, §20, S. 157. 转引自陈慈阳《宪法学》，元照出版公司，2005，第409页。

[3] 周叶中：《宪法》，高等教育出版社、北京大学出版社，2005，第261页。

利如参政权严格要求本国公民以外，其他基本权利的享有主体逐步扩张至外国人，如人身自由与人格权等。具体到社会权，《经济、社会、文化权利国际公约》第 2 条第 3 款认为发展中国家是否以及多大程度上将经济权利赋予外国人乃由本国法律予以规定。就生存权而言，基本上承认外国人作为享有主体，但关于其享有程度，国家将有限财源优先分配给本国国民，系合理且为宪法所容许。① 除生存权以外，部分工作权亦受到限制，如在我国申请律师执业资格证，虽然《律师法》第 5 条规定的申请律师执业条件并没有排斥外国人，但是规定了必须"通过国家统一法律职业资格考试"。我国的《国家司法考试实施办法》在报名条件中规定，具有中华人民共和国国籍方可参加考试。由此可见，我国的执业律师必须具有中国国籍。

立法对社会权主体的限制除了有本国人与外国人的区分外，就国内公民而言也存在一定限制，关于这种主体的限制，大须贺明教授认为"国家在进行保障之时存在一种基本制约，即在消除那些社会弊病、恢复市民的自由和权利这样的限度上，国家才助市民们一臂之力"②。换言之，对于社会权的享有主体，法律是可以根据具体权利所保障的对象予以限制，如贫困者、失业者以及儿童等。但是这种限制是否符合宪法及相关基本法律的规定还需要通过法律程序予以审查。

3. 立法对社会权保障内容的限制。社会权的保障内容是根据其权利自身的保护对象确定的，然而宪法对社会权内容的规定十分抽象，其保障领域的形成还需要立法予以具体化。以社会保险权为例，我国《宪法》第 45 条第 1 款下半段规定"国家发展为公民享受这些权利所需要的社会保险、社会救济和医疗卫生事业"，为社会保险权的确立和社会保险制度的形成提供规范依据。但社会保险的具体保障内容还需要《社会保险法》来加以具体化，这种具体化是有别于立法对基本权利的形成作用的，而是进一步明确社会保险权的内容，并不对"社会保险"本身予以解释。因此，立法在对社会权进行具体化的同时难免会对其实质内容加以限制，以下将对立法

---

① 〔日〕阿部照哉等：《宪法（下）——基本人权篇》，周宗宪译，中国政法大学出版社，2006，第 53 页。
② 〔日〕大须贺明：《生存权论》，林浩译，法律出版社，2001，第 17 页。

中存在的限制进行类型化分析。

（1）立法将宪法规定的限制条件加以再规定。这种类型的限制表现为对《宪法》中部分社会权条款已经明示了的限制内容进行再次规定。这种限制方式最典型的莫过于《宪法》第 14 条第 4 款"国家建立健全同经济发展水平相适应的社会保障制度"的内容在具体立法中的体现。该条款的内容是要求社会保障制度必须与经济发展水平相适应，社会保障体系"同经济发展水平相适应"，就是社会保障的总体水平既充分体现经济发展成果，又不超越经济发展水平。[①]换言之，可以理解为社会保障水平不得低于也不得高于经济发展水平，无论过低还是过高，都是对社会保障权的一种限制。从实质上看，这是典型的从经济发展的视角对社会保障权的实现水平予以限制。我国《社会保险法》《社会救助法（草案征求意见稿）》《社会救助暂行办法》中都对此进行了明确规定。将宪法规定的"同经济发展水平相适应"的限制原则直接纳入社会法之中，将之作为社会保险、社会救助的一项基本原则，不仅能够体现宪法权威，同时也打通了宪法与社会法的连接，并通过社会法的具体应用而使得这一限制条款具有了实际约束力。

（2）立法根据具体情形限缩社会权的保障范围。立法对宪法作出的限制规定予以再规定，虽然在当前我国宪法审查制度阙如的情形下具有重要意义，但是这种限制规定在严格意义上说仍只能归于宪法限制，立法只是一种简单的再复述。现实中，这种再规定相较于立法根据具体情形作出的具体限制规定而言是不常见的。立法在对社会权具体化的过程中需要考虑一系列因素，如社会接受程度、地方的发展水平等，这些因素也使得立法不可避免地要对社会权的具体内容进行限制。最常见的是对最低生活保障申领条件予以限制。众所周知，受领最低生活保障金可以认为是宪法规定的物质帮助权的具体化，但有些地方将违反计划生育、过去有刑事犯罪、劳动教养甚至是较重的行政处罚经历等作为申请最低生活保障的否定性条件加以规定，甚至规定饲养宠物的人不得领取最低生活保障金等。这些条件很显然并不符合最低生活保障制度设置的初衷，是典型的对公民生存权的一种限制与侵犯。除了这种立法明显对社会权加以限缩之外，还有一些

---

① 陈颐：《论建立健全与经济发展水平相适应的社会保障体系》，《江海学刊》2006 年第 6 期。

较为隐晦的限制情形,如当前仍然实行的城乡二元社会保障制度等。

(3)立法对公民平等享有社会权予以限制。虽然平等权是有别于自由权与社会权的一项重要基本权利,但由于平等权"不具有独立的权价(法益)或者说只是一个修辞性的权利"①,因此社会权保护领域也会涉及平等享有的问题。平等地享有社会权是对一般平等权的具体化,立法对具体社会权的内容作出规定时间接对公民平等享有社会权加以限制,突出表现为以下问题。第一,城乡二元的社会保障体制限制了农民平等享有社会保障权。由于历史原因,我国在许多领域一直沿袭城乡二元管理体制,在社会保障的提供上亦是如此。而这种城乡二元的社会保障体制也已经在立法中得以确认。相对于城市居民拥有完善的社会保障体系,农民不仅在养老保险、医疗保险、生育保险等方面的保障程度较低,就是在社会救助层面也和城市居民差别较大。但值得欣慰的是,当前国家正在大力推进城乡社会保障制度的一体化,试图缩小城乡居民社会保障权的差距。② 第二,公民因户籍制度而存在受教育权不平等问题。目前在教育领域存在的最大问题有两个:其一,农民工子女"就近入学"难问题;其二,异地高考政策难以推进问题。这两个问题虽然涉及不同阶段的教育问题,即义务教育和高等教育,但都与户籍制度息息相关。我国的相关基本法律并没有对这些问题作出明确的限制规定,正是由于法律规范模糊,并赋予地方较大的立法裁量权,而导致众多限制社会权的情形出现。但不可否认,上述问题都是我国发展中面临的亟待解决而又牵涉甚广的难题,欲彻底解决,还需要立法机关作出更大努力。

4. 立法规定社会权的义务性规范。义务性规范无论是在宪法中还是部门法中都大量存在,我国宪法中的基本义务规范的效力具有争议。可以理解为是对公民财产权的一种限制。就社会权而言,我国《宪法》在规定了公民具有劳动权和受教育权的同时,还相应规定了劳动者具有劳动的义务,公民有受教育的义务。对于宪法中的劳动义务,历来学界争议较大,有学

---

① 汪进元:《基本权利的保护范围:构成、限制及其合宪性》,法律出版社,2013,第100页。
② 苗华杰、刘俊超:《制度建设一体化 公共服务均等化》,《中国劳动保障报》2014年12月12日。

者认为是一种对社会保障权利的内在限制①,也有学者认为此规定仅具有道德层面的指导意义。② 多数学者认为劳动义务的规定在宪法中可有可无。③ 宪法上规定的义务具有特殊性,而立法上的部分义务条款则直接构成了对社会权的限制,如《社会保险法》中规定的强制参加保险以及劳动者个人应该承担一部分社会保险费用等;《劳动合同法》中对劳动者违反部分事项,用工企业可以解除雇佣关系。这些对社会权产生限制效果的义务条款在部门立法中大量存在,但是这些规定并不是不合理的,是否造成对公民权利的违法侵犯,还需要运用合宪性审查的方法加以具体研究。

5. 立法不作为对社会权构成的限制。社会权的自身属性要求立法机关应对权利内容加以形成,这虽然是宪法赋予立法机关的义务,但同时立法者也可以根据具体情况进行立法裁量。如果立法机关对于部分社会权应该作出具体规范时,怠于履行立法义务,则构成对社会权的侵害,将承担宪法责任。立法义务可以大致分为羁束立法义务和裁量立法义务,根据宪法的不同规定,义务的强制效力也不同。如我国《宪法》第44条规定:"国家依照法律规定实行企业事业组织的职工和国家机关工作人员的退休制度",此即是宪法课以立法者的羁束立法义务。然而,我国《宪法》中社会权的多数规定都可以理解为是对立法者赋予裁量立法义务,而"在给付功能上,因涉及国家资源之分配,除属于基本需求外,立法者有广泛裁量空间"④,因此对立法者违反立法义务而构成立法不作为的认定十分困难,即使立法者构成立法不作为,但无论是要求其即时立法还是限期立法,都无法保证立法者遵行,可见"这个义务在实际上无法强制之"⑤。

虽然我国社会主义法律体系已经基本建成,并由传统的立法时代走向"后大规模立法时代",然而,社会权领域的重要立法仍然缺失,已有的法

---

① 许崇德:《宪法》,中国人民大学出版社,1999,第190页。
② 林来梵:《从宪法规范到规范宪法——规范宪法学的一种前言》,法律出版社,2001,第217页。
③ 王锴:《论我国宪法上的劳动权与劳动义务》,《法学家》2008年第4期。
④ 李建良:《论立法裁量之宪法基础理论》,载《宪法理论与实践(二)》,学林文化事业有限公司,2000,第398页。
⑤ 陈新民:《德国公法学基础理论(上)》,法律出版社,2010,第225~226页。

律也存在法律层级较低、规范内部不融贯等弊端，而地方立法和部门立法仍承担着原本应该由基本法律发挥的作用。这一情形导致大量立法文件质量参差不齐，对社会权的限制有余而保护不足。面对社会权需要立法实现，而大量立法又存在质量弊端的二律背反情形，依据宪法充分利用已有的制度资源，激活并改造立法监督和法规备案审查制度，成为社会权立法实现路径的不二选择。

第四章 功能主义视角下社会权的客观限制因素

社会权的限制内容在国际和地区性人权公约以及国内法律体系中都加以明确，尤其是我国宪法对社会权的内在限制要素和外在限制要素也都作出了规定。可见，社会权限制要素在规范层面已经贯穿于整个法律体系之中，且这些文本限制要素已然成为限制社会权的依据和审查社会权限制正当性与否的依据。然而，社会权的保障程度和限制要素并不只停留于规范之上，其还受到大量现实条件和社会环境的制约，其中最为典型的因素包括经济社会发展状况、国家财政水平和治理能力，甚至包括社会意识形态和文化背景，等等。有些因素虽然规定在法律文本之中，然而要想深入挖掘其对社会权实现程度的影响，还需要寻求文本之外的实证资源。因此，在规范主义的基础之上，关照社会权限制的客观现实要素，从功能主义的视角考察限制社会权的实证内容，也是研究社会权限制理论，提高社会权实现程度，将社会权限制纳入实质合宪性控制范畴之内的重要方向。

第一节 社会权客观限制要素的功能主义选择

从自由规范主义的视角探讨社会权的实现及限制，能够明确社会权在规范应然层面的意义和价值，然而只强调应然层面显然并不足以对社会权的实现程度进行整体考量。自由规范主义强调应然就有可能在实践经验和文本解释上存在缺失。因此，面对当前的社会权保障境况，"我们需要发展出一种能够更加充分地反映法律与社会之间关系的公法思想风格"①，这种风格必须具有两层含义：首先必须承认法律的规范性，也就是应然的事实；同时还要包容法律的实证性这一观念。故，在认真对待文本的基础上，社会权限制要素的概括总结还必须回应现实，这就需要从功能主义的视角来考察限制社会权的具体实证要素。

一 公法中的功能主义界定

公法中对功能主义的理解大致有两种路径。其一，相对于规范主义而言，功能主义更为强调文本之外的社会现实。相对于规范主义主要探求文本中的应然要素，功能主义则更为关注公法的实然运作问题。其二，借鉴社会学中的结构功能主义和冲突功能理论，主要从社会系统论来考量法律在整个社会体系中的地位与作用。其主要从一种宏观的社会结构出发，对法律及其各个部门在社会系统中的角色定位以及它们之间的相互关系进行探讨。本书认为，第二种视角下的功能主义主要应用于法社会学以及法律文化等相关研究，在公法中主要强调的是第一种视角。因此，本书也主要从与自由规范主义相对的功能主义方法论出发对社会权限制的实证要素进行分析。

功能主义在公法中的应用之所以被提倡，其前提乃建基于对绝对规范主义的反思。规范主义更为强调文本的重要作用，然而世上并无完美的法律文本，"立法的历史局限性与立法者智识的有限性，决定了规范主义的天然缺陷"②。另外，"规范主义建构模式往往片面追求了形式'法治'，而忽视了实质法治；过分强调了规则和机械的法律控制"③。规范主义的这些弊端不仅可能导致法律体系的故步自封，也不利于国家积极能动地发挥其职能，以应对日益复杂的社会治理，同时也使政府在应对福利行政和给付行政的要求时力不从心。面对规范主义日益凸显的滞后性，学者们纷纷从功能主义中寻求行政自制的理论渊源。首先，功能主义更为强调社会现实的需要，强调公法的实效性，突出公法解决问题的效果，并对之作出评价。

---

① 〔英〕马丁·洛克林：《公法与政治理论》，郑戈译，商务印书馆，2013，第342页。
② 刘启川：《行政权的法治模式及其当代图景》，《中国行政管理》2016年第2期。
③ 周佑勇：《裁量基准的制度定位——以行政自制为视角》，《法学家》2011年第4期。

其次，功能主义更为强调国家在人权保障中的能动性，注重行政自制和行政机关内部的自我调节。功能主义的政府建构模式主要是一种"政府自治"的风格，强调的是行政的自我治理，即通过行政裁量运行系统内部各种功能要素的自我合理建构，来充分展现其固有的能动性和实现个案正义的内在品质。[①] 最后，功能主义对于应对福利国家时代的积极职能更为有效。相对于规范主义而言，"功能主义更为关注政府的有效运作与国家积极职能的发挥，而非汲汲于对政府活动进行严苛的约束，更为关注提高行政权力行使的总体绩效，以期达致良法美治、增进社会福祉"[②]。

公法中强调功能主义需要明确一个重要的问题，即功能主义与规范主义之间的关系。对功能主义的重视并不能理解成对规范主义的抛弃，以及割裂规范主义与功能主义之间的内在联系。在当代法学研究中，自由规范主义乃是主导的研究范式，盲目拒绝规范主义显然是行不通的，毕竟"规范主义为体，功能主义为用是现代公法的基本事实"。但是我们又不能忽视规范主义本身所具有的缺陷，因此弥补规范主义之不足，寻求更具普适性的研究范式成为选择功能主义的理由。有鉴于此，学者认为："主张功能主义的公法学家的目的，不是要摧毁由规范主义所提供的社会生活的合法性，而是要通过功能主义解释和补充规范主义有效性的不足。"[③] 此乃正解。

二 功能主义在确定社会权限制要素中的应用

公法中的功能主义研究范式之提倡不仅能够更好实现行政机关的"自制"与"自治"，更为关键的是能够应对福利国家理念带来的政府职能的变迁。随着社会不断发展，社会权保障需要国家积极履行相关职能，而基本权利本身具有的客观价值秩序功能也同样要求国家履行相应的保护义务和给付义务，而这些都需要政府在社会治理中扮演更为积极的角色。功能主义的研究范式绝对不可能只停留于理论层面，还需要从具体个案出发对其进行实践证成。公民的社会权的保障与实现恰恰适合更好地运用功能主义

---

① 周佑勇：《行政裁量基准研究》，中国人民大学出版社，2015，第82~84页。
② 宋华琳：《功能主义视角下的行政裁量基准》，《法学评论》2016年第3期。
③ 程关松：《公法理论中的三种功能主义范式》，《江西社会科学》2010年第9期。

的方式和方法。

之所以在社会权限制要素中选择功能主义的视角，不仅因为功能主义本身所具有的实证优势，更为重要的是社会权的实现本身需要功能主义的介入，以弥补规范主义在保障社会权过程中难以逾越的障碍。首先，社会权是关系到公民基本生存和生活的鲜活权利类型，不仅具有鲜明的时代性，更具有强烈的实践关怀和现实意义。从社会权的内容可以看出，其关系到具体民生问题，如住房、医疗、教育等，而这些领域都是随着社会发展而出现的新问题，其解决方法不可能一劳永逸。因此，社会权需要时刻关注社会发展，关注民众诉求。其次，规范主义在保障最低限度社会权层面具有较强效力，但对于更高层次的权利保障水平则显得力不从心。社会权的实现程度因为受制于社会的经济发展水平，从而使得社会权的保障水平有最低限度和较高层次的区分。规范主义在实现最低限度的社会权保障水平上游刃有余，然而面对如何确定更高层次的社会权保障水平就变得束手无策，从而只能赋予立法机关根据现实情况，运用功能主义方法加以确定。最后，影响社会权实现程度的因素十分复杂，只能通过规范主义和功能主义协力加以确定。虽然国际人权公约以及宪法、法律等都对社会权的影响因素作出规定，然而随着社会的发展，这些因素处于不断变动之中，文本的相关规定并不能予以穷尽。即使文书规定的这些因素同样具有规范效力的缺陷，最终还得从功能主义那里寻求解决路径。可见，从社会权的实现程度出发，功能主义也是必不可少的选择。

功能主义视角下社会权限制要素的确定仍然是一个十分棘手的问题，毕竟其关涉社会发展的方方面面。但是，如果以社会权为核心范畴，探求其实现过程中可能遇到的制度与价值层面的障碍，则可以大致总结出相关客观限制要素。在这些要素中最为关键的乃是经济社会发展水平，这一要素也是社会权众多客观限制要素中的基础要素。由此可以延伸出国家的财税收入水平、社会给付总额、国家的分配能力以及意识形态和文化观念等多重因素，可见社会权实现中可能遇到的客观限制要素乃是受经济社会发展水平这一基础要素制约而构建的众多限制因素的集合。下文将首先围绕经济社会发展水平这一基础要素对相关延伸要素进行分析与整合，构建社会权客观限制要素的体系架构。

第二节　社会权的经济限制：财税收支决定社会权的给付总量

社会权的保障与财税的关系十分紧密，而财政的收入和支出变化也直接关系到社会权的保障程度。正如有学者所言，从现代经济学原理出发，民生与财政之关系可以归结为两条：其一，在经济效率层面，民生领域的诸多内容都具有鲜明的公共服务和公共物品之属性，在这类公共物品的提供过程中，市场是失灵的，而政府通过财政手段介入公共市场能够提高资源分配效率，进一步优化资源配置；其二，公平正义层面，每个人获得和继承生产要素的不同导致其掌握的财产资源存在差异，而现代财政的重要功能便是通过再分配社会财富，纠正日益扩大的贫富差距，从而间接实现公平正义。[①] 由此可见，社会权的实现离不开国家的财政手段，而财政本身也必须以保障公民民生权利、以实现社会公平正义为目标。两者之间具有的内在关联也就导致了社会权实现程度与财政总额之间相互制约，财税额度的多寡也就成为限制社会权实现的重要因素之一。

一　经济社会发展水平是社会权客观限制之基础因素

社会权的实现虽然受到宪法及一系列法律文本中规定的各种因素的制约，但最终受制于一定时期的经济社会发展水平。由此可以看出，国家财政收入水平、治理能力以及意识形态等都与经济社会发展水平有千丝万缕的联系。因此，作为社会权客观限制之基础要素的经济社会发展水平需要予以特别强调。

（一）经济社会发展水平的含义

一般而言，人们习惯于抽象化运用经济社会发展水平，即将之理解为一定时期的社会局限，但很少将两者的内涵作区分化处理。这样就导致经济社会发展水平的实质内容被忽视，其规范效果大大降低。以下，笔者拟

[①] 高培勇：《财政在改善民生中的"角色"定位》，《中国财政》2008年第2期。

首先对经济发展和社会发展的内涵进行分别界定,然后对两者的关联性进行探讨。

1. 经济发展。经济发展一词是经济学家和政治人物都十分关注的重要概念,但其核心内容并不固定,而是随着时间的推移而不断发生变化。早期的经济学理论一般将经济发展和经济增长画等号,即认为国民生产总值和国民收入的增长即为经济发展的显著标志。随着人们对经济现象分析的越来越深入,一种观点得到普遍接受,即"当经济呈现增长态势时,其经济并不一定伴随了经济发展"。从此之后,将经济增长与经济发展相区别的观点成为通说。[①] 经济发展的实质内涵和外延随之成为学界研究的重点,学者纷纷从不同视角和维度定义经济发展,对经济发展的内涵进行不同维度的划分,如有学者认为"经济发展体现在经济总量、经济结构、经济效益及经济动力四个维度"[②];也有学者认为:"经济发展应包含经济总量、经济质量、经济结构、经济外向性、经济效益五个方面的内容"[③]。可见,经济发展的内涵已经由传统的狭义增长观念,向更为广义的多元概念发展,不再局限于单一指标的增长,而是已经形成了系统的标准体系。本书对于经济发展的理解采取相对主义的立场,即经济发展水平的确定既不能狭义理解为经济增长的量,但也不能采最广义理解,否则可能造成经济发展内涵的过度庞杂。因此,本书认为经济发展水平是综合经济上量的增长和质的提高,还包括与政治发展、社会环境相协同的经济结构的优化,经济发展的形式以及经济成果的合理分配等。

2. 社会发展。相对于经济发展的概念而言,社会发展明显更为抽象,其定义也更复杂,难度更大。社会发展的概念和内涵同样处于动态变化之中,这种变化的速率甚至高于经济发展和政治发展,以至于学者从这种动态发展的维度出发,认为一般存在四个层面的发展战略:"第一,以经济增

[①] 杨磊:《从"中等收入陷阱谈中国的经济增长与经济发展"》,《生产力研究》2012年第7期。

[②] 王新华:《灰色系统理论:区域经济社会协调发展程度测度方法》,《中共青岛市委党校·青岛行政学院学报》2011年第4期。

[③] 车冰清、朱传耿、孟召宜等:《江苏经济社会协调发展过程、格局及机制》,《地理研究》2012年第5期。

长为核心的传统发展战略；第二，以社会经济各方面综合协调为核心的发展战略；第三，以满足人的基本需求和考虑人的未来发展为核心的发展战略；第四，以人的全面可持续发展为核心的发展战略。"① 也有学者将社会发展的概念进行层次化划分，主要从微观、中观和宏观视角。其中，微观视角的社会发展主要是指个人生存、健康的增长，其中社会保障和社会福利的发展更为重要；中观意义上的社会发展是指相对于经济发展和政治发展而言，其内涵又包括文化、教育、科学技术和艺术等内涵；宏观意义的社会发展则将政治和经济也包含在社会之中，是一种整全式、系统化社会观在发展层面的具体反映。

社会发展的概念变迁离不开评价标准的变化，从一开始主要关注经济层面的发展到后来联合国公布的人类发展指数（HDI），再到美国社会学家埃斯特斯制定的社会进步指数（ISP），都反映了上述规律。我国学者李碧云博士则从人权的视角审视社会发展认为社会发展的主要评价尺度主要有以下几种：第一，经济增长尺度；第二，满足基本需要尺度；第三，以人为中心的社会发展的综合尺度。并进而认为："首先，生产力尺度是评价社会发展的根本尺度；其次，制度尺度是评价社会发展的中介尺度；最后，人的发展是评价社会发展的核心尺度。"② 从以上可知，无论是单一的评价尺度还是综合的评价指标体系，社会发展与经济发展之间的关系都不可忽视，其实质也可以理解为是社会发展指标逐渐独立于经济发展指标的过程，或者说是发展指标逐渐扩容的过程。因此，经济发展与社会发展的关系不可回避。

3. 经济发展与社会发展的关系。经济发展与社会发展之间的关系，主要取决于对社会发展内涵和外延的确定。如果从宏观视角界定社会发展，则经济发展属于社会发展系统的子系统之一；相反如果从中观上理解社会发展，则经济发展与社会发展是处于对等关系中的不同系统；而狭义的社会发展则主要包括社会保障水平和社会福利程度，其明显受制于经济发展，

---

① 施祖辉：《社会发展指标体系研究——历史变迁与现实思考》，《外国经济与管理》1997年第9期。
② 李碧云：《当代中国社会发展的人权尺度》，湘潭大学，博士学位论文，2017，第25页。

且属于经济发展所涵摄的范围。因此，两者的关系确定主要取决于研究者的立场。本书认为，采用中观视角探讨社会发展，不仅可以更好地理解经济发展与社会发展的关系，也避免陷入宏观社会发展的过于庞杂的理论泥淖。因此，理解经济社会发展水平，需要将经济发展和社会发展看作是两个相互独立的系统，但又不能武断地割裂两者的关系，而是从经济和社会协调发展的视角来综合考察两者对社会权实现和限制的影响。两者是独立的系统，其中难免又包含不同的子系统和不同要素，而所谓的协调发展就是在确定两者的影响要素上要采用复合视角，提取两者的共同因素及"最大公约数"，找出两者相互影响的内在机理，从而探寻经济社会发展对社会福利和社会保障的影响。

（二）经济社会发展水平决定社会权保障的总体程度

经济社会发展水平由经济发展水平和社会发展水平构成，两者之间存在紧密联系。社会权的实现不仅依赖于经济发展水平紧密相关的国家财税收入和国家给付能力，同时也与一国的社会发展水平，如居民受教育程度、健康保障、收入情况等密切相关。因此，可以毫不夸张地说，经济社会发展水平直接或间接地影响或决定着社会权的实现程度，而社会权限制的其他客观要素也与经济社会发展水平息息相关。

1. 经济社会发展水平与社会权实现的关系

经济发展程度对社会权的影响可以说是显而易见的，甚至可以说"一个国家的社会福利水平与经济发展水平是密切相关的，经济发展状况是限制福利支出的主要原因之一"[1]。可见，经济发展水平不仅直接决定社会保障水平，同时如果经济发展状况糟糕，其同样也是影响社会权实现的重要方面。德国著名经济学家艾哈德在其《大众的福利》一书中对经济发展与社会福利的关系有经典描述，他认为社会经济的发展是社会福利发展的基础，只有经济获得长足发展，才能使穷人获得越来越多的福利，可以说经济成果是社会进步的基础，只有发达的经济才能够提供高水平的社会保

---

[1] 库少雄、〔美〕Hobart A. Burch:《社会福利政策分析与选择》，华中科技大学出版社，2006，第 98 页。

障。① 在此基础上，艾哈德进而认为既然社会福利与经济发展存在如此紧密的联系，那么国家在构建社会保障制度、制定社会政策时就必须衡量经济发展水平和国家承受能力，同时要保持社会政策与经济政策的一致性。我国学者在探讨经济发展水平与社会权保障程度的关系时也对两者的相互作用展开论述，其中不仅证明了经济发展对社会权保障的制约和决定作用，同时也从社会保障对经济发展的反向视角作出回应。可见，经济发展水平与社会权实现之间存在紧密联系，两者很难割裂开来进行论述。社会权的实现程度更是在不同层次和不同阶段上都要与一国的经济发展水平相关联，否则就是空中楼阁和无源之水。

除经济发展水平对社会权的实现程度产生直接影响之外，社会发展程度也影响社会权的保障。甚至可以说，社会权的保障程度直接构成了社会发展的评价指标，是社会发展指标体系中的关键一环。无论是联合国公布的人类发展指数，还是社会发展指数，都包含社会权的相关内容。在社会发展水平中，公民的受教育程度、收入状况、健康状况等都与社会权紧密相关，而社会保障制度的构建可以说是社会权的核心内容之一，另外社会的公平状况、政治参与状况和法治发展水平也间接决定着社会权能否顺利实现，或者影响到社会权的可诉性程度。由此可见，经济发展水平是决定社会权实现程度的根本要素，而社会发展水平则直接影响社会权的实现，是社会权实现程度的关键要素。由经济发展水平和社会发展水平构成的经济社会发展水平就成为社会权客观限制要素中的基础性内容。

2. 经济社会发展水平对其他社会权客观限制要素的影响

社会权的客观限制从根本上来自经济社会的发展水平，但经济社会发展水平只是一种宏观上的限制，具体到现实之中又可具体化为社会权的租税限制、政治限制和文化限制，都深深受到经济和社会发展程度的影响。

第一，经济发展水平决定了国家总体财税额度。社会权的保障以及弱势群体权利的实现都要求国家对财政收入进行再分配。对于财政收入而言，其影响因素不可谓不多，而"在影响财政收入规模的众多因素中，经济因

---

① 〔德〕艾哈德：《大众的福利》，丁安新译，武汉大学出版社，1995，第57~60页。

素无疑是最主要的因素之一，其他因素也会受经济因素的影响，而且也只有经济因素可以进行准确量化"①。然而，这种再分配的基础来自经济发展和税收，如果一国经济发展水平很低，其相应的财政税收能力就较弱，而国家在保障社会权的过程中就会力不从心。

第二，经济社会发展水平制约国家的给付总量。经济社会发展水平制约国家的财政税收，间接地也制约国家给付的总体额度。换言之，虽然国家给付的总体额度并不只受限于财政税收，其他相关因素如国有企业收入、社会组织的参与以及慈善组织的捐助等都直接或间接地构成社会的总体给付数量。然而，不可否认的是，国家财政税收是决定社会给付总额的最主要因素。正如学者指出的："在社会法治国中，其社会给付总额与程度，应以课税权在宪法上界限为指标，国家先在宪法上决定其租税正义衡量标准，并在租税正义之基础上决定社会给付之衡量标准，两者相结合。"② 因此，经济社会发展水平决定国家总体财政收入水平，而财政收入又决定国家的给付额度。另外，作为社会发展水平重要组成部分的社会组织的发达程度同样也对社会给付总量产生影响。总之，经济社会发展水平在制约国家给付总量方面具有不可替代的地位和作用。

第三，经济社会发展水平间接制约国家履行能力。经济社会发展水平与国家能力之间也同样相互影响，而社会权的保障就必须依赖国家能力的提升。如果国家治理能力存在瑕疵也同样影响国家义务的履行，进而影响社会权的实现程度。经济社会发展水平制约国家履行能力具体表现为以下方面。首先，经济实力是国家能力的重要组成部分。有学者认为，国家能力体现为三个方面的特性即权力、资源和合法性，而资源本身就是体现为国家对财政资源的汲取能力。③ 可以看出，对资源的掌握和汲取，以及发展经济的能力属于国家能力的范畴。其次，经济的活跃程度与国家的制度建设能力息息相关。改革开放以来，我国经济的高速发展就足以证明国家制度建设对经济发展的影响。市场经济体制的确立使我国经济迸发活力，经

---

① 郭彦卿：《中国适度财政收入规模理论与实证》，南开大学出版社，2012，第157页。
② 葛克昌：《租税国的危机》，厦门大学出版社，2016，第81~83页。
③ 李珍珍、马奔：《国家能力评析：基于治理的视角》，《东岳论丛》2016年第7期。

济高速发展，人民生活水平逐步提高，促使国家进一步进行体制机制创新。可以说，我国取得的经济发展成就是国家制度创新的结果，没有国家制度创新能力的提高，就不存在经济的长足发展。最后，国家法治能力的提升助推经济社会的健康发展。市场经济的发展离不开公正透明的法治保障，我国已初步形成社会主义法律体系。

第四，经济社会发展水平影响社会权保障的文化观念。社会权实现程度除了受制于经济、政治等一系列因素之外，还受到文化观念的影响。此处的文化观念可以作广义理解，包括群众的文化理念、社会思潮以及意识形态等。经济社会发展水平同样对文化观念也产生影响，最为典型的莫过于资本主义经济的发展对社会观念产生的冲击。由20世纪经济大危机带来的国家职能的转变，以及福利国家观念的广泛推行等都体现了经济社会发展水平对社会权保障中的文化观念的影响。

（三）经济社会发展水平对当前社会权保障的现实影响

2004年修宪之前，国务院已颁布了有关社会保障方面的部分行政法规，社会保险、社会救助等制度与以法律法规形式确立的特殊群体的保障等制度结合起来，使我国基本的社会保障制度雏形初现，虽然其保障范围与保障强度皆处于较低阶段。社会保障制度发展到当下，其作用不言而喻，但存在的问题也同样不能忽视。譬如，社会保障法律体系相对于其他部门法体系和域外经验而言不够"健全"，而健全的社会保障制度则是宪法的文本要求；城乡二元社会保障制度的存在也是现存制度的"硬伤"。笔者试图从经济社会发展水平的宏观视角出发，以期理清社会保障制度存在的问题，且作"一家之言"。

1. 经济社会发展程度与社会保障制度"健全"不足

《宪法》第14条第4款规定了国家"建立健全"社会保障制度的义务，由于经济、社会和历史原因，我国目前在建构社会保障制度时着重"建立"，而"健全"的义务尚未完成。2011年3月10日，吴邦国委员长宣布中国特色社会主义法律体系已经形成之时，此处的"已经形成"还是停留在一种"建立"的基础之上，与宪法要求的客观价值秩序功能的发挥所必不可少的"健全"制度之初衷仍存在差距。这一现象在社会保障领域则更为突出。

（1）《宪法》第 14 条第 4 款规定国家对社会保障的"应当"义务除了"建立"之外，"健全"的语义不容小觑。制度的建立固然不易，但是"健全"之宪法规范则对国家履行制度保障义务提出更高要求。所谓"健全"主要是指有完善的社会保障法律体系，而我国目前的社会保障法律体系与一些发达国家相比，还有一定的差距。① 无论是"国家目标条款"还是"宪法委托"都要求立法机关对于社会保障法律体系予以完善。完善的法律体系是公民的社会保障权实现的前提，也是国家不可推卸的义务。

（2）客观价值秩序功能的内涵以及"国家目标条款"的功能要求"健全"的制度。基本权利具有双重属性，其不仅是主观权利，"同时也是共同体客观秩序的基本要素"②。在 1950 年吕特案中，德国联邦宪法法院的判决要旨指出："《基本法》中的基本权利规定同时也体现为一种客观的价值秩序，其作为宪法上的基本决定而对所有法领域发生效力。"③ 基本权的客观价值秩序功能包含制度性保障、组织程序保障和保护义务等内容，该内容的基本指向都是要求国家提供完善的法律制度和程序。前文所述，根据宪法文本能够推衍出社会保障权作为一项宪法的基本权利存在，也就天然具有要求国家通过立法建立健全社会保障法律制度的功能。而作为"国家目标条款"亦可以发展出国家保护义务④，且程度并不低于基本权利的客观价值秩序功能。

（3）"同经济发展水平相适应"原则并不排斥社会保障制度的健全。该原则是对社会保障制度构建的一般约束，但是不能认为其与构建健全完善的社会保障制度相冲突。首先，虽然经济发展水平与社会保障有密切关系，但世界上社会保障制度最发达的国家并不是经济发展水平最高的国家。社会保障制度与社会保障水平应截然两分，即社会保障水平与经济发展程度

---

① 〔日〕桑原洋子：《日本社会福利法制概论》，韩君玲、邹文星译，商务印书馆，2010，第 1 页。
② 〔德〕康拉德·黑塞：《联邦德国宪法纲要》，李辉译，商务印书馆，2007，第 226 页。
③ 张红：《吕特案》，载《德国宪法案例选释：基本权利总论》，法律出版社，2012，第 22 页。
④ 陈海嵩：《国家环境保护义务的溯源与展开》，《法学研究》2014 年第 3 期。

以及国家的财政投入力度有直接关系，经济发展水平较低的情况下可以提供层次较低的服务，但并不意味着该制度就不能够完善。其次，经济发展恰恰要求完善的社会保障制度为其提供"公平有序的制度环境和稳定和谐的精神环境"[①]。社会保障制度的完善带来制度环境的优化与改善，也明确了法律关系各方主体的社会保障权责任。最后，健全的社会保障制度也为公民提供相对平等的参与机会，以及被尊重被重视的荣誉感和尊严感。因此，完善的社会保障制度与经济发展水平之间几无冲突发生之余地，相反两者在一定程度上能够达到制度的"双赢"。

2. 社会发展不充分下的城乡二元社会保障结构

在基本权利保障方面，两种城乡分离的权利保障体系备受争议，即选举权的城乡不平等和社会保障制度的城乡不统一。前者在2010年修订的《选举法》中已得到修正，城乡居民在选举中实现"同票同权"[②]，然而后者到目前为止仍没有得到实质的纠正。有学者指出，"中国的社会保障制度是一个典型的双二元结构，一是城乡结构，二是城镇存在的国有企业与非国有企业、垄断企业与非垄断企业的福利二元化结构，致使有限的社会保障资源在结构配置上处于不均衡状态，制约了社会和谐的发展进程，也诱发了一些体制性矛盾与社会摩擦"[③]。我国的城乡二元社会保障制度的形成有一定的历史原因，随着全面建设法治国家的深入，其越来越制约农村经济发展和农民权利的保障，且侵犯了宪法基本权利之一的平等权。

我国宪法文本中大量存在关于平等权的条款，最基本的规定是第33条第2款"中华人民共和国公民在法律面前一律平等"。另外如民族平等条款（第4条）、选举权与被选举权平等条款（第34条）、男女平等条款（第48条）等。从条文数量来看，平等权是我国宪法规定的最重要的基本权利之一，其理应贯穿于其他权利保障的过程中。之于社会保障权而言，平等地对待各方主体更具有实质意义。在我国贫富差距日益扩大的当下，面对"形式机会与实质机会脱节导致的问题时"，采取"确保基本需要的平等去

---

① 龚向和：《论社会权的经济发展价值》，《中国法学》2013年第5期。
② 《选举法历次修改见证中国民主政治前进步伐》，http://2010lianghui.people.com.cn/GB/182480/11046362.html。
③ 林毓铭：《社会保障与政府职能研究》，人民出版社，2008，第99页。

补充基本权利的平等，而这可能需要赋予社会地位低下的人以应对生活急需之境况的特权"①。然而，城乡二元社会保障制度下，这种"确保基本需要的平等"和"赋予社会地位低下人的特权"也遭到了不平等地对待。

首先，城乡二元社会保障制度并不属于"合理的差别"。林来梵教授认为各国宪法实践来看合理的差别大致有以下类型："1. 由于年龄的差异所采取的责任、权利等方面上的合理差别；2. 依据人的生理差距所采取的合理差别；3. 依据民族的差异所采取的合理差别；4. 依据经济上的能力以及所得的差异所采取的纳税负担上轻重的合理差别；5. 对从事特定职业的权利主体的特殊义务的加重和特殊权利的限制。"② 城市居民与农村居民在社会保障权领域的差别待遇显然超出了合理差别的范畴，与原来有关选举权平等中所列举的那些禁止事项相同，均属于不合理的差别。社会保障制度是国家为公民提供的满足最低生存的保障，其应该是平等的，不能因所居住的地域不同而区别对待，否则将违反形式与实质双重意义上的正义要求。

其次，《宪法》第 14 条第 4 款规定的"同经济发展水平相适应"原则能否成为城乡二元社会保障制度违反宪法关于平等权规定的阻却事由呢？笔者认为答案是否定的。正如笔者在上文提到的"同经济发展水平相适应"原则中规定的"经济发展水平"显然是一种国家总体的经济发展水平，并不能将农村经济发展水平和城市经济发展水平截然二分。现代工业体系中要求的农业现代化、产业化，以及我国提倡的"农业支持工业、工业反哺农业"的发展方针都导致难以清晰划分农村经济与城市经济的界限。另外，社会保障制度的建立是国家义务，是全国性立法机关通过制定普遍适用的法律规范来实现。这种制度性保障的要求必然不能简单地通过各个地方建立不同的标准来实施不受制约的不平等保障，这同宪法文本规定的基本理念相违背。因此，"同经济发展水平相适应"原则并不能必然推出城乡二元社会保障制度，以及城镇存在的国有企业与非国有企业、垄断企业与非垄断企业的福利二元结构的存在及其合理性。相反，该原则深层次意义上恰

---

① 〔美〕E. 博登海默：《法理学：法律哲学与法律方法》，邓正来译，中国政法大学出版社，2004，第 310 页。

② 林来梵：《从宪法规范到规范宪法——规范宪法学的一种前言》，法律出版社，2001，第 116~117 页。

恰是对平等权的一种维护，即经济发展水平低于国家平均水平的地区应该在社会保障方面得到更为充足的照顾。

既然我国宪法明确规定了平等权是公民的基本权利，而城乡二元社会保障制度、国有企业与垄断部门高福利等制度现象又不符合"合理的差别"原则的适用范围，并且"同经济发展水平相适应"原则也不能作为该制度存在的"阻却违法事由"，故而我们得出这种结论："双二元"社会保障制度明显侵犯了宪法规定的公民平等权，是应该受到宪法审查的。

二 社会权实现程度依赖于国家财政给付

众所周知，社会权的保障一般不呈现一种"非有即无"的截然二分，而是一种保障程度的区间。正因如此，国家对社会权的实现义务也存在核心义务或者立即实现的义务和逐步实现的义务之区分。① 这种逐步实现的义务就要求国家根据本国的经济社会发展水平，尤其是自身所具有的财税资源进行调整，即"社会之给付能力或经济条件，限制了福利国家质与量之发展"②。因此，社会权的实现程度明显受制于国家的财政给付程度。

（一）社会权实现需要国家履行给付义务

德国法上认为基本权利具有防御权功能、受益权功能和客观价值秩序功能。③ 其中基本权利的受益权功能主要是指"公民基本权利所具有的可以请求国家作为某种行为，从而享受一定利益的功能"④。可见，基本权利受益权功能主要要求国家采取积极行为，为实现公民权利提供一定的服务和给付。此时，与之相对应的国家给付义务应运而生。相对于自由权而言，社会权对国家给付义务的要求不仅范围更广，而且程度更深。主要原因在于受益权功能和国家义务因社会权的产生以及对国家职能转变的需求而出现，而受益权功能在社会权所有功能之中也具有主导地位。

---

① 柳华文：《论国家在〈经济、社会和文化权利国际公约〉下义务的不对称性》，北京大学出版社，2005，第12~13页。
② 葛克昌：《租税国的危机》，厦门大学出版社，2016，第53~54页。
③ 庄国荣：《西德之基本权理论与基本权的功能》，《宪法时代》第15卷第3期。
④ 张翔：《基本权利的受益权功能与国家的给付义务——从基本权利分析框架的革新开始》，《中国法学》2006年第1期。

既然就当前民主国家而言，国家给付功能逐渐强化，"财政支出某种意义上应该是国家给付的同义语，而给付便意味着非营利性的支用"，这种给付"可具体细化为三个子类型：程序性给付、资讯性给付和物质性给付"[1]，社会权对国家给付义务的要求较之于其他权利更为迫切，那么社会权的国家给付义务又具体包括哪些方面呢？首先，社会权需要国家进行物质性给付，即直接提供相应的金钱或者实物，如社会救助中的最低生活保障，义务教育阶段的学费补助以及相应的教学设备等。其次，社会权实现还需要国家提供相应的服务，即国家应该为公民的社会权提供必要的服务，如失业人员的免费就业培训，教师的岗位培训以及一系列的救助服务等。最后，社会权还需要国家建构相关制度、制定相应的法律法规，如建立最基本的社会保障制度等。

无论何种类型的社会权国家给付义务，都需要国家投入大量的人力、物力、财力，也都需要发达的财税制度和充足的资金做保障。毫无疑问的是，"国家能够支配的财政能力是有限的，而公民的宪法社会权的当下需求和未来发展的可能性是无限的"[2]，因此有学者坦言"为充实生存权所采取的措施，特别是社会保障的充实，会伴随着国家相当的财政负担"[3]。有鉴于此，社会权的国家给付义务不仅在履行上应受到限制，甚至国家给付义务的履行与否与公民的给付请求权也应作出区别，即"给付义务并不必然对应公民的请求权"[4]。当然，为了避免社会权保障的过度以及国家给付行为的不当，"旨在履行给付义务或落实宪法社会权的给付性法律，应当尽可能改由预算来控制，通过预算履行国家给付义务和宪法中的社会权条款可以避免大量不必要的财政赤字的出现"[5]。可见，社会权的实现程度受制于国家给付义务的履行，而国家履行给付义务必然又受制于财政收入和支出，因此确定社会权实现程度就需要考量一国的社会权支出在财政支出中的比重。

---

[1] 郭维真：《中国财政支出制度的法学解析：以合宪性为视角》，法律出版社，2012，第15页。
[2] 陈征：《国家权力与公民权利的宪法界限》，清华大学出版社，2015，第91页。
[3] 〔日〕阿部照哉：《宪法（下）——基本人权篇》，周宗宪译，中国政法大学出版社，2006，第205页。
[4] 龚向和、刘耀辉：《基本权利给付义务内涵界定》，《理论与改革》2010年第2期。
[5] 陈征：《国家权力与公民权利的宪法界限》，清华大学出版社，2015，第91页。

（二）社会权保障支出在国家财政支出中占重要地位

财政支出在整个财税法中的地位十分突出，从财政法的构成体系看，财政支出法与财政基本法、财政收入法、财政预算法等处于一般地位。而就财政法的功能而言，财政支出更重要，其能够规范理财行为。保障经济发展，而在促进社会公平层面上，除优化税制结构外，"也离不开优化财政支出结构，加大社会保障投入"①。财政支出的重要作用间接上要求我们必须对支出结构作出具体分析。传统上认为我国是按职能对政府支出结构进行划分，其主要包括经济建设费、社会文教费、行政管理费、国防费和其他。② 国家统计局对国家财政支出的项目进行列举时，主要对一般公共服务支出、外交支出、对外援助支出、国防支出、公共安全支出、武装警察支出、教育支出、科学技术支出、文化体育与传媒支出、社会保障和就业支出、医疗卫生支出、环境保护支出、城乡社区事务支出、农林水事务支出、交通运输支出、车辆购置税支出、地震灾后恢复重建支出以及其他支出等事项进行统计。③ 本书根据国家统计局的官方统计数据，对当前与社会权密切相关的五项支出，即教育、文化体育与传媒、社会保障和就业、医疗卫生、环境保护进行统计（统计结果见表4-1）。

表4-1 社会权保障支出在国家财政支出中的占比

单位：亿元

	国家财政支出	教育支出	文化体育与传媒支出	社会保障和就业支出	医疗卫生支出	环境保护支出	以上五项合计	以上五项占比
2016年	187755.21	28072.78	3163.08	21591.45	13158.77	4734.82	70720.90	37.67%
2015年	175877.77	26271.88	3076.64	19018.69	11953.18	4802.89	65123.28	37.03%
2014年	151785.56	23041.70	2691.48	15968.90	10176.80	3815.60	55694.48	36.69%
2013年	140212.10	22001.76	2544.39	14490.54	8279.90	3435.15	50751.74	36.20%
2012年	125952.97	21242.10	2268.35	12585.52	7245.11	2963.46	46304.54	36.76%

---

① 刘剑文、熊伟：《财政税收法》，法律出版社，2017，第4页。
② 陈共：《财政学》，中国人民大学出版社，2009，第94页。
③ 国家统计局网站：http://data.stats.gov.cn/easyquery.htm? cn=C01，最后访问时间：2018年4月3日。

续表

	国家财政支出	教育支出	文化体育与传媒支出	社会保障和就业支出	医疗卫生支出	环境保护支出	以上五项合计	以上五项占比
2011 年	109247.79	16487.33	1893.36	11109.40	6429.51	2640.98	38560.58	35.30%
2010 年	89874.16	12550.02	1542.70	9130.62	4804.18	2441.98	30469.50	33.90%
2009 年	76299.93	10437.54	1393.07	7606.68	3994.19	1934.04	25365.52	33.24%
2008 年	62592.66	9010.21	1095.74	6804.29	2757.04	1451.36	21118.64	33.74%

从表4-1可以清楚看到，我国近几年来社会权保障支出在国家财政总支出中的比例，其综合占比高于其他项目的支出。更为重要的是，自2008年以来，五项社会权保障支出的总额持续增加，其在国家财政支出中的占比也逐年递增，可见我国政府近年来对社会权保障的重视，其总体上在国家财政支出中的地位一目了然。另外，1978年至2006年社会文教支出占财政支出的比重同样是逐年上升，2006年达到26.83%，超过了经济建设支出，首次成为财政支出所占比重最大的一个项目。可见，"我国公共部门对教育、文化和社会服务事业发展越来越重视，也说明随着经济基础的不断雄厚，上层建筑的发展获得了越来越坚实的保证"[1]。

从我国的具体实践中不难看出社会权保障支出在整个财政支出体系中的地位，国家财政支出中最大占比项目从经济建设支出转移到社会性支出，不仅代表着国家职能的重要转变，同时也体现了国民权利保障程度的逐步提高。换言之，"无论在教育、医疗、养老金、失业救济等，这些领域之所以成为传统的财政支出领域，是因为它们不仅对经济增长，而且对平等有促进作用，在很大程度上国民在这些方面的权利成为一项基本人权也日益得到强化，进而对社会稳定和民主价值观有促进作用"[2]。然而，是不是社会权保障支出在国家财政支出中的比例越高越好呢？这个问题需要结合一国的具体国情和国民权利保护的程度来看。我国现阶段的社会权保障支出

---

[1] 〔美〕大卫·N. 海曼、张进昌：《财政学理论在当代中国和美国的实践应用》，北京大学出版社，2011，第230页。

[2] 郭维真：《中国财政支出制度的法学解析：以合宪性为视角》，法律出版社，2012，第69页。

虽然占比已经接近 40%，但是较之于美国等发达国家而言仍差距较大。因此，考量一国财政支出的规模在社会权保障领域是否合宪，在根据具体国情的同时，还应该保证一定的底线要求，即"倘若财政支出规模不足以为国民提供最基本的生存保障，则是对获得福利的宪法权利的侵犯"[①]。而底线要求以外的社会福利支出则在宪法的范围内交由立法机关根据民主原则进行最后的确定，然而就是底线本身也并不是一以贯之的，而是随着经济社会的发展而不断变化，其最终需要对宪法的相关规定进行解释，并充分发挥执政党的政治责任和公众对社会事务的参与程度，以上因素协力方能保证社会权保障支出在整个国家财政支出的合理地位。

（三）国家财政给付规模决定了社会权保障水平

社会权的实现需要国家履行积极的给付义务，而现实中国家的财政支出大量用于医疗卫生、教育、社会保障和就业等社会权领域。由此可见，社会权的实现程度必然也一直受制于国家的财政规模，从这个角度上讲，财政支出对于社会权保障而言至关重要，甚至可以说，"财政这根国家治理的支柱必须要立得直和站得稳"。另外，"财政形式上是政府之财，实质上是民众之产，每一笔财政资金的注入和流出都与普通百姓的日常生活有着千丝万缕的联系"[②]，因此财政支出用于民众最为关心的民生保障领域不仅是社会权所必需，也是财政合宪性所必需。由此可见，"人民实质自由之维护，须受国家财务负担之限制，亦即在租税国家，租税收入之总额决定了社会给付之总额"[③]。换言之，国家财政给付规模实质上不仅关系到国家财政的收支平衡，更为重要的是关系着公民权利的保障程度，尤其是社会权。但是国家财政的支出规模也受到众多因素的影响，受制于国家总体财政收入额度。如果一国经济发展受限，国家收税能力不足，大量财富掌握在少部分人手里，财政的重分配功能无法得到实现，则公民基本权利的实现程度显然会受到限制，甚至受到侵犯。因此，直观上看，社会权的保障水平明显受制于国家财政的支出规模和投入力度，本质上说，社会权的保障水

---

① 郭维真：《中国财政支出制度的法学解析：以合宪性为视角》，法律出版社，2012，第73页。
② 张勇：《民生财政》，中国发展出版社，2015，第2页。
③ 葛克昌：《租税国的危机》，厦门大学出版社，2016，第59页。

平最终需要考量国家的经济发展水平和财政收入总额。在实践中，国家财税的收入和支出都受到一系列因素的影响，这些限制因素是否合理和合法乃是考量社会权实现程度的关键内容。

三 国家财税收支的限度制约社会权实现程度

从财税法的视角探究社会权可知：社会权实现程度从根本上受制于国家财政的收入规模和支出结构。在宪法和法律范围内，无论是国家财政的收入还是支出都要受到一定的限制。以财政收入为例，国家的财政收入规模最终决定于经济发展水平，同时也受制于收入渠道，而最为重要的税收制度则要受到税收法定主义、量能课税和法定税收程序的限制。因此，国家财税收支在法律上遇到的限制则最终决定了社会权的实现水平。

（一）国家财税收入的限制

1. 国家财政收入的规模限制。国家财政收入的规模受制于多种因素，在现实生活中，"财政收入规模关系到社会资源在公共部门与私人部门之间的配置，直接影响到整个社会的经济发展效率"[1]。确定合理适度的国家财政收入规模至关重要，如果财政收入规模过大不仅会影响公民收入水平提高，同时也会造成经济活力受限，不利于优化经济发展结构、实现可持续发展。相反，如果财政收入规模过小，则不利于国家宏观调控职能的发挥，进一步造成社会权保障的资金来源受限，威胁权利保障水平。因此，确立合理的国家财政收入规模对于一国经济发展和权利保障而言都至为关键。在经济学界，最优财政收入规模理论成为解决上述难题的重要方法。最优财政收入规模理论主要是指，"以实现社会投资最大化、社会资源利用效率最大化和社会福利最大化为追求目标，以正确处理公共经济与私人经济关系为基础，形成的处于社会经济均衡状态下的财政收入规模"[2]。该定义虽围绕财政收入规模的三项重要目的展开，然不难看出此定义并没有对最优财政规模的实质内容进行论述，这也是最优财政规模概念的难题所在。无论财政最优规模的确定如何困难，我们无法回避的一个重要问题是财政收

---

[1] 郭彦卿：《中国适度财政收入规模理论与实证》，南开大学出版社，2012，第1页。
[2] 姚绍学：《最优财政收入规模理论与实证》，天津大学，博士学位论文，2002。

入与社会经济发展息息相关。换言之，一国的财政收入虽然受其他主客观因素的制约，但是"经济发展水平对财政收入的影响，表现为基础性制约，两者之间存在源与流、根与叶的关系，源远则流长，根深则叶茂"[①]。经济因素对财政收入产生重要影响，其中最主要的因素包括经济发展水平、经济体制、经济增长方式以及经济结构等。对于经济发展与国家财政收入规模的确定问题，经济学界从福利经济学原理和宏观税负理论出发确定我国国家财政收入规模，从实证分析的角度得出的结果为"在当前经济增长主要由投资拉动的前提下，以促进投资与保证经济增长为目标的财政收入的适度水平"[②]，从而认为当前我国的财政收入规模是适度的。可见，当前的社会权保障呈现逐年递增的态势是符合经济增长和适度财政收入规模的，反之如果随意降低社会权保障的投入，则可能构成对社会权的限制。

2. 国家财政收入的渠道限制。财政收入渠道是有限的。一般认为财税收入法主要由三部分构成，即税法、非税收收入法和公债法[③]，其中税收占的比例最大。

以表4-2为例，我们不难发现税收收入占整个财政收入规模的比例非常高，虽然最近几年这一比例呈下降趋势，但是其占比仍然高达80%以上。由此可见，对国家财政收入规模起决定作用的收入渠道是税收，因此税收的规模直接决定了财政收入的规模，而对税收的限制也是对财政收入的限制，同时也是对国家投入社会权保障程度的限制。

表4-2　我国近几年税收收入占财政收入的比例

	财政收入（亿元）	税收收入（亿元）	税收收入占比
2016年	159604.97	130360.73	81.68%
2015年	152269.23	124922.20	82.04%
2014年	140370.03	119175.31	84.90%

---

① 陈共：《财政学》，中国人民大学出版社，2009，第190页。
② 郭彦卿：《中国适度财政收入规模理论与实证》，南开大学出版社，2012，第201页。
③ 刘剑文、熊伟：《财政税收法》，法律出版社，2017，第4页。

续表

	财政收入（亿元）	税收收入（亿元）	税收收入占比
2013 年	129209.64	110530.70	85.54%
2012 年	117253.52	100614.28	85.81%
2011 年	103874.43	89738.39	86.39%

数据来源：国家统计局。

3. 公民权利对税收的限制。税收是国家为了保障自身的运作，履行重分配功能而对公民财产权等传统自由权作出的限制。众所周知，税收就是通过合法手段将社会财富从公民个人或者市民社会转移到国家手中，其目的是履行福利国家和国家给付义务，最终保障公民的社会权。但是，在征税和用税的过程中难免会出现公民财产权与国家征税权的冲突问题，毕竟财产权同样也需要税收加以保障。针对税收的程度问题，有学者从经济学角度提出"最适财产权税课理论"，并从人性尊严的保障出发，依托拉弗曲线最终确定政府税收收入和公民纳税负担之间的合理税率。[1]

另外，征税与纳税的冲突实质上是国家权力与公民权利之间的冲突，但更为根本的是公民权利的内部冲突，因为国家征税权力必然服务于公民权利的保障。针对此，有学者认为相对于国家尊重和保障私有财产权而言，国家对社会权的给付义务只是辅助作用，否则个人在多数情况下将不再期望通过自身的努力获得收入，而是想着如何从国家制定的福利条款中获得更多的物质给付。[2] 这种观点明显是将给付义务作为私人财产权保障的附属，但到底充分保障社会权是不是必然造成人们懒惰、造成社会失去活力仍然存有争议。

除了税收征收规模的限制之外，税收目的同样受到限制，也可以说，"纳税是公民的义务，如果没有经过公民的同意，如果不将税款用于合宪目的，如果税收侵犯公民的生存权，公民就有权拒绝纳税"[3]。可见，无论是

---

[1] 王士如、高景芳：《公民财产权与国家征税权的价值冲突与契合》，《上海财经大学学报》2009 年第 4 期。
[2] 陈征：《国家征税的宪法界限——以公民私有财产权为视角》，《清华法学》2014 年第 3 期。
[3] 刘剑文、熊伟：《财政税收法》，法律出版社，2017，第 78~79 页。

征税目的层面还是征税规模层面，公民财产权和其他基本权利的优先保障都对税收作出了限制，这些限制具体到税收基本原则上主要表现为税收法定主义和量能课税。

4. 税收法定主义和量能课税原则的限制。由于税收是对公民财产权作出的限制，而无论是从已有规范出发还是从自然权利理论理解，财产权的地位都十分超然，因此对财产权作出限制的征税权自古就受到严格的限制，其中最为关键的便是税收法定主义和量能课税原则的思想。

税收法定主义正如前文所言，乃是对征税权最为关键的限制，当然税收法定并不只针对国家的征税权力，其中也包括对税收程序和纳税人义务的规定。具体而言，税收法定主义又可以概括为形式意义的法定原则和实质意义的法定原则[1]，这种对税收法定原则的概括具有鲜明的区分色彩。我国台湾地区学者一般认为税收法定主义主要包括课税要件法定主义、课税要件明确性原则以及程序法的合法性原则。[2] 税收法定主义将税收决定权赋予代议机关，税收事关公民生存权、财产权等基本权利保障，与每个人的切身利益息息相关，因此税收决定权必须诉诸民主政治加以确定，即所谓的"无代表不纳税"。可见，在民主原则的控制下，国家的征税权受到法律的严格限制，这样也使得税收收入本身应建立在民众可接受的范围之内，而总体的财政收入亦是如此。社会权保障水平同样需要立法进行预算控制，而社会政策的制定以及行政机关的给付权力最终都要受到税收法定主义的限制。

如果说税收法定主义是从形式法律层面对国家征税权予以控制，那么量能课税原则则主要是从纳税人实际的支付能力出发对税收进行限制。可见，量能课税原则的基本要求乃是国家要根据纳税人的税收负担能力课征税收，即税收负担能力强的人多缴税，税收负担能力弱的人少缴税。学界对于量能课税原则的地位存在争议，因为该原则与宪法上的平等原则存在一定的抵牾，甚至有学者认为量能课税原则仅仅是财政学上的基准，或者

---

[1] 朱孔武：《征税权、纳税人权利与待议政治》，中国政法大学出版社，2017，第203页。
[2] 陈清秀：《税法总论》，元照出版公司，2012，第45页；葛克昌：《税法基本问题·财政宪法篇》，北京大学出版社，2004，第81页。

一种论证理由,并不是具有规范效力的法律原则。① 葛克昌教授明确指出"量能课税原则是伦理原则,同时也是宪法原则与法律原则"②。无论量能课税原则在税法中的地位如何,其法律效力到底该如何认定,都无法否认其对征税的影响。因此,理解量能课税原则,可以从其与生存权保障、平等原则以及净所得税原则之间的关系出发,确定内涵。从法律的角度看,量能课税原则的最终适用主要依赖于平等原则和比例原则之协调。量能课税原则一方面可以交由税收法定主义来解决形式合法性和合宪性问题,即使存在争议也只能交给立法机关解决;另一方面,我们可以诉诸比例原则来考量税收确定的标准,即通过对争议的税捐内容进行必要性、适当性和过度禁止原则的三重审查,基本上可以从实质上对量能课税原则的内容予以确定。

（二）财政重分配功能的限制

财政的功能伴随着国家职能的不断变迁而发生变化。在古典经济学家的视野中,国家在经济领域应该服从市场,应该成为所谓的"夜警国家",而财政只是筹集和提供国防费用、司法费用和公共安全费用等。随着国家职能从消极向积极转变,财政的功能也发生着深刻的变化。19世纪末20世纪初,德国学者李斯特明确主张国家要充分发挥财政的职能来积累财富、提升产业水平,同时也认为财政应当介入发展教育和社会救济中去,要主动承担相应的社会公平分配的任务。③ 这种转变深刻影响了财政在国家建设中的作用,与此同时关于财政的具体职能也逐渐成为学界关注的重点。随后,马斯格雷夫提出了财政的三重功能论,即认为财政具有资源配置、收入分配和稳定经济的三大功能。④ 这一经典分类在我国财政法学界也得到贯彻,如张守文教授就认为财政的职能主要有三种,即收入分配、配置资源和保障稳定。⑤ 可见,财政的分配功能已然得到学界的广泛认可,而收入分

---

① 陈清秀:《税法总论》,台湾翰芦图书出版有限公司,2001,第23~26页。
② 葛克昌:《量能原则与所得税法改革》,《中原财经法学》1995年第1期。
③ 〔德〕弗里德里希·李斯特:《政治经济学的国民体系》,邱伟立译,华夏出版社,2009,第300页。
④ See R. A. Musgrave, *The Theory of Public Finance*, McGraw-Hill, 1959: 180-194.
⑤ 张守文:《财税法学》,中国人民大学出版社,2016,第6页。

配职能本身主要强调的是国家通过财税手段对社会公平予以特别关注，然而在实践中这种分配功能的发挥也受制于各种因素。

首先，财政的重分配职能受财政总量的限制，即所谓的"巧妇难为无米之炊"。如果国家所掌握的资源十分有限，那么这种重分配职能则很难发挥。其次，财政的重分配职能还需要对其目的予以限制，即财政的重分配职能必须符合保障社会公平的目的。换言之，收入分配的核心问题是实现公平分配，财政收入分配职能的关键也主要是指确定显失公平分配的标准，以及财政调节收入分配的特殊机制和手段。[①] 再次，财政的重分配功能必须实现收入分配与经济发展、市场活力的平衡，达到国家、社会和个人的积极性都能有效发挥的目的。一般认为，收入分配可以分为初次分配、再分配和第三次分配[②]，而这三次分配的过程都需要财税法对其作出一定的限制。以再分配为例，为了弥补第一次分配的缺陷，再分配应该从收入税的税率确定、财产税的调节、社保缴费额度以及社会福利制度的确立等层面进行限制。当然，政府间的财政转移支付，以及政府与居民之间的财政转移支付，同样也能发挥一定的作用。最后，财政分配作用还必须受到财政支出的限制。财政重分配职能要想发挥保障社会公平的作用，一方面可以优化税制、税种结构，落实量能课税原则；另一方面则需要优化财政支出渠道，加大社会保障投入。社会保障支出应该在总体财政支出中占据何种地位，还需要根据我国国情来具体确定[③]，而且财政支出本身也受到一系列限制。

（三）财政支出的限制

从社会权的保障和国家给付义务的履行程度来看，财政支出规模和财政支出结构的影响至为关键。从因果关系出发，财政支出规模决定着社会权保障的程度。因此，财政支出的限制实质上就是国家对社会权保障投入的限制，两者具有相辅相成的关系。一般而言，财政支出主要受到以下方面的限制。

---

① 陈共：《财政学》，中国人民大学出版社，2009，第37页。
② 翟继光：《财税法基础理论研究》，中国政法大学出版社，2017，第38~57页。
③ 刘剑文、侯卓、耿颖、陈立诚：《财税法总论》，北京大学出版社，2016，第186页。

1. 财政支出规模的限制。决定财政支出规模的主要因素是财政收入，如果财政支出规模较大幅度地超过财政收入，将会危及国家财政安全。因此，作为供给端的财政收入就直接决定着财政支出。除此之外，财政支出规模还会受到财政收入以外的其他因素的影响，如国家的融资渠道、发行国债的能力等。但这些因素相对于财政收入的规模限制而言，无论是影响程度还是影响范围都不大。

2. 财政支出结构的限制。财政支出根据层级不同可以分为中央财政支出和地方财政支出，而根据支出的内容不同则包括行政管理支出、国防支出和社会保障支出等。具体到社会权保障层面，财政支出结构的限制主要强调的是社会保障支出在整个国家财政支出所占的比例。实际上，社会保障支出的比重并不是越高越好，而是应当控制在适当的幅度之内。由于我国城乡之间和地区之间的经济发展程度差异较大，因此考量社会保障支出的过程也不同。以城乡差距为例，城市地区的地方政府在社会保障财政投入上应该较多关注财政投入结构的优化和投入方向的科学化，而农村地区则应更注重提高社会保障投入的规模，并关注社会保障的财政资金的合理配置和管理。[①] 换言之，应将城市和农村进行区分，财政投入的力度和内容也应更加优化。而对于不同地区之间的社会权保障而言，我国东、中、西部地区因为经济发展的不均衡而导致社会权投入的力度也会存在差别，正如学者所言："就全国范围东中西部地区而言，社会保障支出的增加均显著增加了我国政府财政负担；在影响政府财政负担上，全国范围东中西部地区的人口老龄化和社会保障支出均存在显著的正向互补关系。"[②] 因此，要合理控制社会权保障的支出力度，较高的社会权保障力度显然不利于我国经济的发展，也会增加政府的财政负担。

3. 财政支出的程序限制。财政支出是国家对公帑进行支配，这不仅关系到国家宏观调控职能和重分配职能的发挥，也直接影响着整个社会的公平正义，同时对于弱势群体和普通大众而言，也决定其相应的基本权利能

---

① 李胜会、熊璨：《社会保障财政支出：城乡效率差异及原因》，《公共管理学报》2016 年第 3 期。

② 张鹏飞、苏畅：《人口老龄化、社会保障支出与财政负担》，《财政研究》2017 年第 12 期。

否得到充分有效地保障。因此，在现代法治国背景下，财政支出必须符合法定程序，受代议制民主的审查。

从程序上对财政支出制度进行控制的制度乃是财政预算制度，预算本身是财政支出的合法性依据，在现代国家，"审议和通过政府预算法案仍然是代议机关监督、控制政府的主要途径，是建立与巩固责任制政府、实施宪法的关键"①。我国《预算法》第13条明确规定："经人民代表大会批准的预算，非经法定程序，不得调整。各级政府、各部门、各单位的支出必须以经批准的预算为依据，未列入预算的不得支出。"由此可见，预算本身就是议会对行政机关的监督，有学者甚至认为，"预算监督是立法机关的主要任务，其重要性不亚于法案审查"②。通过预算程序，财政支出方能具有民主正当性，也才能保障政府从人民手中征收的税款和费用能够用在人民所希望用在的地方。因此，预算程序对财政支出的限制是保障财政支出能够在民主的轨道上运行的合理路径，而完善预算法，加强议会对预决算的管理，也能够进一步优化财政支出的规模和结构③，促进社会权保障所需要的资金能够在合法的渠道上得到合理配置。

四　宪法视野下租税正义与社会权保障的动态平衡

社会权的保障水平受制于国家的财税收入已然成为学界的共识，但是如何在财税收入基本确定的情况下实现社会权保障的最优化，也成为当前的经济学界和法学界共同关注的难点问题。然而，租税正义和社会权保障之间的平衡虽然有赖于经济社会的不断发展以及相关法律体系的建构和法律实务的努力，但是不难看出两者冲突的解决离不开国家根本法的介入。租税正义事关税收法定和代议制机关的预算程序，在我国直接关系到国家最高权力机关的权力运作，同时租税本身直接影响着公民财产权、生存权和其他自由权利。就社会权而言，其宪法属性更为明显，不仅是宪法明确

---

① 周刚志：《论公共财政——作为财政宪法学的一种理论前言》，北京大学出版社，2005，第135页。
② 朱孔武：《财政立宪主义研究》，法律出版社，2006，第153页。
③ 王银梅、张亚琼：《完善预算管理制度　优化我国财政支出结构》，《宏观经济研究》2014年第6期。

规定的一系列基本权利,同时也关系着公民个人人性尊严和最低生活水准的实现,其实现程度直接影响着国家的持续发展和公民现实生活。因此,正如学者指出的,"民生福利之社会正义与自我负责之生活安排基本需求应在宪法解释中兼顾"①,换言之,纾解租税正义与社会权保障之间的矛盾需要也必须诉诸宪法手段。

首先,宪法的原则、理念及其规范的抽象性品格能够为不断变化的财税政策和社会政策提供根本性依据。虽然国家的财税政策和社会政策都必须依据现实社会的不断变化而作出即时调整,以使其能够适应社会发展和公民需要,然而,财税政策的调整离不开宪法法律对国家财税制度提供的根本框架,社会政策也无法抛开宪法中的社会权规定和相关社会立法而独立运行。一切财税政策和社会政策无论是通过法律、行政法规、规章还是规范性文件的形式予以规定,都无法回避宪法的审查,这种审查不仅是具体规范内容的审查,同时也包含宪法基本理念和基本原则的审查。

众所周知,经济与社会发展状况直接影响着各级政府制定相关的财税和社会政策,这也导致财税政策和社会政策具有较强的变动性,甚至调整频率高于经济政策本身。这种变动性显然与法律的滞后性存在不一致之处,甚至会随时冲击已有的法律规定。面对这种情况,宪法是否能够发挥自身的作用呢?本书认为答案是明确的。因为宪法不仅规定了具有直接效力的相关基本权利规范和国家机关条款,同时还存在大量的原则性规范,甚至一些基本权利规范本身也包含着基本的宪法理念。这些原则和理念性条款具有鲜明的抽象性品格,然而就是这样的抽象性品格才为宪法适应现实生活、诠释社会发展提供价值遵循。因此,通过发挥宪法的指导作用,可以为财税政策和社会政策提供价值指引,当然在具体方法上显然离不开对宪法的解释。

其次,宪法解释的方法和技术能够为解决基本权利冲突提供路径依赖。租税正义与社会给付之间的关系问题,涉及国家的权力运行和社会生活的方方面面,但归结到法的层面则主要是一种基本权利冲突及其调和的过程。国家为了保障自身拥有足够的财政收入而实施征税权力,对公民财产权和

---

① 葛克昌:《租税国的危机》,厦门大学出版社,2016,第54页。

营业自由权进行限制甚至剥夺。在这一过程中国家又必须落实量能课税原则，考量公民的基本生活条件以及进行平等纳税和平等保障的诉求。可见，国家的财税权力实质上是与公民基本权利进行妥协的过程。而就社会给付而言，其与基本权利的关系更为直接，或者说其本身就是包括生存权、受教育权、劳动权、健康权等紧密相关的权利束。因此，租税正义的实现和社会给付的履行都可以理解为公民基本权利的冲突，而解决基本权利的冲突显然离不开宪法解释。此时的宪法解释机关，通过对宪法规范文本背后具体内涵的阐释，根据相关的平等保护原则、程序正当原则和比例原则等方法，将其适用于具体案件，从而实现公民基本权利的平衡。综上可知，租税正义与社会给付之关系，无论是冲突还是协调，都离不开对宪法规范进行合理解释。

最后，通过对法律法规的合宪性审查，保障法律体系内部的融贯。租税正义与社会权保障之间除了具有基本权利层面的冲突，还有可能存在具体法律法规之间的不相容、不协调，从而导致两种制度之间出现"打架"现象。这种法律规范之间的不一致现象，必须通过诉诸规范的合宪性审查方能解决。宪法位于法律体系的最高位阶，能够涵摄财税法律体系与社会立法，两者的矛盾之处需要通过宪法解释进行审查，最终促使两者在规范层面不存在扞格。因此，两者在规范层面的不一致同样需要发挥宪法的作用。

第三节　社会权的政治限制：国家能力决定社会权的保障质量

决定社会权的实现程度在经济层面主要取决于一国的经济发展水平和财税总额，但是否一国经济社会发展水平较高就意味着社会权的保障水平较高呢？换言之，国家经济发展水平与财税水平都较高的情况下，是不是等于社会权的实现程度就高呢？本人认为这还要取决于国家自身的能力。此处的国家能力主要强调的是国家保障社会权的能力。具体而言，一国在拥有较高的经济发展水平和财税总额的情况下，如何通过资源汲取能力、制度构建能力和再分配能力实现社会权的保障程度与经济和财税水平相一致。可见，国家能力是实现经济、财税和社会权保障相联系的纽带，也更为直接地决定着社会权的保障水平，毕竟直接参与社会权保障的重要主体就是国家，国家能力的欠缺和不足会造成社会权的实现受到限制。

一 国家能力对社会权实现程度的影响

国家能力直接关系着国家在社会权保障中扮演的角色，其主要通过分配所掌握的社会资源参与到社会权的保障。社会权自身所具有的国家履行积极义务的属性也对国家能力的提升提出要求，那么国家能力的具体内涵为何？其对社会权的影响主要体现在哪些方面？具体的立法能力、执行能力和司法能力对社会权产生何种影响？乃需要进一步澄清。

(一) 国家能力理论概述

1. 国家能力的基本概念界定

国家能力到底是什么？从字面上分析，主要指国家拥有的实现其职能的能力，但是到底国家能力为何，却是众说纷纭。[1] 学者围绕国家能力的概念展开论述，一般认为国家能力不可能逃脱国家职能和国家权力两个维度。(1) 从权力的视角对国家能力进行定义，其代表为美国学者迈克尔·曼，他认为国家所具有的基础性国家能力主要应该包括专断性权力和基层渗透性权力，前者主要是"国家精英可以自行其是，而不必例行化、制度化地与市民社会各集团进行协商的范围"；后者则是指"国家实际渗透社会，并在其统治疆域中有效贯彻政治决策的能力"[2]。(2) 从职能的角度解读国家能力，这个视角一般认为国家能力主要是国家履行其合理职能和核心职能的能力[3]，也可以说是指国家从事其所具有的集体行动的能力。[4] 我国学者王绍光则认为这种能力也是国家将自身意志转化为现实的能力。[5] (3) 从权

---

[1] 黄宝玖：《国家能力：涵义、特征与结构分析》，《政治学研究》2004年第4期。
[2] 〔美〕迈克尔·曼：《社会权力的来源》(第二卷·上)，陈海宏等译，上海人民出版社，2007，第68~69页。
[3] 欧阳景根、张艳肖：《国家能力的质量和转型升级研究》，《武汉大学学报》2014年第4期。
[4] World Bank, *World Development Report: The State in Changing World*, New York: Oxford University Press, 1997, pp. 3, 20.
[5] 王绍光：《安邦之道：国家转型的目标与途径》，三联书店，2007，第5页。

力和职能两个角度复合理解国家能力，进而认为国家能力既是国家机关行使权力所必需，也是国家履行其相关职能的必然选择，而国家权力和国家职能在国家能力上实现关联。① 国家能力的提升既有利于国家机关行使权力，也有利于国家职能的实现。由上可知，国家能力与国家权力和国家职能存在密切联系，三者可谓不可区分。无论从何种视角对国家能力作出解释，都无法回避国家权力与职能对国家能力的影响，因此本书认为国家能力就是国家行使权力和履行职能所应具有的能力。

2. 国家能力的具体内容

国家能力在概念上存在的一系列争议也导致其在具体内容的确定上说法不一。国家能力的具体内容与其研究视角密切相关，因为国家能力所涉及的领域十分庞杂，所以有人从国内能力和国际能力之二分的角度衡量国家能力②，也有人认为国家能力的内容应该围绕国家治理、社会治理和个人权利保障之间的关系来考量。③ 不同的视角对国家能力的理解各不相同，我国学者黄宝玖把国家的核心能力概括为十个方面：第一，维护国家主权与保障国家安全能力；第二，民主法治能力；第三，资源汲取与配置能力；第四，宏观调控能力；第五，公共产品供应能力；第六，社会关系整合与规范能力；第七，危机应对能力；第八，学习创新能力；第九，自律能力；第十，国际交往能力等。④ 与之相类似，王绍光在原来的观点基础上认为国家的基础能力应从八个层面进行界定，其主要包括强制能力；汲取能力；濡化能力；国家认证能力；规管能力；统领能力；再分配能力等。⑤

从权利的保障层面理解，国家能力主要体现为国家对法律和社会政策的落实和执行能力。围绕国家对权利的保护能力进行梳理，不难发现其主要可以从三个方面予以展开。首先是国家对公民权利保障目标的确定，即

---

① 黄宝玖：《国家能力：涵义、特征与结构分析》，《政治学研究》2004 年第 4 期。
② 黄清吉：《国家能力基本理论研究》，《政治学研究》2007 年第 4 期。
③ 具体参见杨宝《政社合作与国家能力建设——基层社会管理创新的实践考察》，《公共管理学报》2014 年第 2 期；王仲伟、胡伟《国家能力体系的理论建构》，《国家行政学院学报》2014 年第 1 期。
④ 黄宝玖：《国家能力：涵义、特征与结构分析》，《政治学研究》2004 年第 4 期。
⑤ 王绍光：《国家治理与基础性国家能力》，《华中科技大学学报》（社会科学版）2014 年第 3 期。

国家需要制定相关符合公共利益的社会发展目标；其次，国家需要拥有实现权利的资源，此处主要表现为国家对社会的控制能力，或者说是国家对于社会资源的汲取和吸纳能力；最后是国家对其所掌握的资源进行分配的能力，此时的分配主要依赖国家建立相关制度，因此这种能力又可以理解为国家制度能力。为此，学者也从国家工具价值出发，认为国家能力＝国家提供公共产品与公共服务的能力＋资源汲取能力＋制度能力（官僚机器的能力、制度的制定与实施能力）。[①] 综上可知，从保障人权的视角考量国家能力建设，其主要包括建立人权保障目标的能力、国家的资源汲取能力以及国家的制度建设能力三个方面。

上述三种能力在国家的具体执行中又和传统的国家权力机关有着密切的关系。立法机关主要负责建立人权保障的目标，当然在国家汲取税收资源和建立制度等方面，也需要通过立法机关履行立法职能。行政机关主要负责落实立法机关建立的人权目标，进行具体的资源获取，如征税、收费等，除此之外，行政机关在制度建设上也在其权限范围内发挥着作用，毕竟执行力度和执行效率都需要构建相关的制度。司法机关则发挥权利的救济功能，负责监督国家机关和公民，主要是保障权利最后的实现。而新成立的监察委员会则主要针对上述机关在履行相关职权过程中是否存在违法情形进行监察，从而进一步提高国家综合能力。

（二）国家能力制约社会权的实现

社会权的实现需要国家各种能力都发挥作用，但是国家能力由于受到一系列因素的影响，在实践过程中无法实现对权利的充分保障。无论是国家对社会权保障目标的确定，还是为了保障社会权而进行的资源汲取，都存在不同问题，而这些问题也制约着社会权的实现程度。

首先，从人权保障的目标确定上来说，国家虽然一直对于社会权有关的民生问题予以较大程度的关注，并且将生存权和发展权作为我国的首要人权加以明示，但是这种目标确定主要是一种价值层面的。我们不否认自改革开放以来公民的生活水平得到极大提高，民生问题得到很大改善，但是相对于发达国家而言仍然存在很大差距，无论是在投入力度上，还是保

[①] 欧阳景根、张艳肖：《国家能力的质量和转型升级研究》，《武汉大学学报》2014年第4期。

障水平上。另外，社会权保障的目标仍然依赖于社会政策，依赖于国家的动态调整，而缺少完整的法律体系。因此，社会权的保障目标之确定还需要从立法层面予以完善，形成保障社会权利的法律体系，不能过度依赖社会政策，而是要形成以宪法社会权为统领的社会立法和社会政策的协同推进态势。

其次，在国家资源汲取能力[①]方面，社会权的保障同样受到一定的限制。最早提出国家能力概念的学者查尔斯·蒂利，乃是基于战争和民族国家建设研究视角将国家能力概括为国家征税的能力；斯考切波则认为国家能力的条件和基础可以包括完整的国家主权、对国家领土的行政和军事控制、忠诚并且具有管理技能的政府官员，然而这一切都需要一个最为关键基础，即丰富的财政收入。[②] 那么国家能力与国家经济发展之间到底有何关系呢？美国经济学家马克·蒂切克认为国家能力与经济发展之间是一种正相关的关系，即国家汲取能力（税收）与人均 GDP 之间正相关，而这也为福利国家建设奠定基础。[③] 因此国家必须有足够的政治能力去汲取公共财税，为公民提供基本服务，保障公民基本权利。

但是正如上文提出的国家税收本身就要受到一定限制，而当前国家的征税能力也有所欠缺。这里的欠缺并不是指我国政府在税收管理和强制性征税方面的能力不足，而是科学征税、依法征税的能力有待提高。首先，征税应依赖于科学的税率标准，否则将会影响公民生活，削弱社会活力。其次，征税必须依法进行，不仅要有完善的税收法律体系，税收征管也要依法进行。

另外，征税能力虽然是国家资源汲取能力的主要内容，但并不是唯一内容。这里的资源汲取不仅包括财税资源，还包括国家对自然资源的管理、社会资源的整合、制度资源的运用，甚至要发挥域外资源的有效作用。目

[①] 张长东：《税收与国家建构：发展中国家政治发展的一个研究视角》，《经济社会体制比较》2011 年第 3 期。

[②] 〔美〕西达·斯考切波：《找回国家——当前研究的战略分析》，载〔美〕彼得·埃文斯、迪特里希·鲁施迈耶、西达·斯考切波编著《找回国家》，方力维等译，三联书店，2009，第 10 页以下。

[③] Mark Dincecco, "The Rise of Effective States in Europe", *The Journal of Economic History*, 2015 (9).

前在上述各个方面都存在一定的弊端影响着国家资源汲取能力作用的发挥。在自然资源管理方面，当前我国没有形成明确的自然资源管理体制，相关法律法规还有待进一步完善，尤其是明确自然资源在国家财产所有权中的地位及其行使机制等。在社会资源的整合方面，其主要问题是社会组织在法律定位上的混乱和社会组织管理体制的弊端导致社会组织的设立、成长与发展都受到多方制约，社会力量加入社会权保障的力度不足。虽然以《慈善法》为代表的立法对慈善组织等定位已有涉及，但是仍难从根本上解决整个社会资源不足的问题。在制度资源和域外资源的利用上同样有这些问题，并且有些问题还十分突出。因此，国家资源汲取能力的不足直接导致公民的社会权实现程度受到一系列限制，而这些问题也大都在国家制度能力上有所反映。

最后，国家制度能力建设也制约社会权的保障。社会权的保障虽然受制于国家人权保障目标的确定以及国家对资源的汲取能力，但是在法律层面上看，上述两种能力最终都归结为国家制度能力，即国家构建制度、执行制度和监督制度执行的能力。社会权在政治层面的限制，其实是一种国家能力的限制，而国家最为典型的能力是制度建设能力，因为国家的产生就是社会组织制度化的结果，而维持国家运作也必须依赖于相关制度的构建。国家制度能力建设和社会权保障紧密相关，甚至可以说制度能力的强弱直接影响到社会权能否得到切实可行的实现。一般认为，法治视野下的国家制度建设主要包括立法能力、执法能力和司法能力。然而，基于我国的国情可以发现，党规和国法目前依然在制度建设领域齐头并进[①]，党的代表大会所通过的决议也都包含党对民生保障的重视，同时其提出的相关民生目标也会转化为立法计划和政府的实践。因此，社会权的政治限制不得不考量政党的作用。以下将围绕政党、立法、行政和司法四个方面具体探讨政治层面的社会权限制。

二 政党政治的局限影响社会权政策的连续性

当前世界上大部分国家为政党国家，政党在一国政治中所起到的作用

---

① 张文显：《党规国法互联互通》，《法制与社会发展》2017年第1期。

已经超过任何历史时期，同时也超过其他任何因素。因此，政党制度与国家能力建设密切相关。亨廷顿认为，国家能力最早被称为国家政治素质，其主要包括国家的强大适应性和内聚力的政治体制，同时也包括有效的政府机构和组织完善的政党。[1] 因此，政党在国家中的突出地位也使得其政策的制定很大程度上影响着公民基本权利的保障。政党本身所代表的利益集团不同，决定着其执政政策也有差异。就社会权而言，其实现非常依赖于相关的社会政策，因此其受政党政治影响的可能性较之于自由权而言要大得多，这些政策因为缺乏相应的连续性、程序性而导致权利保障受到威胁的可能性增加，政党政治因此限制了社会权的实现。

政党政治影响社会政策连续性的案例可以说俯拾皆是，而最为典型的莫过于美国的"奥巴马医疗改革计划案"（全称《患者保护与平价医疗法案》）。建立科学的全民医疗保障体系一直以来关系到大多数美国人的切身利益，同时也是美国人的梦。对于民主党而言，建立医疗保障体系不仅关系到执政纲领的具体实施，更为重要的是关系到其选举和投票。因此，民主党人奥巴马在当选总统以后，面对严峻的经济形势推出了酝酿已久的医疗改革计划。该计划旨在实现医疗保险的"低成本"和"广覆盖"，最终为全体美国人提供可以负担得起的医疗保险。医疗改革计划通过后仍有很多问题，不仅因美国经济疲软导致的政府财政危机使计划中需要政府补偿的部分难以实现，同时也因为计划触动了各方利益，计划实施效果不佳。[2] 当然，其中最大的阻力莫过于来自党派的阻力，即共和党的反对。一直以来，医疗保障体系的改革一直是两党争议的焦点，虽然两党都宣称要改革当前的医保体系，建立相对公平的医保计划，实现美国的全民医保梦，然而由于两党的执政理念不同，对待医疗保障体系的态度也大为不同，尤其是在如何建立医保体系等具体问题上。[3] 2016 年大选，共和党人特朗普竞选美国总统，其竞选口号之一便是废除奥巴马时期的医疗改革计划，其当选以后便开始对医疗改革计划展开攻击。虽然奥巴马医疗改革计划在实施过程中

---

[1] 〔美〕塞缪尔·亨廷顿：《变化社会中的政治秩序》，王冠华等译，上海人民出版社，2008，第1页。
[2] 荣霞、陈晓律：《透视奥巴马医改下的美国"政治乱象"》，《学海》2014年第1期。
[3] 张新宁：《特朗普为何废除"奥巴马医改计划"?》，《红旗文稿》2014年第4期。

遇到过一系列问题，但是其在规范医疗法制体系、发挥政府和市场在医疗保障中的作用等方面仍取得了相当大的突破①，并非一无是处。然而，特朗普上台以后并没有采取积极措施对原有计划中暴露的问题进行纠正，而是直接启动废止计划。② 2017 年 5 月 4 日，众议院通过了特朗普医改方案③。

目前，奥巴马医疗改革计划已经被特朗普医改方案所替代。无论何种改革计划，政党轮替带来的干预都将危及法案本身的执行力度，不利于法案中规定的内容实现。这种政策和法律的不连贯性直接影响到美国公民健康保险权的保障，尤其是那些下层民众。由于医改方案实施效果大打折扣，白领和富人阶层纷纷选择不参保，因此造成普通民众的保费大幅度提高，医改方案的作用难以实现。这种政党政治的不确定性必然带来政策执行力度的减弱，同时损害公民的权利。

就我国而言，这种代表资产阶级和不同利益集团利益的政党轮替制度没有生存的土壤，因此这些弊端在我国也基本可以避免。我国将民众的权利诉求和民生需要纳入政党的实施纲领中，保持上下联通的交流机制，促使社会权的实现在我国特色社会主义政党制度下不存在阻碍，并取得较好的效果。

三　国家立法能力不足导致社会立法缺陷

社会权的实现虽然依赖于国家财政能力和国家经济发展水平，然而权利保障离不开完善的规范体系。社会政策对于社会权的实现固然起到重要作用，但缺少立法的社会政策则可能出现合法性危机，最终威胁社会权的保障水平。国家立法权可根据立法机关的不同分为中央立法权和地方立法权，地方立法权已经在宪法中作出明确规定，因此国家立法能力也就必然包括中央立法机关的立法能力和地方立法机关的立法能力。所谓立法能力，是国家治理能力现代化的重要组成部分，其主要是指"立法主体根据社会

---

① 李慧娟、张健明、李丛：《从奥巴马医改看我国医改的不足与优势》，《劳动保障世界》2011 年第 2 期。
② http://finance.ifeng.com/a/20171013/15722270_0.shtml，最后访问时间：2018 年 4 月 15 日。
③ http://news.163.com/17/0307/08/CETOHF2T00018AOR.html。

的立法需求,按照立法程序行使立法权力,通过立、改、废、释等方式提供立法产品,及时满足经济、社会和文化发展对立法需要的一种能力"[①]。社会权实现对中央和地方立法机关的立法能力提出了新的要求,主要因为社会权的具体实现需要立法对权利的内容及保障范围进行具体化,这是立法机关履行宪法委托,实现社会权的制度性保障的重要职责。因此,国家立法能力的欠缺将会直接影响社会权的实现程度,同时立法机关也可能涉及违反宪法赋予其的责任和义务。

在中央层面上,社会权立法上主要存在以下问题。首先,社会权立法体系不健全,有些部门的社会立法欠缺,从而导致部分社会权保障难以做到有法可依,无法回应社会建设法治化的需要。这部分的立法主要表现在《社会组织法》、统一的《社会福利法》等方面。其次,有些领域虽然已有相关的立法,但是立法层级较低,与其地位不相符,也不利于公民权利的保障。这主要体现在社会救助层面,我国社会救助立法目前还只是国务院通过的《社会救助暂行办法》而非《社会救助法》。最后,有些立法更新不够及时,有些社会领域的立法起步较早,法律制定的时间比较久远,立法理念滞后,法律实施效果不佳,从而导致部分立法空置。[②] 针对这些问题,中央立法机关应该及时更新立法理念,完善社会权立法体系,科学划定社会立法的层级,将中央立法与地方立法相区分,实现社会立法体系的内部融贯。

在地方层面上,虽然地方设区的市的立法权已经入宪,但这并不代表设区的市的地方立法机关在立法能力层面已经达到宪法的要求,一般存在以下问题。(1)地方立法机关的立法理念和立法认识错位。地方立法权的下放导致部分立法机关的工作人员认为自身获得了较大权限,而立法理念仍然停留于一种"权力机关"姿态,从而导致立法理念跟不上时代要求和上位法的要求。[③](2)地方立法人才缺失,间接影响立法质量。立法质量与立法机关以及立法人才息息相关,而立法人才不足必然导致立法质量不佳。

[①] 李林:《全面深化改革应当加强立法能力建设》,《探索与争鸣》2017年第8期。
[②] 马怀德:《中国社会立法现状分析》,《法治社会》2016年第1期。
[③] 周敏:《地方立法能力提升的内省与前瞻——以陕西省设区的市立法现状为样本》,《地方立法研究》2017年第3期。

"立法与执法、司法以及法律理论研究的视角都不同,它比理论研究更加接近实际,又比司法实践更接近理论,立法工作对能力水平的要求更高"[1],但是由于地方机关长期不重视立法工作,而地方立法机关工作人员往往年龄较大、精力不济从而导致立法人才缺编,立法水平很难提升。因此,要承接好地方立法权,提升设区的市的立法能力,就必须把立法人才资源的储备与合理配置作为重要的基础工作来抓,重点做好人才的培养、引进与合理使用,建立一支具有政治素质、业务素质、实践能力、结构合理的立法人才队伍。[2] （3）立法机构设置不科学、不到位,导致专门的地方立法机构缺失。立法机构就是专门负责立法的部门,在全国人大主要是指法律委员会。而有些地方立法机关缺失立法机构,这种组织上的不健全导致立法质量大打折扣。因此,地方立法机关在组织设置上,应完善设区的市的人大及其常委会中的专职立法委员会[3],有条件的地方可以设置立法扶助机构,配合立法机关工作,从而提高立法质量。（4）立法事项的选择与确定应有统一标准。地方立法事项及其立法权限主要包括"城乡建设与管理、环境保护、历史文化保护"三个方面,立法机关应当在此范围内作出确定。另外,地方立法事项的选择和确定也考验地方立法机关的能力,而如何选择亟须立法的事项,往往成为立法机关的难题,因此地方立法机关应积极制定立法事项的选择与确定标准,积极回应民众需要,提高立法的针对性。（5）立法评估能力的欠缺导致立法质量难以提升。立法评估能力是要求立法机关在制定法律以后,通过科学的方法和程序对已经颁布实施的立法进行评估,并形成反馈意见,指导立法的修改和完善。立法评估需要大量的人力和物力,尤其需要具有专业知识的专家组成专门的法律评估小组,因此对于地方立法机关而言这也是一大障碍。

可见,地方立法机关的立法能力目前来看还存在较大欠缺,并由此可能导致地方社会立法体系不健全、对上位法的具体细化不足；社会立法质

---

[1] 李适时：《始终坚持党对立法工作的领导　不断提高立法能力水平》,《法制日报》2016年9月13日。
[2] 徐凤英：《设区的市地方立法能力建设探究》,《政法论丛》2017年第4期。
[3] 郑磊：《设区的市开始立法的确定与筹备——以〈立法法〉第72条第4款为中心的分析》,《学习与探索》2016年第7期。

量存在瑕疵，影响法律的权威性和科学性。中央立法机关在立法能力上的部分欠缺同样致使社会立法体系出现漏洞。因此在这种情况下，如何完善整体的社会立法体系，监督地方社会立法，对地方社会立法进行科学的符合法定程序的审查，成为提升社会立法质量的关键。

四 政府执行能力影响社会权给付的质量与效率

政府执行能力可以说直接体现国家能力对公民的切身影响，福山甚至认为国家能力就是指国家"制定并实施政策和执法的能力，特别是干净透明的执法能力"[①]。可见，执法能力对于整体国家能力的建设至为关键。就社会权的保障而言，国家积极义务的履行虽然离不开立法机关履行制度性保障义务，从而构建社会权保障的法律体系，但是立法的具体落实仍然依赖于以行政机关为代表的执法部门履行相关责任。

政府执行能力又可称为行政能力，其主要是指"在一定的时代发展背景下，处于各个层面的政府及政府工作人员依据法定职能和自身权力，通过制定政策和组织动员，运用适当的行政手段，主动适应行政环境，实现政府行政职能与目标的能力"[②]。可见，政府行政能力并不是一个孤立的概念，而是与政府职能、政府权力、政府行政人员等因素密切相关。正因为此，政府行政能力到底包含哪些内容学界争议很大，一般认为政府行政能力可以从五个方面概括，即合法行政的能力、合理行政的能力、政策执行能力、社会管制能力和资源动用能力。[③] 当前我国政府的行政能力并不尽如人意，存在一些弊端，例如合法性行政能力不足，违法行政；部分行政机关在执行政策时选择性执法、怠于执法；还有一些行政机关执法的公开透明程度不足，容易造成群众的误解，从而产生不良的社会影响。除此之外，还存在办事效率无法满足市场经济发展的要求，部分执法部门施行懒政、堕政，危及群众利益。政府的行政能力不足对于社会权保障和行政给付职能的履行带来一定的弊端。

---

① 〔美〕弗朗西斯·福山：《国家构建：21世纪的国家治理与世界秩序》，黄胜强、许铭原译，中国社会科学出版社，2007，第7页。
② 李斌：《政府行政能力概念辨析》，《宁夏大学学报》（人文社会科学版）2008年第5期。
③ 陈康团：《政府行政能力与政府财力资源问题研究》，《中国行政管理》2000年第8期。

在行政给付领域，由于政府行政能力的局限而带来一系列问题，主要包括以下方面。（1）政府给付不足。主要是指行政机关在进行社会保障等给付过程时没有按照法律规定和公民需要进行给付[①]，致使无法满足公民生存权等社会权的基本需要，造成权利损害。最为典型的给付不足体现在社会救助层面，政府提供的救助无法满足公民的基本需要。另外，在义务教育阶段的教育性给付同样也存在给付不足的问题。（2）政府给付过度。政府为公民提供的给付并不是越多越好，过度的超越自身权限的给付同样是非法的。政府自身所能掌握的资源是有限的，其对部分人群实施过当给付会造成其他应得给付的公民失去受益机会，从而违反给付平等的原则。另外，政府的给付标准通常应该由立法机关确定，或者由上级行政机关决定，如果给付过度是违法的。当然，政府的给付必须和当地的经济社会发展水平相适应，在保证给付对象自立的情况下，进行适当给付。（3）给付不及时。给付不及时涉及政府提供给付的效率问题，对于行政机关来说，高效、及时[②]地提供服务不仅是行政法治的内在要求，也是服务行政理念的具体彰显。给付不及时不仅会有懒政的嫌疑，同时也会侵害公民的基本权利。以救灾过程为例，如果政府在灾害救助过程中做不到及时，就有可能使公民生命权、生存权等基本权利受到侵害，这种严重后果显然超过了比例原则所能提供的合理裁量范畴。（4）给付不公开透明。行政公开是行政法的一项基本原则，其基本含义是"政府行为除依法应保密的以外，应一律公开"[③]，换言之，行政主体在行使权利的过程中应当依法将行政权力运行的依据、过程和结果向行政相对人和社会公众公开，以使其知悉并有效参与和监督行政权力的运行。[④] 行政公开原则要求行政机关在进行行政给付的过程中，将给付信息及时公开，接受公民监督。但是在具体实践中，一些行政给付难以做到公开，最为典型的是农村低保的认定程序。[⑤] 这种程序上的

[①] 许兵：《政府与社会保障：基于给付行政角度的分析》，国家行政学院出版社，2013，第50~55页。
[②] 应松年：《行政法与行政诉讼法》，法律出版社，2009，第44页。
[③] 姜明安：《行政法与行政诉讼法》，北京大学出版社、高等教育出版社，2011，第77页。
[④] 周佑勇：《行政法原论》，中国方正出版社，2005，第79页。
[⑤] 刘洪银、李沁：《农村低保政策执行中的问题与改进对策》，《长白学刊》2017年第3期。

瑕疵同样给给付的实质正义蒙上灰尘，使得给付的公平性受损，因此程序和实体的双重合法才能更好地保障社会权。

五 司法救济能力阻碍社会权可诉性的程度

社会权的概念在我国学界甫一出现，其可诉性问题就受到学界的普遍关注。实际上，在世界范围内，社会权、福利权等经济社会文化权利的诉讼救济问题也是学界争议的重要内容。社会权的可诉性程度受制于多种因素，其中最为典型的是社会权的可诉性可能导致司法权的扩张，使其侵入立法权的权限范围，破坏民主制度。除此之外，也有人认为社会权是有成本的，其实现较为昂贵，并且有可能与自由权相冲突。这些对社会权可诉性提出的质疑显然都无法动摇其可行性，这些理论上的争议也已经在学界获得质证。就我国实践而言，影响社会权可诉性的关键因素是司法机关的能动性和救济能力，即社会权能否实现以及多大程度上能够实现，无论在理论上还是规范层面都已经没有太多疑问，之所以难以推进，主要影响因素乃是司法实践的缺失。

就当前而言，社会权的救济一般可以诉诸两种渠道，即宪法层面的救济和行政诉讼救济。行政诉讼救济主要可以通过对《行政诉讼法》中受案范围的规定（第12条第10项）进行解释和落实来实现。另外，新修订的《行政诉讼法》第53条对规范性文件的司法审查权作出了规定，公民认为行政行为所依据的规范性文件不合法的，可以一并请求对该文件进行审查。这一规定为部分社会政策的司法审查提供了依据，也拓宽了社会权司法救济的渠道。然而，事实上在实施过程中也会遇到很多障碍，其中最为重要的是审查标准的确定问题。有学者认为所谓的规范性文件司法审查的标准，具体包括三个方面的内容：规范性文件制定主体方面的审查标准、规范性文件制定程序方面的审查标准以及规范性文件具体内容方面的审查标准。[①]围绕这三个标准进行建构的过程，其表现出来的个案差异性十分突出，在实际操作中还存在很大的问题，规范性文件合法性审查的方向、方法和标

---

① 陈运生：《行政规范性文件的司法审查标准——基于538份裁判文书的实证分析》，《浙江社会科学》2018年第2期。

准仍待统一,甚至有人认为建立完善的行政规范性文件司法审查标准,在一定程度上有赖于司法改革的推进。① 除审查标准难以确定之外,审查机构、审查方式、审查范围、审查程序以及审查结果等方面也都有需要完善之处。因此,就规范性文件的司法审查来看,其需要提升的空间还很大,而社会政策的审查问题对这一路径的依赖仍需审慎。

从宪法层面对社会权予以救济,相对于行政诉讼而言难度更大,其所受到的阻力不仅是规范上的,最重要的是来自制度层面。一般认为世界上的违宪审查制度存在多种模式,最基本的分类可以笼统概括为司法机关救济模式和立法机关救济模式。司法机关救济模式主要包括德国的宪法法院模式和美国的普通法院模式;立法机关救济模式则可分为英国的议会主权模式和法国的宪法委员会模式。无论何种模式,对于以社会权为中心的经济、社会和文化权利的救济都持保守和冷淡的态度。即使宪法上明文规定社会权的南非,其宪法法院在进行社会权的审判时也遇到诸多难题。"公民教育权、住房权、医疗权等经济和社会权利的保护就是令宪法法院棘手的问题,它必然要受到经济发展程度等客观条件的制约,只能在宪法原则的正当性与现实资源的稀缺性之间作出艰难的平衡和妥协"②,宪法法院的法官坦言:作出有关经济和社会权利的裁判是"极其困难"和"令人不快的"。因此,宪法层面的救济对社会权而言可谓是难度较大。然而,我国正在建立的合宪性审查模式有可能突破这种困境。首先,我国的合宪性审查模式运行的前提是将社会立法的备案审查权交给全国人大常委会下属的宪法和法律委员会,如此一来,就避免了所谓的司法侵犯民主的争议。其次,宪法法律委员会旨在对立法进行备案审查,一般不涉及具体案件,而这种审查的基准和方法仍处于探索之中,其并没有西方国家传统审判理念的局限。我国合宪性审查制度还处于草创时期,以后能否对社会立法和社会政策进行审查、如何审查等问题仍然无法预知。因此,在我国,宪法层面的社会权救济模式也因为制度的创立时间较晚以及成长周期较长等原因,而使得公民的社会权利救济阻力重重。

---

① 孙首灿:《论行政规范性文件的司法审查标准》,《清华法学》2017年第2期。
② 吴天昊:《南非宪治转型过程中的违宪审查问题》,《法学》2008年第4期。

第四节　社会权的文化限制：政治文化观念影响社会权的实现程度

经典的马克思主义论断是经济基础决定上层建筑，既然社会权的实现程度受制于经济社会的发展水平，那么受经济社会发展水平决定的文化观念就不可避免地对社会权的实现产生影响。究其原因，首先乃是因文化观念的形成长期受制于经济发展，另外，文化等意识形态也具有相对独立的一面，从而对社会发展产生反作用。因此，社会权的保障必然受到一定时期和一定国家内的意识形态、文化理念、权利观念，甚至是宗教文化信仰等的限制。这种限制有时候在规范上予以明示，有时又以潜移默化的影响力发生作用。无论如何，文化层面的社会权限制仍然属于功能主义限制的一大范畴，不容忽视。

一　政治意识形态对社会权保障的影响

意识形态是一种哲学范畴，是一种观念的集合，与一定时期的经济、政治观念紧密联系，主要包括政治思想、法律思想、经济思想、教育思想、社会思想等，同时也包括艺术、伦理、道德、宗教和哲学等多个范畴。现代国家意识形态对社会权的影响主要是呈现在其对福利国家的态度之中，又可称之为福利的意识形态。一般认为，福利意识形态在当前社会主要表现为六种基本类型：新右派、中间道路、民主社会主义、马克思主义、女性主义和绿色主义。[1] 这些流派主要反映了其对社会现实条件和社会福利基本要素的思考和理解。在历史上，对社会福利的发展产生重要影响的代表性观点则主要包括：激进的左翼观点；放任自流的观点；英国工党的观点；福利资本主义；美国的保守主义和自由主义以及马克思主义等。[2] 这些观点对于福利国家的实践产生了深远的影响，也决定了法律对社会权的承认和

---
[1]　何欣：《社会福利与社会工作简论》，中国社会出版社，2013，第28页。
[2]　库少雄、〔美〕Hobart A. Burch：《社会福利政策分析与选择》，华中科技大学出版社，2006，第158页。

保障方式，从而在世界范围内产生不同的社会福利制度和社会权理念。

然而，以上各种观点都摆脱不了一个核心范畴，即国家在社会福利保障中的地位问题。政治学意义上的国家，虽然包括一系列的政治制度、政治结构、民主化程度等内容，但就社会福利而言最为关键的就是国家自律性在社会政策中扮演的角色。虽然，中央集权的政府形式更有利于社会政策的执行，国家结构也对社会权保障产生实质影响，但是与意识形态密切相关的还是所谓的民主化程度。一般认为，为了影响选举结果，社会福利政策以及国家退休金政策的支出都可能被提高，而民主国家会倾向于较早去实行社会政策。[①] 民主化本身也深受意识形态的影响，呈现一定的文化底色。因此，意识形态对社会福利建设和社会权保障的影响相当深刻。

面对意识形态对社会权保障的深刻影响，政党和国家在社会福利层面逐渐有了部分共识，形成了一系列对社会福利保障的制度和规范，这些共识也消磨了部分意识形态的对立。[②] 正因为此，本书认为我们应坚持客观的立场。首先，坚定地走社会主义道路，坚持马克思主义关于社会福利的科学论断，因为只有社会主义国家才能彻底地运用手里掌握的财政资源，摆脱利益集团的干涉，从根本上维护人民的权利，提高社会权保障程度。但是我们不难发现，资本主义国家经过长期发展，拥有足够的实力来参与到社会福利的提供中去，同时也正因为他们经过长时间的发展，形成了相关的较为成熟的制度、经验。因此，我们在保障社会权的过程中，既要坚持我国具体的发展国情和意识形态，同时在相关制度和技术层面可以批判地对国外经验进行介绍、借鉴，从而为提高我国社会权保障程度提供域外资源。

二 传统宗教和文化观念造成享有社会权的主体受限

社会权的文化限制除了来自政治层面的意识形态影响以外，还来自宗教观念和传统文化。社会权的内涵最为鲜明的是扶助弱者、保证平等，以求实质正义的实现，但是传统的宗教文化观念往往对女性和弱势群体没有

---

① 库少雄、〔美〕Hobart A. Burch：《社会福利政策分析与选择》，华中科技大学出版社，2006，第155页。
② 孙洁：《英国的政党政治与福利制度》，商务印书馆，2008，第254页。

相应的照护理念，甚至还存在较多的歧视。德国学者韦伯认为文化理论对社会福利产生影响，只不过在韦伯这里文化主要指的是宗教，即宗教对资本主义发展的影响。在福利领域，东亚国家应该更加重视独特的儒家文化，但儒教往往强调家庭在社会需求满足中的角色，老年人、儿童、残疾人或者贫困人群的照顾需求也一般认为应该由家庭或者社区来承担。因此，特别重视家庭责任的儒家文化也造成了东亚各国在制定相关社会政策时发展较为缓慢，同时不具备资源重分配的特质。[①] 然而，随着经济社会的不断趋同，东亚国家在经济社会领域同样取得了快速发展，而严格区分儒家文化和资本主义文化已然在解释力上出现困境。另外，东亚国家社会结构也发生着重大变化，人口老龄化、家庭作用的减弱使得东方与西方的差异逐渐缩小，而文化因素在福利保障上的影响也逐步变弱。

虽然社会的不断趋同导致文化差异较之于过去变得越来越小，但是在全世界范围内影响至深的男女差别问题随着女性主义的兴起变得日益引人关注。在社会福利领域影响最大的女性主义主要是自由女性主义和激进女性主义，前者强调要通过社会福利制度来消弭女性因为生育和传统性别角色下的被剥削地位，降低性别歧视和传统的职业分工；后者则认为当前的社会福利政策并未改变妇女不公平的地位，反而在一些措施中加深了女性的性别角色，造成其经济和社会地位的下降。尤其是社会福利政策强调对幼儿和老人的照顾，这种照顾一般都是女性承担的，因此激进女性主义认为国家的福利政策只不过是传统父权制的延伸，女性应该继续争取自身的合法权利。虽然女性主义对社会福利的批判较为彻底，但是在批判之余并没有建构出更好的保护女性的措施，今天来看，各国在立法和资源分配过程中都强调男女平等，可见，在社会福利政策的制订上，性别是考量的因素，如果我们强调经济安全或健康照顾的相关政策制定，就必须同时考量不同性别的国民是否同时都获得相关给付。[②] 女性在社会权保障中受到的歧视，还来自一些宗教国家对女性地位的否认。"相对于经济条件的硬约束，宗教和传统文化对妇女健康权利的约束则是软约束。不利于妇女的宗教教

[①] 周怡君：《社会政策与社会立法新论》，洪叶文化视野有限公司，2012，第15页。
[②] 周怡君：《社会政策与社会立法新论》，洪叶文化视野有限公司，2012，第16页。

义和传统文化构成了对妇女健康权的一种制约力量。"① 这些国家的妇女受到严重歧视，对其参加工作的权利、健康权，甚至最低生活保障权等社会权的保障无一不依赖于男性的支配和决定。因此，妇女社会权的保障仍然需要国际社会予以特别关注。

除此之外，在美国、南非等国家影响深远的种族隔离政策也对平等的社会权保障产生阻碍作用。虽然上述国家经过了几十年甚至上百年的社会变迁，但目前社会中种族歧视仍有大量残余，种族问题仍然是一些国家十分敏感的话题。由此带来的被歧视种族的社会权公平保障问题也因附属于整个种族歧视政策而不容小觑。另外，儿童权利和残疾人的社会权也应该受到重视，但是一国文化往往使得国际保护措施失效。在欧洲，人权法院在一些案件中已经因欧洲范围内存在的大量不同实践，而承认国家在特殊群体权利保障上的一种广泛自决范围。这些案件的审判都有基于不同文化传统和经济来源、公共部门对儿童照管干涉的适当性等方面的考虑。② 可见，即便在权利保障程度较高的西欧国家，文化对一国人权尤其社会权的实现程度仍然产生深远的影响，就更不必说后发国家和一些宗教性国家。那么，如何将社会权的文化限制纳入一国宪法的控制范围之内，也就成为无法避免的重要课题，当然也是一大难题。

---

① 董文勇：《论妇女健康权利的系统性保护》，载李西霞、〔瑞士〕丽狄娅·R. 芭斯塔·弗莱纳《妇女社会权利的保护：国际法与国内法视角（下）》，社会科学文献出版社，2013，第 705~706 页。
② 〔英〕克莱尔·奥维、罗宾·怀特：《欧洲人权法：原则与判例》，何志鹏、孙璐译，北京大学出版社，2006，第 288 页。

第五章　社会权客观限制要素的
合宪性控制方法

　　基本权利的限制在现代社会有其必要性和正当性，作为基本权利重要组成部分的社会权，在实现过程中因需要国家权力的广泛介入而引起人们的警惕。因此，人类对国家权力的天然恐惧，使得对社会权的限制更具有迫切性。这一判断不仅在众多的权利文件和宪法规范中有所体现，同时也多见于社会生活之中。然而，无论是有意识地将限制大量规定于文本之内，还是社会权保障中的大量客观限制，这些限制并不因人类对权力的恐惧和难以克服的现实障碍就具有无可争辩的合法性和正当性。正如上文提到的，社会权在国际上已然成为普遍人权，在内国宪法中也大多成为基本权利体系的组成部分，因此对社会权的所有限制要素都如同国家和社会对自由权的限制一样，需要经过合宪性的审视。具体到社会权，不仅其权利属性与自由权存在差异，其限制样态、限制要素等都具有特殊性，因此社会权限制的合宪性控制模式在坚持基本权利限制的统一审查模式的基础上，还呈现有别于自由权的面向。以下，将就社会权限制的合宪性控制模式和控制方法展开具体探讨。

第一节　社会权客观限制要素的规范化

　　上一章从功能主义视角出发，对社会权的客观限制要素进行了梳理，其基本包括作为基础因素的经济社会发展水平，以及基础因素影响下的租税限制因素、政治限制因素以及文化限制因素等。社会权限制的客观限制因素从不同侧面限制着社会权的实现程度，也直接或者间接影响着公民社会权的保障。但是，这些因素具有较强的社会性，以经济要素为例，经济社会发展水平以及租税水平等都受制于许多因素的影响，并且这些要素内部之间也相互发生作用，所以将这些客观限制要素纳入合宪性控制的范畴乃属当然。

社会权的客观限制要素因对社会权实现程度的影响甚巨，且目前对现实要素的合宪性控制缺少有效的控制方法，故而将一系列客观限制要素予以规范化乃属必要。这种规范化，不仅有利于客观限制要素能够纳入合宪性控制的范畴，也能更好地通过合宪性审查机制保障公民的社会权。另外，客观限制要素虽然没有十分清晰的规范化路径，甚至对规范化本身的研究也都附着于具体问题之上，但是这并不意味着社会权客观限制要素的规范化是不可能的，而是需要对规范内容和规范化方法加以特别重视，进行具体研究。

一 社会权客观限制要素规范化的必要性

社会权客观限制要素之所以需要进行规范化，乃因其具有不可否认的必要性。不仅因客观限制要素灵活性很大，容易导致部分权力机关的自由裁量权难以控制，还因只有将客观限制要素规范化，才能增强对社会权限制的合宪性控制力度和效果。

(一) 客观限制要素需要规范化

社会权的保障受制于文本中的规范内容，主要包括法律对社会权的内涵、主体和保障方式的具体规定，另外，一国的经济、政治、文化状况及其相关政策也深刻影响着社会权的实现程度，尤其是经济发展水平对社会权的影响更为直接和明显，毕竟社会权最终需要依赖国家采取积极措施，动用国家所掌握的经济资源履行相应的给付义务。可见，客观限制要素对于社会权的影响是根本上的，因为即便法律对社会权的类型和保障程度作出详尽规定，但国家没有充足的财政资源和强大的给付能力，这些社会权的规范仍然是空中楼阁，难以兑现。另外，社会权不像自由权那样具有较强的规范约束力，一般将保障内容的最终界定通过宪法委托或者制度性保障的方式委于立法机关、行政机关。将社会权的保障范围和实现程度交给立法机关予以具体化，赋予行政机关具体实施的义务，固然能够避免宪法中社会权规范的虚置化可能，防止国家机关忽视本国具体情况，过度保障社会权或者不采取措施保障社会权，但是也可能存在因裁量权过于强大而失去控制的风险。

社会权的保障应该由立法和行政具体裁量的说法产生于德国和日本，其主要建立在对原有社会权，主要是生存权保障的"纲领性规定论"的批判之上。在日本，备受关注的"堀木诉讼"判决就是生存权保障立法裁量的典型。在此案中，日本最高法院认为生存权保障应该考虑到国家的文化发展程度、经济社会条件、国民生活的普遍状况以及国家财政等事项，但又承认如此内容难以作出客观性确定，因此需要基于高度专门技术的考察以及基于这种考察之上的政策性判断，故最后将其定位于立法机关的判断事项。[1] 大须贺明教授对这种将生存权的保障完全诉诸立法裁量的观点予以批判，其认为"当作为违宪审查对象的社会福利立法具有公共扶助性质与功能时，应当采取宪法'严格审查'的方法；而当其具有极其强烈的裁量性性质之时，则应采取'比较缓和的审查'方法"[2]。我国学者也指出在纯粹立法裁量主义模式下，公民的经济、社会和文化权利的保障也必然会受到该模式的掣肘，而不能达到比较圆满的状态，这些掣肘主要体现在立法机关的经验、技术不足；立法滞后的可能以及立法漏洞等。[3]

除了立法机关为保障社会权进行的裁量以外，我国还存在基于国家权能分工的一般行政立法裁量。然而这种立法裁量仍然具有一定界限，其不仅受制于《立法法》对国务院相关职权的规定，也必须接受平等原则、比例原则等实质内容对行政立法裁量的内容和质量的控制。这显然离不开宪法理念和规范的具体应用。而在德国，立法裁量也受到宪法的约束，尤其是受到来自联邦宪法法院的审查制约。早期德国联邦宪法法院认为，立法裁量的界限仅仅是立法者不得逾越裁量的最外围界限，后来由于这种界定过于"一般化"，联邦宪法法院逐渐依据审查的宽严程度发展出三个层次的

---

[1] 〔日〕大须贺明：《生存权论》，林浩译，法律出版社，2001，第281页。
[2] 〔日〕大须贺明：《生存权论》，林浩译，法律出版社，2001，第283页。
[3] 秦前红、涂云新：《经济、社会、文化权利的保障路径及其选择》，《交大法学》2013年第1期。

审查标准,即"明显性审查"、"可支持性审查"和"强烈内容审查"[①]。可见,德国由于联邦宪法法院的存在,立法裁量从来没有游离于宪法之外,各个方面都受到宪法的审查和控制。

在我国,合宪性审查机制尚未健全,立法裁量和行政立法裁量很难被纳入宪法审查的范围之内。但是,这不仅不能否定客观限制要素的规范化,相反我们应该为进一步促进客观要素的规范化寻找依据。首先,我国合宪性审查机制正在建立之中。其次,即使目前还缺失实质性的合宪性审查,但法规备案审查工作早已启动,法规备案审查仍可以对相关立法予以控制。再次,客观限制要素规范化的过程就是立法权和行政权限制的过程,就是保障社会权的过程。基于功能主义的客观限制要素将较大的裁量权诉诸立法机关和行政机关,而现实中除了对其进行司法监督和相应的内部监督之外,并无更加有效的监督方式,即使是司法监督也离不开相应的规范化。将客观限制要素规范化的过程就是让立法机关和行政机关合法且合理行使权力、履行义务的过程,也是一种广义上的"权力清单"列举过程,这个过程显然有利于限制权力的恣意,保障社会权的实现。最后,如若客观限制要素不加以规范化,则立法权和行政权的裁量空间将急剧增加,其合宪性控制的难度也相应提高,最终不仅不利于公民权利的救济,反而助长公权力侵犯公民权利的可能性。

(二) 客观限制要素规范化的效果

社会权的客观限制要素规范化以后具有良好的效果,不仅能够更好地实现社会权利,限制国家权力,同时又有利于建立、健全社会权限制的合宪性控制机制。

1. 客观限制要素规范化有利于提高社会权的实现程度

社会权的保障不仅受制于不同文本规范对社会权权利内容的规定,同样受制于一系列社会现实要素,如经济发展和国家能力。在法治社会,一整套完备的法律规范体系为社会权的实现提供规范依据和价值遵循,同时也为国家机关、社会组织以及个人参与实现社会权,构建切实可行的制度

---

① 田芳:《德国违宪审查中的立法裁量理论及启示》,《时代法学》2013年第1期。

框架。可见，规范的健全也有利于将影响社会权保障的客观要素制度化、体系化和规范化。另外，社会权的保障并不如自由权那样，是一定程度上的非此即彼，它是具有可裁量的范围和空间。实现最低限度的社会权乃是国家承担的社会权保障的基本义务，这种最低限度的保障义务已基本完成，但社会权的实现并不局限于此，而是应该在程度上有所提高。因此，决定社会权保障程度的功能要素就至为关键。如果仍旧将社会权的客观限制要素剥离于规范之外，交给权力机关自行决定和裁量，这显然不利于权利的保障，也与法治国家理念相背离。如若要在实现社会权最低限度保障义务的前提下进一步提高社会权的实现程度，那么就必须将更大限度影响社会权实现程度的客观限制要素加以规范化，增强规范对国家权力机关的约束力，从而促使国家权力机关在更大程度履行社会权保障义务时有充足的规范依据。

2. 客观限制要素规范化有利于限制公权力滥用

国家权力在社会权保障过程中具有两个层面的意义，一是需要国家积极运用相关权力，如征税权、财政支配权和行政给付权等，参与到社会权的保障之中，这些权力是国家保障社会权的前提；二是国家权力在保障社会权过程中需要被限制。首先，国家为保障社会权而进行的征税、强制参保、强制义务教育等权力需要一定程度的限制；其次，国家为保障社会权而直接行使权力也应该被限制，避免给付过度、给付不足等。可见，无论从哪个层面都能看出国家权力在社会权保障中的作用和地位，而国家公权力一旦失范则势必影响社会权保障程度，甚至影响其他基本权利的实现。因此，将国家参与社会权实现的权力纳入宪法和法律控制的范畴之内乃属当然，也是必须。客观限制要素规范化就是实现权力有序运行的必然选择。因为客观限制要素大多数都有国家的参与，更为重要的是客观限制要素也基本上需要国家权力机关进一步加以明确，因此客观限制要素的规范化过程就是限制国家权力滥用的过程。

3. 客观限制要素规范化有利于建立社会权限制的合宪性审查机制

一般认为，基本权利限制理论主要包括三个层次，限制基本权利之合宪性，又称为阻却违宪事由乃是三层次理论的最后一步。所谓的阻却违宪事由，又可称为基本权利限制之限制，即对基本权利限制的相关要素进行合宪性审查。虽然建立专门宪法审查机关的国家，并没有将合宪性审查内容局限于法律规范，而是将一些职权争议、中央与地方关系等也纳入合宪性审查的范围[1]，但是不难看出对规范文件的合宪性审查仍然是实现基本权利救济不可或缺的方式。即使是宪法诉愿制度，也必然包含对法律文件的审查。宪法上社会权由于其特殊性，在保护过程中一般将之诉诸立法予以具体化，而对社会权的限制也大多集中于立法之中，但是正如上文提到的一系列功能主义的现实要素也见于社会权的限制之中。这些功能主义限制往往是一项改革进程中的制度、执政党和国家宣布实施的社会政策或者具有历史积淀的文化传统等。将这些要素纳入合宪性控制的范围，无论是理论上还是实践层面都存在一定难度。因此，要想更好地实现社会权客观限制要素的合宪性控制，最为有效的路径就是将之进行规范化，或者找寻其中的规范依据加以解释，唯有如此，才能为合宪性审查机关审查社会权限制要素消除理论障碍，提供可资借鉴的实践经验。

二 社会权客观限制要素规范化的可能性及其路径

既然社会权的客观限制要素需要规范化，而且这种规范化还能提高社会权的实现程度，那么让限制社会权的国家行为进入合宪性控制的范围之内，在现有的规范和制度环境下进行客观限制要素的规范化是否可能，则有待进一步分析。

社会权客观限制要素之所以能够规范化，首要原因在于已有规范可以包含或者部分包含现有的客观限制要素，即使社会权的客观限制要素不能直接从已有规范中找出依据，但是可以通过对已有规范进行解释，从而为客观限制要素提供相关依据。其次，存在客观限制要素规范化的方法。客观限制要素规范化的方法可以从主动和被动两个层面展开。主动层面的方法主要包括制定法律和修改法律，即如果现有的规范中无法找到相应的条文依据，那么立法机关可以通过制定法律的形式建构相应的立法依据，当然修改法律是这种方式的延伸。被动层面则主要是指在尊重和维护已有法

---

[1] 刘飞：《德国公法权利救济制度》，北京大学出版社，2009，第116页。

律体系的前提下，根据实际需要对现有的法律条款进行解释，从而获得相应的规范依据。另外，规范化的实质除了形式上提供相应的法律依据之外，还具有实质内涵。换言之，规范化不仅包括形式意义上的规范化，也包括实施意义的规范化，后者主要是指在强调规范依据的前提下还要规范化运作，这种规范化包括程序的公开化和民主化，内容的法治化和体系化。① 因此，社会权客观限制要素的规范化在实现其规范依据的同时还要注意规范化过程的科学性，注重整体上的规范化融贯程度，从而保障规范化运行的有效性和可行性。

从上文可知，社会权的客观限制要素主要包括经济社会发展水平、租税限制、政治上的国家能力限制以及文化和意识形态上的限制等。既然要实现上述要素的规范化，首先应该找寻上述要素在宪法上的文本依据，这不仅是因为宪法在法律体系中的最高地位，更为重要的是有了宪法规范作为基本依据，上述要素规范化之后才能对有关社会权的立法进行合宪性审查。

1. 有关"经济社会发展水平"的宪法规范依据

在本书第三章第二节中，笔者已经对《宪法》第 14 条第 4 款的内涵作了详细阐述，而这一款乃是"经济社会发展水平"最为直接的宪法依据，本书旨在通过运用规范分析的方法，析出"同经济发展水平相适应"的规范内涵。除了最典型的第 14 条第 4 款以外，有关"经济社会发展水平"的宪法规范依据主要表现在以下方面。

（1）宪法序言中新增加的"社会文明"内容，为我国的社会建设提供了方向。

（2）宪法总纲中有关经济制度（第 6~18 条）和社会制度条款（第 19~26 条），同样为我国界定现阶段的经济社会发展水平以及社会权保障程度提供解释空间。虽然学界认为在改革不断推进的时期，经济制度条款会发生频繁的变动，从而影响宪法的稳定性和权威性，然而我们应该正视宪法经济制度规定的非规范性，努力运用宪法解释技术，发掘经济和社会制

---

① 何增科：《论中国社会主义初级阶段民主政治的制度化、规范化、程序化》，《政治学研究》2015 年第 2 期。

度条款的规范价值，使这些政治性和原则性条款规范化。[①]

（3）宪法"公民基本权利和义务"章中的有关社会权的部分条款对社会权的限制情形作了规定，而部分社会权条款中也规定了"国家和社会"的字样，这里有关"社会"的界定已经在上文作了阐述。另外，宪法第51条作为概括的基本权利限制条款，其中"社会的利益"也是对公民行使自由和权利作出的限制，那么此处的社会利益也可以作为"经济社会发展水平"的规范依据，只不过仍需要详细解释。

（4）宪法"国家机构"中有关"经济社会发展水平"的条款主要表现在中央地方各级立法机关、行政机关的权限规定中。例如第62条全国人大的职权规定中的第10项"审查和批准国民经济和社会发展计划和计划执行情况的报告"；第67条全国人大常委会职权规定中的第5项上半段"在全国人大闭会期间，审查和批准国民经济和社会发展计划"；以及第89条国务院职权规定中的第5、6、7项，其具体内容是"编制和执行国民经济和社会发展计划和国家预算；领导和管理经济工作和城乡建设、生态文明建设；领导和管理教育、科学、文化、卫生、体育和计划生育工作"。除此之外，地方各级人民代表大会和地方各级人民政府、民族自治地方的自治机关也具有管理经济和社会事务方面的职能。这些国家机构中涉及经济社会发展的相关条款，一般是义务性的，对国家机关具有强制性，不履行相关职能就会引起相关宪法义务的违反。

2. 有关租税限制的相关宪法依据

社会权的租税限制主要是国家财政收支情况对社会权实现程度的影响，其与经济制度条款息息相关，但也具有自己的特色。一般而言，租税对社会权限制主要是财政收支情况对国家给付义务的限制，因此这些宪法依据主要包括国家的财政收支制度、国家机构的责任以及公民财产权的保障。我国《宪法》对财政制度作出规定的具体条款主要有以下内容：第13条对公民私有财产权保护和征收的规定；第14条第3款对国家积累和消费制度的规定；第56条对公民纳税义务的规定；第62条全国人大的职权规定中的

[①] 李响：《我国宪法经济制度规定的重新审视》，《法学家》2016年第2期。

第11项审查和批准国家的预算和预算执行情况的报告；第67条全国人大常委会职权规定中的第5项下半段"国家预算在执行过程中所必须作的部分调整方案"；第89条国务院职权规定中的第5项中的编制和执行国家预算；第99条县级以上的地方各级人民代表大会审查和批准本行政区域的预算执行情况；第117条规定民族自治地方的自治机关对地方财政拥有自治权；第122条第1款国家应从财政上支持少数民族地方发展经济建设和文化建设。

3. 《宪法》中有关国家保障社会权的能力问题的条款并不像"经济社会发展水平"和租税限制那样丰富

国家能力对社会权的限制主要表现在国家整体能力、立法能力、行政执行能力和司法能力等方面，涉及这些国家能力的条款又主要以规定国家机关的职权的条款为主，这些职权具体如何落实以及落实到何种程度都无法从规范层面获知。可见，国家能力履行到何种程度主要是通过政治学和行政学等进行一种效率分析，其在规范的制定和实施层面则不具有明显的拘束力。

4. 文化和意识形态规范化的宪法路径

我国《宪法》文化层面内容规定得较多，具体表现为两个方面：一是我国基本的文化制度和文化政策；二是公民享有的文化权利。有学者认为我国宪法中关于文化的基本规定可以定性为基本文化政策，主要是宪法序言中的第7、11和12自然段比较明显地规定了基本文化政策的内容；宪法总纲第19~24条，以及第4条中的第2、4款内容也与文化政策相关；第2章中的第46、47条也规定了基本文化政策的内容。[1] 除了将宪法中的文化规范视为基本文化政策之外，也有学者从文化权的视角进行界定，认为我国《宪法》对文化基本权利做了部分规定，例如，公民从事文化活动的自由（第47条）、文化参与权（第2条第3款）以及妇女的文化平等权（第48条）等，但这些规定也存在一系列问题，如没有构建起文化基本权利体系；文化基本权在法律层面没有得到保障和落实等。[2] 然而，无论上述所谓的基本文化政策还是文化基本权利，都与社会权客观限制要素中的文化和

---

[1] 任喜荣：《宪法基本文化政策条款的规范分析》，《社会科学战线》2014年第2期。
[2] 喻文光：《建构以文化宪法为核心的文化法治国》，《中国行政管理》2015年第2期。

意识形态存在差异，后者主要是一种社会学层面的文化样态，这些文化要素对社会权的限制虽然在规范中有所体现，但很难直接依据规范进行审查。因此，社会权的文化和意识形态限制虽然可以从宪法文化政策和文化基本权利的相关规定中找寻规范依据，但其实际效力并不容乐观。

三 社会权客观限制要素的规范化程度序列

社会权不客观限制要素的规范依据和规范化路径因具体内涵不一，规范化程度也显著不同。规范化程度的不同直接影响着这些客观限制要素的合宪性控制方法，如果规范化程度较高，则倾向于利用规范化的合宪性审查等方式进行控制；如果规范化程度较低，则有必要采取其他方法进行合宪性控制。结合上文中对客观限制要素规范依据的寻找，以及不同因素所涉及的部分系统性法律体系和制度性保障体系，笔者认为上述四种客观限制要素在规范化程度上存在一种序列性：租税限制>经济社会发展水平>国家能力>文化和意识形态。

首先，租税限制的规范化程度最高，这不仅是因为有关租税限制的内容在我国宪法具有明显的规范依据，更为重要的是这些宪法上的规范在具体立法中得到进一步完善，从而形成了较为完备的财税法律体系。虽然最为关键的税收法定原则仍然没有在宪法和部门法中有具体体现，但是也已经成为社会共识，并在具体实践中予以适用。另外，宪法上的关于财政、税收等相关规范其约束力明显强于其他规范，尤其是关于公民个人财产权以及国家财政预算制度的内容。另外，随着财政审计等监督制度的进一步推进，租税限制的规范化程度会越来越高。

其次，经济社会发展水平的规范化程度仅次于租税限制要素，其原因有二：第一，经济社会发展水平这一限制要素由《宪法》第14条第4款作了明确规定，这一条将经济社会发展水平同社会保障制度建立了联系，对此可以解释为全部社会权权利类型都与经济发展水平密切相关；第二，经济社会发展水平这一限制要素不仅停留于宪法层面，在部门法中也有所体现，最典型的是《社会救助暂行办法》。该办法第2条就明确将社会救助水平与经济社会发展水平相适应原则纳入其中。这就使得经济社会发展水平不仅是宪法上的规定，而且成为整个社会保障法体系的基本原则。

再次，国家能力、文化和意识形态要素的可规范化程度最低，尤其是文化和意识形态要素的规范化难度更大。因为这两个要素的文本规范缺失，即便有部分依据也因为其规范约束力较弱而使规范化难度加大。以国家能力为例，其并不是单靠一系列行政法律规范就能解决的，毕竟国家机关还需要较强的服务理念和办事效率，而这些都无法靠强制规范加以约束。而文化和意识形态要素则更是如此，因其本身体现了较强的传统和习惯因素，即使规范予以规定也可能在实施过程中遇到阻力，从而使规范本身的权威性大打折扣。

最后，部分客观限制要素很难加以规范化。即使可规范化程度较高的租税限制和经济社会发展水平要素同样存在规范化难题。就租税限制而言，我们可以通过税收法定和预算法治化等对税收征缴和支配进行合法或者合宪的控制，但是就税收总体额度而言，仍然受制于整体的经济发展水平和公民的可接受程度，这也是量能课税的实质内容。社会权的保障虽然需要从程序上对税收的征缴和支配进行规范，但最终仍受限于税收的数量，即国家所能掌握并可能分配的财富总额。而就经济社会发展水平而言，虽然在整个社会权保障体系内都有所涉及，但是具体的发展程度与社会权的保障程度又将如何建立直接联系仍有待进一步探究。如果两者之间的关系无法厘清，那么规范化程度本身也将大打折扣。可见，单纯追求社会权客观限制要素的规范化并不是最终目的，而是应该尊重客观限制要素本身所具有的功能主义色彩，看到其存在的合理性，从而建构更为多元的合宪性控制模式。

四 社会权客观限制要素规范化的局限

为了提高社会权的实现程度，规范国家权力参与社会权保障的行为，控制国家机关对社会权的限制，将社会权的客观限制要素予以规范化为重要路径。然而，就上文所言社会权的客观限制要素并非能够彻底规范化，其中有些因素因为其自身的政治属性、社会属性而不可能规范化。因此，试图通过将社会权客观限制要素的规范化来实现将国家限制社会权的抽象立法和具体行为都纳入合宪性审查的范畴显得过于理想化。毕竟，法律系统仅仅是整个社会系统的组成部分，而社会权的保障也不仅仅靠法律系统就可完成。因此，社会权客观限制要素的规范化是有一定界限的，并且不同的客观限制要素的规范化程度也存在差异，而客观限制要素本身也具有独立存在的意义。

目前我国宪法法律体系虽已完善，但规范化自身却存在难以克服的内在缺陷，如宪法规范依据不足、社会权保障的规范层级较低、国家机关运用规范化方法的能力有待提高以及实质的合宪性审查机制运作不佳等。

1. 社会权客观限制要素规范化的宪法依据不足

社会权作为宪法规定的一系列基本权利，对其进行保障除了赋予立法机关以具体化义务以外，还需要通过宪法实现对下位法的统摄，这也是合宪性审查的重要功能，即法制统合功能。[1] 可见，客观限制要素如果在宪法层面缺少直接或者间接的宪法依据，对其进行合法审查会出现规范上的无所依归。宪法本身是一国的最高层级规范，其内容并不能涉及社会的方方面面，并且宪法规范也具有时代性和一定程度的滞后性，而功能主义的社会权客观限制要素不仅具有实证主义色彩，更是伴随着社会生活的不断变迁而发生变化，因此社会权客观限制要素在宪法上的依据由于宪法自身的特点而存在不足。

2. 社会权客观限制要素依托的规范层级较低

目前我国虽然已经基本形成了较为完备的法律体系，有关社会权的法律法规也大量存在，但是在社会权保障层面仍面临着规范层级较低的问题。我国保障社会权的基本法律已大致完备，如劳动领域立法、教育领域立法等，但是部分基本法律仍然缺失，如《社会救助法》《学前教育法》等。除了基本法律缺失以外，社会权保障还存在规范层级较低的问题，换言之，我国社会权保障大多通过一系列社会政策之类的规章和规范性文件予以实施，其数量十分庞大，而内容又因为各地不同的情况而存在差异。因此，大量涉及社会权的规范性文件承担着保护权利的工作，但是我国规范性文件的审查仍然存在障碍，尤其是规章以下的法律文件。社会权客观限制要素也多"隐身"于这些规范文件之中，其限制的合法性有待进一步拷问。

---

[1] 林来梵：《宪法审查的原理与技术》，法律出版社，2009，第453页。

3. 社会权客观限制要素规范化的方法欠缺

客观限制要素规范化必须有方法论作为依归，如果方法欠缺则势必导致规范化过程出现问题，降低规范化的权威性和有效性，致使规范的科学性不够，甚至出现不当限制公民权利的情形出现，也不利于对规范进行合宪性或合法性审查。从权力机关的视角来看，立法机关和拥有立法权的行政机关主要通过制定法律、法规、规章或者规范性文件对客观限制要素进行规范化。但是随着地方立法权的进一步扩大，原本立法技术就欠缺的立法机关有可能制定出更多不利于社会权保障的法律，而行政机关为落实法律、法规和规章而制定的规范性文件更是容易出现公共行政理念缺失、"争权"与"滥权"的困扰以及制定技术和程序上瑕疵等问题。[①] 除了立法机关和行政机关以外，司法机关在利用司法解释对客观限制要素进行规范化，但是司法解释本身也存在问题：首先，司法机关目前无论在理论上还是实践上都没有宪法解释的权限；其次，法律解释依赖于最高人民法院和最高人民检察院统一的司法解释进行，而普通法院和检察院的法律解释技术和司法适用能力仍显不足。因此，司法机关在通过以法律解释的方式来实现客观限制要素规范化的过程中也存在方法论的障碍。

4. 社会权的客观限制要素规范化的合宪性审查制度不健全

社会权客观限制要素规范化的目的是让复杂且多变的功能主义要素转变为规范意义的法律文本，从而能够对这些客观限制要素进行合宪性审查。然而，由于当前我国实质性的合宪性审查制度仍在构建中，可能会导致这一初衷无法实现，从而损及客观限制要素规范化的实际意义。众所周知，我国已有的法规备案审查室具有合宪性审查机关的外在雏形，然而由于运作过程中存在一系列问题，如程序不健全、实质审查效果不明显等问题，[②] 其对规范性文件的审查并不尽如人意。另外，新修订的《行政诉讼法》虽然将规范性文件的附带审查纳入其中，但是在目前情况下由于规范性文件审查范围较窄，且只能进行附带审查，因此我国法院附带审查规范性文件

---

① 郑旭辉：《论行政规范性文件体系的缺失与规范》，《西安电子科技大学学报》（社会科学版）2009 年第 2 期。

② 于浩：《备案审查的"忙"与"盲"》，《中国人大》2018 年第 1 期。

存在审查范围的有限性，且只能针对行政行为的合法性问题，审查的深度和处理方式上也十分有限。① 既然合宪性审查制度目前还没有正式运作，合法性的附带审查也存在许多问题，且审查力度有限，那么势必会削弱客观限制要素规范化的可行性。值得期待的是，目前我国合宪性审查制度正在构建之中，合宪性审查的运作机制也在酝酿之中，因此，尽可能促使社会权的客观限制要素的规范化也是为以后进行合宪性审查做准备。

综上可知，功能主义的社会权限制，不仅是因为社会权与经济社会发展水平有关，同时也与其本身属性有关。承认宪法中社会权的基本权利属性，但也不能否认社会权所具有的纲领性特征，这种特征不仅需要国家通过履行其制度性保障功能，以立法的形式予以实现，同时还要求国家通过其政治属性的表达对以社会权为首的经济、社会和文化权利予以政治性保障，其典型方式是将之作为制定政策的核心目标贯穿于现阶段的政治过程之中。

社会权的客观限制要素是国家对现实生活中相关内容的总结和及时应对，部分限制要素无法运用相关规范、规则进行保障，而只能将之视为一种目标或者原则，综合运用协商、商谈和民主参与的原则进行柔性解决。这种解决方式并非无法律意义，而是具有鲜明的价值取向，不仅是对宪法纲领性、政治性的肯认，也是对权利保障方式的变通性表达，其实效性并不弱于通过法院审查等渠道进行的司法保障。或许在当前的中国语境下其实施的阻力更小，效果更显著。

第二节　社会权客观限制要素的独立意义及宪法控制

规范主义宪法学视角下探讨基本权利的限制及其合宪性控制问题，大多依赖于已有的规范，其方法主要是在规范与案例之间来回穿梭。具体到社会权限制而言，上文提到的将社会权客观限制要素规范化就是坚持规范主义立场的必然结果。社会权的限制要素和限制方式有别于自由权，而客

---

① 杨士林：《试论行政诉讼中规范性文件合法性审查的限度》，《法学论坛》2015年第5期。

观限制要素规范化本身也存在一定的局限性。换言之，客观限制要素的存在有其合理性，尤其是在社会权限制领域。在承认社会权客观限制要素合理性的同时，如何依托现有的合宪性控制模式实现对客观限制要素的审查，同样考验着社会权限制的理论研究和实践操作。

一 社会权客观限制要素的独立存在意义

实现社会权的客观限制要素规范化不仅是法治国家的基本要求，也是对其进行合宪性控制的前提。由于我国宪法的实施和监督制度离实质的法治国家要求还有距离，从而导致客观限制要素在规范化过程中出现一系列现阶段无法避免的现实问题，这就导致规范化进程可能受到阻碍。客观限制要素规范化虽然是法治国家的内在要求，承载着社会权保障的规范路径，但是就现实而言社会权的保障离不开国家政策的动态调整，离不开经济发展水平和国家能力提升。因此，固然客观限制要素的规范化是重中之重，但客观限制要素本身也具有独立意义。

第一，客观限制要素促使社会权的保障更加关注社会现实，注重权利保障的实效性。权利的实现，尤其是基本权利的实现与社会发展状况紧密相关，社会权更是如此。社会权首先需要国家权力根据法律法规能动地发挥作用；社会权还需要国家、社会与公民的互动。社会权的客观限制要素，尤其是经济社会发展水平和国家财税收入等都与一国的社会发展状况密切相关，如果一味强调规范意义的强制约束力，要求国家大幅度提高社会权保障水平，显然是不可行的，也会危及国家整体的可持续发展。法律和权利的实施过程都要强调其实效性，而所谓法律的实效性主要强调国家实在法效力的实现状态和样式，是法律效力从应然向实然转化的过程，也是法律主体对实在法上权利义务的享有和履行的实际状况。[①] 同理，权利保障的实效性也就是指法律规定的权利内容能够得以落实的情形。法律实效受制于一系列因素，其中最重要的内在因素是法律是否反映社会的客观现实需要，如马克思所言："事物的法的本质不应该去迁就法律，恰恰相反，法律

---

① 谢晖：《论法律实效》，《学习与探索》2005 年第 1 期。

倒应该去适应事物的法的本质。"① 而当客观环境没有提出制定某种法律需要时，单凭主观意志立法，其结果必然失败。② 作为权利依据的法律，其实效的内在影响因素其实就是权利保障的内在因素，因此发挥权利的实效，就必须保障权利自身符合社会发展情形，反映客观现实需要。

第二，客观限制要素同时强调社会权的动态保障，最终提高社会权的保障程度。为了保障权利的实效性，就必须促使权利适应社会发展现状，而社会发展情况又直接决定着权利尤其是社会权的实现程度。然而，经济社会处于不断变化和发展之中，这导致社会权的限制因素也不断发生变化，客观限制因素就是其集中表现。因此，社会权的限制既要有规范依据，要求国家不能随意降低社会权的保障水平，危及社会权的核心内容，也不可能忽视经济与社会发展水平，忽视客观现实状况。社会权的客观限制要素既要能够实现社会权最低限度的保障程度，同时也可以促使国家根据社会发展状况对社会权的保障予以动态调整。

第三，客观限制要素既强调国家义务在权利保障中的重要作用，同时赋予国家权力以能动性。宪治视角下的社会权文本限制一般强调对国家权力的制约，对国家权力天然具有警惕性。限制国家权力的恣意和滥用是现代国家公法体系的必然选择，当今无论何种政治主张都不允许政府权力的专制与暴政。与此同时，强调国家权力在保障公民权利过程中的作用也已成为共识，尤其是福利国家的发展推动着社会权实现程度的提高。

第四，客观限制要素为多元化的合宪性控制渠道提供可能性。传统上的合宪性控制主要从狭义层面予以理解，将之与合宪性审查或者违宪审查画等号。然而，合宪性控制与合宪性审查之间是否存在差别，两者含义是否等同，学界很少涉及。本书认为合宪性控制应该与合宪性审查相区分，后者主要指专门机关对法律、法规等规范性文件或者部分国家行为的合宪性与否所做的判断，在我国的语境下主要强调对规范的审查。就合宪性控制而言，苏永钦教授认为合宪性控制的范围应该较为广泛，不仅拘束公权力，还直接或间接投射于社会生活的其他层面，不仅规范要接受合宪性控

---

① 《马克思恩格斯全集》第 1 卷，人民出版社，1956，第 139 页。
② 屠世超：《论法律实效》，《当代法学》2000 年第 2 期。

制，某些国家行为同样也要遵守宪法，因为合宪性控制不仅是司法上的，也存在非司法的合宪性控制，甚至包括"宪法保护"和"抵抗权"等，因此"合宪性控制的机能愈扩散，宪法国家的理想才愈有实现的机会"[1]。另外，社会宪治的不断兴起也时刻拷问着传统的狭义合宪性审查机制。[2] 可见，合宪性审查是合宪性控制的主要方法，是一种规范层面的合宪性控制，但并不是合宪性控制的全部内容。社会权的客观限制要素，因为具有分散化和时效性较强的特点，对其进行合宪性控制就不能仍旧依赖于狭义的合宪性审查，应将之纳入含义更为广泛的合宪性控制的范畴之中。

二 社会权客观限制要素的宪法控制路径

社会权的客观限制要素虽然在已有的规范主义合宪性审查中不能得到充分的宪法控制，但这并不意味着这些客观限制要素就天然游离于宪法之外。正如哈贝马斯所言，规范主义的思路始终具有脱离社会现实的危险[3]，从而无法使社会权的客观限制要素在具体实践中及时得到宪法规范的回应。基于此，本书认为社会权的客观限制要素并非只能局限于传统的合宪性控制路径，而应该在规范主义之下探索更具实效且能动的宪法控制渠道，这些渠道包括商谈理论、公议民主、宪法精神与理念以及宪法教育等内容。

（一）以商谈理论推进客观限制要素进入公共领域

商谈理论来源于商谈哲学，商谈哲学又是古典先验哲学的重要分支。发展到哈贝马斯那里，商谈哲学在交往理性基础上慢慢发展成为重要的哲学流派。在交往理性和交往行为的基础上，商谈哲学在政治学上的运用指在立法过程和法律的适用过程中都应该强调商谈、反思和论辩等。这种参与主体是十分广泛的，不局限于立法机关与司法机关，也不局限于法官与当事人，而是涉及社会活动参与的整体，正如哈贝马斯所言："根据商谈原则，只有那些可能得到一切潜在的相关者——只要他们参加合理商谈——

---

[1] 苏永钦：《合宪性控制的理论与实践》，月旦出版社，1994，第2页。
[2] 〔德〕贡塔·托依布纳：《宪法的碎片：全球社会宪治》，陆宇峰译，中央编译出版社，2016，第221页。
[3] 〔德〕哈贝马斯：《在事实与规范之间：关于法律和民主法治国的商谈理论》，童世骏译，三联书店，2004，第8页。

同意的规范，才是可以主张有效性的。"① 广泛主体的参与保障了商谈的民主性和合法性，但是商谈本身还需要法律作保障，尤其是保障公民选举权等政治参与权的法律，即公民根据商谈原则来判断他们所立之法是不是合法之法的条件，本身也必须得到法律保障。参与立法的意见形成和意志形成过程的基本政治权利，就是服务于这个目的的。② 法律保障公民参与商谈的权利，从而形成了具有独立意义的公共领域，所谓公共领域，"首先可以理解为一个由私人集合而成的公众的领域，但私人随即就要求这一受上层控制的公共领域反对公共权力机关自身，以便就基本上已经属于私人，但仍然具有公共性质的商品交换和社会劳动领域中的一般交换规则等问题同公共权力机关展开讨论"③。可见，公共领域具有特殊的功能，是公众对公权力的运行和一系列的公共事件进行商谈和辩论。公共领域就是开展广泛商谈的重要场域，虽然公共领域的商谈具有流动性和非政治权力性等弊端，但是这种商谈如果能够反馈到正式的具有建制化的国家商谈之中，就能够促进国家权力机关保障基本人权和维护人民主权。

作为商谈理论重要分支的慎议民主，其最重要的运用体现在对宪法规范和宪法争议的商谈，即宪法商谈。何为宪法商谈虽然至今还没有固定的定义，但是从具体实践中，学者总结出三个层次的理论表述：最弱意义上的宪法商谈；弱的宪法商谈（"弱法院"模式）；强的宪法商谈。④ 最弱意义上的宪法商谈和弱的宪法商谈（"弱法院"模式）主要强调的是法院和法官的作用，其意义仍然主要定格在传统的司法审查之中，与本书探讨的功能主义下的商谈理论存在差异。而作为经典的宪法商谈，主要是第三种强的宪法商谈。强的宪法商谈主要体现为作为交往权力实现形式的宪法商谈，其代表人物就是哈贝马斯。首先，强意义上的宪法商谈特别关注宪法的制定，即强调宪法的制定并非一个简单的多数人利益汇聚的过程，而是个人

---

① 〔德〕哈贝马斯：《在事实与规范之间：关于法律和民主法治国的商谈理论》，童世骏译，三联书店，2004，第155页。
② 〔德〕哈贝马斯：《在事实与规范之间：关于法律和民主法治国的商谈理论》，童世骏译，三联书店，2004，第154页。
③ 〔德〕哈贝马斯：《公共领域的结构转型》，曹卫东等译，学林出版社，1999，第32页。
④ 王旭：《宪法实施原理：解释与商谈》，法律出版社，2016，第175页。

自主与政治自主、基本权利与民主共同确定的过程。其次，制定宪法的过程并非一次性完成的，宪法制定后，人民仍然在政治生活中合法享有抵抗权，所以应对宪法做一个动态的理解，把它理解为一个没有完成的规划。再次，在这种"不断更新论"之下，宪法实施中的商谈就是在具体的民主生活中，在立法、法律判例和宪法法院的判决中，不断通过解释基本权利来使其具体化和制度化。最后，宪法商谈发生在整个宪法从制定到实施的全过程，其更加注重程序的作用，强调交往的宪法价值，而这种交往不断发生在国家机构内部，以及国家机构与公共领域之间。

作为最典型意义的宪法商谈，哈贝马斯主张的宪法商谈模式包含了对宪法规范的尊重，并对宪法规范进行全过程商谈，这能够促使公共领域中宪法理念的贯彻，与此同时也能发挥宪法的社会统合功能。宪法商谈最主要的价值就在于通过商谈促使我们更加关注公民的政治参与权利，从而保障市民社会的公共精神，当然商谈本身也是公民认知宪法、理解宪法、促进宪法实施的过程。宪法商谈主要包括建制化商谈和公共领域的商谈两种最主要的模式：建制化商谈主要依托于国家的宪法实施制度，而根据制度的不同其表现出的商谈模式和商谈价值也存在差别，但建制化商谈又具有一些共同的要求，如多数意见决、说明理由、倾听民意、过往判例援用中的商谈以及学理援用中的商谈等内容；公共领域的商谈主要是一种日常商谈，并不涉及对宪法原则和精神的质疑，只是为了保持公民进行宪法思考与反思的能力，实现社会整合[①]，其基本方式包括协商民意测验、专题小组、大规模的协商会议、公民议论等。[②] 除此之外，宪法商谈形式还包括运用性商谈和论证性商谈等。

宪法商谈理论在社会权客观限制要素的控制层面有何实践意义呢？本书以为社会权的客观限制要素主要强调的是功能主义层面，规范的合宪性控制模式对此束手无策。宪法商谈理论对客观限制要素进行宪法控制的主要意义在于通过建制性商谈和公共领域的商谈保障客观限制要素不再游离于宪法之外，而是时刻受到公众的监督和宪法的审视。因为社会权的客观

[①] 王旭：《论我国宪法实施中的商谈机制：去弊与建构》，《中外法学》2011年第3期。
[②] 王旭：《宪法实施的商谈机制及其类型建构》，《环球法律评论》2015年第6期。

限制要素，尤其是国家能力、文化和意识形态等在规范层面严重缺失，其只能通过有限的建制化商谈和具体的公共领域商谈来实现公众的参与。有限的建制化商谈主要体现在立法过程中立法机关提出的公众参与，以及社会给付层面的行政对话等，目前我国司法领域这种建制化商谈除了通过诉讼参加以外并无其他渠道。这些建制化商谈虽然有助于立法过程的公开化，可以促进民众对自身社会权保障过程的参与，但其影响力毕竟有限，更为关键的是这种商谈需要制度性的保障和大量人力、物力的投入。而就国家能力、文化和意识形态而言，尤其是后者，通过广泛的民意测验、公众舆论的形成以及公共议论的展开等公共领域商谈，会对公民的社会权保障程度产生直接或间接的影响，与此同时也有利于形成公众理性，间接推动公民政治参与的积极性。

（二）以公议民主促使客观限制要素实现程序法治

公议民主理论不同于一般意义上的协商民主、审议民主或者慎议民主，后三者都来源于英文"Deliberative Democracy"，只不过翻译不同而已。公议民主区别于协商民主或审议民主之处在于，后者主要强调的是决策前的意志形成过程，即指"若干人一起来商议"，而公议民主则源于卢梭的人民主权理论，其强调决策本身是普遍意志的表达，换言之"公议也构成公仪（公共仪式），可在参与者之间塑造为普遍意志之达成所必要的象征性共同性和对公议空间的认同"[①]。公议民主的诞生如同审议民主、协商民主一样，都是对传统选举民主、加总式民主加以批判，因为加总式民主面临公共福祉最大化的承诺时变得力不从心，因此导致以社会权为主体的新型权利无法得以保障。并且随着福利国家到来，大量政府规制行为出现，而传统自由民主并不能及时规范，多数决本身带来的武断也使得加总的说服力降低。然而这种批判是有限度的，传统民主毕竟经历了长期的实践，其创立的一系列民主制度都是可以汲取的。另外，公议民主所具有的批判品格和对规范的恪守，以及强调人民意志的正当性等都是对传统民主的继承和发展。

之所以提倡公议民主，究其原因乃是其对原有民主形式的超越，以及对权利保障的作用。公议民主的价值首先表现在对公共意志的形成作用，

[①] 崔小波：《公议与人民主权——公议民主的结构与价值》，《行政法论丛》2010年第1期。

即公议民主可以通过信息的搜集、提供,来促进国家与社会的反思和论证,使相关意见普遍化、社会化,从而缓解立法、行政乃至社会选择的困境;其次,公议民主还表现为实体与程序的统一,实体主要是指人权保障,而程序则是指民主运行,公议民主既注重人权保障又推进民主进程;再次,公议民主不仅不反对法治,相反与社会的法治化程度紧密相关,并且呈现一种动态统一的关系。另外,公议民主也离不开已有的权利基础,"公议民主的前提不只是形式的参与权,它还要求形式的参与权必须在实质上是独立的、等值的。一定程度的社会和经济的差别是正当的,但此差别不能伤害一切公民的参与权的等值性。这种社会和经济的平等以及相应的社会、经济和文化权利,还是民主的稳定性的基础,是先在人权的自然延伸"[1]。

可见,公议民主与权利存在密切关系,与此同时,公议民主也在不同层面约束着国家机关的权利保障实践。然而,归结为一点,公议民主的最大价值或者说其核心内涵集中表现在"公"字之上。所谓的公议民主,"乃是公共、公开、公道之公"[2]。因此,公议民主之下的"公开"具有特殊含义,它是公议的根本制度保障,是决定公议能否成功的关键所在,它要求立法和决策过程一定要置于公众可接触的范围之内,只有如此才能保障立法和决策过程成为无偏私的理智互换过程。故而,公议民主之"公开"就要求广义的立法机关在制定法律和政策的过程中必须以公开为其基本要求,促使立法和政策的民主化和科学化。公议民主之"公共"则主要是指公共利益,虽然整体国家机关都代表着国家利益或者说公共利益,但在实践中,公共利益最常见的代表者乃是行政机关,其在执行法律的过程中往往为了维护公共利益对个人权利加以限制。因此,公议民主就要求国家行政机关在执法的过程中应维护公共利益,这也是保障普遍意志得以实现的过程。最后,公议民主之"公道"或"公正"主要是指国家机关在执行公议民主,维护公共利益的过程中需要秉承公平、正义的理念,绝不能在公共意志和个人权利之间有所偏废,从而不利于公议的形成,毕竟公议民主最终还必

---

[1] 翟小波:《公议与人民主权——公议民主的结构与价值》,《行政法论丛》2010 年第 1 期。
[2] 翟小波:《论我国宪法的实施制度》,中国法制出版社,2009,第 107 页。

须以一整套权利体系为前提。在这个意义上，司法机关在处理权利争议和社会问题时要秉承争议精神，作出公正判决，从而保障公议民主的权利前提不至于受到动摇。

公议民主为国家机关的责任分担提供了民主化依据，而具体到社会权客观限制要素的宪法限制过程中，公议民主所能发挥的作用主要体现在以宪法为依据促进客观限制要素实现程序控制。换言之，公议民主的理念要求将社会权的客观限制要素置于公开、公议的状态之下，接受公众的讨论、参议和监督。具体而言，如某地区社会救助的标准确定；最低生活保障主体的资格确定；政府设置学校、医院等公共服务机构而确定的时间、地点等，涉及社会权保障的内容都需要予以公开和接受民众意见。这在一些法律法规中也有所体现，但具体落实仍需要完善。社会权的客观限制要素中的经济和社会发展水平以及租税限制等内容，具体到一定区域内，也可以通过广泛的讨论、征求意见等形式加以具体化，使之不再是国家随意限制社会权的理由。而国家能力、文化和意识形态等要素虽然十分复杂，并过于抽象，但是舆论监督和公众参与也会相应提高国家机关的办事效率，对政府机构工作的制度化有推进作用。当然广泛的交流和参与也能够促使文化和意识形态发生部分改观，最终有利于削弱其对社会权保障的影响，从而提升社会权的实现程度。

（三）以宪法精神与理念提升国家能力现代化

国家能力作为限制社会权实现的重要客观要素，因具有明显的功能主义色彩而导致规范化的可能性较低。在此情形下如何通过落实宪法理念和精神来提升国家能力，降低社会权受限制的程度乃成为重点。2013年中国共产党第十八届中央委员会第三次全体会议通过《中共中央关于全面深化改革若干重大问题的决定》第一部分就明确指出，"全面深化改革的总目标是完善和发展中国特色社会主义制度，推进国家治理体系和治理能力现代化"。可见，当前国家能力的建设和提升主要表现为国家治理能力，因为国家治理体系和治理能力是一个国家制度建设能力和制度执行能力的集中体现，国家治理能力是运用国家制度管理社会各方面事务的能力。基于此，有学者认为"国家治理能力与国家能力有很多相似之处，而国家能力的理论研究远远比国家治理能力更为丰富"①。国家能力的建设和推进需要多种因素的综合和协调，其中最为重要的是法治，即"国家治理能力的核心是法律制度供给与实施的能力"，而国家能力建设的目标也应该是"寻求各主体执政能力、行政能力、参政能力和自治能力的协同均衡"②。具体到社会权保障层面，国家能力作为其限制要素，也只能通过国家能力的法治化和制度化提升，保障其对社会权实现的作用。

1. 提高执政党依法执政和依宪执政的能力

当前依法执政已成为执政党及全体社会的共识，共同推进依法治国、依法执政和依法行政，建设法治中国也正在紧锣密鼓地实施之中。2018 年第十三届全国人大第一次会议通过了最新的宪法修正案，将中国共产党的领导正式载入宪法正文，即在《宪法》第 1 条第 2 款中明确规定"中国共产党领导是中国特色社会主义最本质的特征"，这一规定不仅是对中国共产党的领导地位的宪法明示，也为执政党的依法执政、依宪执政提供最直接的宪法依据。

我国宪法序言最后一段和第 5 条第 4 款都明确规定了政党遵守宪法的义务，作为执政党的中国共产党同样应该履行维护宪法尊严、保障宪法实施的义务。可见，依法执政、依宪执政不仅是国家治理之必需，也是宪法赋予执政党的义务。那么执政党应该如何提高依法执政和依宪执政的能力呢？

首先，应该加强党内法规建设，形成完善的党内法规体系。虽然目前党内法规的地位、内容及其法律效力仍存在较大争议，但是进行党内法规建设已成为共识。加强党内法规建设目前需要解决的突出问题在于处理好党内法规与国家法律之间的关系，两者是我国政治社会良好运行的基本保障，国家法律旨在为国家机关良性运行提供依据，而党内法规则建构了执政党内部的运行体制，因此"在依法执政的要求下，应当努力消除党内法规与国家法律之间的紧张关系，实现党的政策与国家法律、党内法规与国家法律之间的互相衔接、内在统一、良性互动"③。

---

① 张长东：《国家治理能力现代化研究》，《法学评论》2014 年第 3 期。
② 吴汉东：《国家治理能力现代化与法治化问题研究》，《法学评论》2015 年第 5 期。
③ 封丽霞：《法治与转变党的执政方式》，《法制与社会发展》2015 年第 5 期。

其次，提升执政党的依宪执政能力。习近平总书记提出依法治国的关键在依宪治国，而依法执政的关键则在于依宪执政。① 所谓依宪执政，韩大元教授指出："依宪执政是指执政党依据宪法精神、原则与规范治国理政，按照宪法的逻辑思考和解决各种社会问题，其核心是树立宪法权威，依据宪法治国理政。"② 可见，依宪执政是执政党的宪法地位所决定，其应当履行相应的宪法义务，而在具体操作层面应坚持执政党的宪法地位，坚持执政党在宪法规定的范围内活动，执政党的执政理念也应该符合宪法的精神。另外，依宪执政也需要一定的制度做依托，尤其是执政党应发挥其在完善宪法监督制度、建立中国特色合宪性审查制度中的作用；与此同时也应该加强党内法规的审查机制，如有学者提出设立党内法规监督委员会或称为党内司法事务委员会，依章履行处理党内事务争议职能，并担当党内法规审查责任，以此形成依法执政的监督和保障机制。③

民生问题历来都是执政党关注的重点问题之一。自改革开放以来，历次党的全国代表大会上的报告都涉及民生保障和改善的领域，许多实质性的民生改善政策也是通过党的政策、文件提出来。习近平总书记在党的十九大报告中明确提出："保障和改善民生要抓住人民最关心最直接最现实的利益问题，既尽力而为，又量力而行，一件事情接着一件事情办，一年接着一年干。"民生问题具体到宪法法律层面就是社会权保障问题，执政党对民生改善的重视可以转化为国家机关对社会权保障的重视。一般而言，执政党对民生保障的关注主要是从宏观层面为民生改善提出理念指引。在党的十九大报告中，民生问题主要被概括为教育、就业、社会保障、扶贫、健康等内容，这些内容的具体落实上主要集中于社会权保障。执政党依法执政、依宪执政的能力也就直接或者间接地影响到民生改善和社会权保障。提升执政党的执政能力就是为社会权保障提供更为清晰的价值指向和保障理念，与此同时也能够提高社会权的保障程度。

---

① 习近平：《在庆祝现行宪法施行30周年大会上讲话》，《人民日报》2012年12月5日。
② 韩大元：《中国共产党依宪执政论析》，《中共中央党校学报》2014年第6期。
③ 肖金明：《法治中国建设视域下依法执政的基本内涵与实现途径新探》，《山东大学学报》（哲学社会科学版）2015年第3期。

2. 增强国家机关遵守宪法、实施宪法的能力

遵守宪法、保障宪法实施、落实宪法责任是包括国家机关在内的所有公权力机关、政党、社会组织以及个人的宪法义务，其中国家机关的宪法责任最为突出。国家能力不足是限制社会权实现程度的重要功能主义要素，同时也是国家机关在维护宪法权威、保障宪法实施上亟须面对的问题。从宪法层面，探索提高国家能力路径是保障基本权利充分实现的重要方法，同时也是维护国家机关合法、政党运作的必然要求。具体到社会权的实现上，其客观限制要素十分复杂且限制效果明显，为消除这一缺陷，提高国家机关的社会权保障能力乃成重点。

国家机关在保障社会权上，因其所承担不同的国家义务类型，具有不同的保障方法。立法机关、行政机关和司法机关在宪法层面规定的保障基本权利的责任差别较大，尤其具体到社会权领域，因社会权的权利属性比较复杂，内部包含多种权利类型，而各个权利又因其具体性质的不同而存在差异。因此，社会权的国家能力因各个国家机关的不同责任而存在差异。

第一，就立法机关而言，其对社会权的限制主要是立法能力的不足。立法能力的不足主要表现为不能够及时立法；立法的科学化程度不够；立法理念和技术无法回应时代变化等。具体到社会权保障层面，立法能力的不足将会导致宪法中的社会权条款没有形成具体法律，或者立法中出现大量社会权受到不当限制的内容，等等。我国2018年修订的《宪法》第100条第2款明确了设区市的人大及其常委会具有立法权，这种大范围的立法权下放虽然是当今社会发展的主流，但也存在一定的隐忧，如设区的市的人大及其常委会和政府的立法能力值得担忧；容易诱发地方保护主义；容易将民主的安排演化为片面强化地方党委的集中统一领导，同时可能弱化纵向的权力控制结构；等等。[①] 而具体就设区市的立法能力而言，其具体存在以下问题：设区的市地方立法经验缺失，对是否立法、怎样立法缺乏理性认知；设区的市地方立法基础建设薄弱、立法资源配置亟待完善；设区的

---

① 李少文：《地方立法权扩张的合宪性与宪法发展》，《华东政法大学学报》2016年第2期。

市地方立法要面对法规与政策存在的兼容性问题。[1]

可见，立法机关尤其是设区的市的立法机关在立法能力上存在较多缺陷，而要改善这一立法能力的缺陷必须从宪法中汲取资源，对立法机关尤其是设区的市的立法机关行使立法权的行为进行宪法层面的控制。首先，依据宪法完善设区的市的立法机关行使立法权的法律规范。虽然我国在立法领域有《立法法》，但是还要根据具体情形制定特别法，甚至在条件允许的情况下对《宪法》和《立法法》中的有关条款进行具体解释，从而为立法机关提供更为具体、详细的立法规则；其次，充分发挥地方人大在立法中的关键作用，尤其是发挥人大民主立法、科学立法的能力，提高地方立法的质量，降低其侵犯基本权利的可能性；再次，鼓励公众参与立法，建立立法听证制度，对于事关人民群众切身利益的社会权问题的立法，及时听取群众意见，建立多渠道、全方位的群众参与立法和监督立法的制度，从而提高立法的民主性、权威性和针对性；最后，积极落实宪法和立法中有关法律、法规和规章的备案审查机制，确定科学的立法审查机关，建立立法审查技术体系和系统方法，将现有的立法审查模式从形式审查转变为形式与实质的双重审查。

第二，就行政机关和司法机关而言，因在当前制度体系中两者的社会权保障责任往往是间接的，而非直接来自宪法，故而对其进行宪法控制往往是一种理念或制度层面的，很难从具体操作中寻求控制可能性。

就行政机关而言，其能力基本上表现为执行和落实法律、法规的相关规定，具体到社会权保障上一般是指社会给付的能力，即依法给付、合理给付的能力。行政机关也具有部分立法权（主要是制定行政法规和规章的权力），对其在行使立法权过程中的宪法限制可以按照上文提到的立法机关的限制问题进行处理。社会权的保障最终需要以行政机关为代表的执行机关对相应的权利内容加以落实，如提供社会保险服务、发放最低生活保障金、建立学校和医院、提供相应的工作指导等；当然也包括履行相应的权利保护责任，如进行劳动争议仲裁、对于不当干涉公民权利的行为进行制

---

[1] 谢桂山、白利寅：《设区的市地方立法权的制度逻辑、现实困境与法治完善路径》，《法学论坛》2017年第3期。

裁等。无论是行政机关履行社会权的给付义务还是社会权的保护义务，都离不开相应的能力建设。

行政机关在履行社会权的国家给付义务和保护义务过程中面临的最主要问题就是给付的裁量问题。一般而言，社会权的给付和保护类型有法律加以规定，但是如何给付以及给付的程度则属于行政机关的裁量范围，这也就涉及给付的合理性以及给付限度问题。就行政机关在给付过程中面临的给付裁量权滥用和突破给付限度的问题，虽然可以从行政法内部寻求制度资源，但也离不开宪法理念和精神的运用。首先，行政机关面临给付裁量问题时需要充分运用宪法中比例原则，即在给付对象和被给付者的需求程度之间进行平衡，寻求在公共利益与个人权利之间的动态调整。其次，按照程序法治的理念，完善给付程序的设置。换言之，在行政给付的全过程中都要坚持从程序上对公权力机关的权力行使进行控制，可以从"公共行政给付请求程序、公共行政给付保护程序以及公共行政给付参与程序"[①]等方面着手，建立完备的行政给付程序治理机制。最后，引入国家辅助原则，发挥公民自立和社会自治在社会权实现中的作用。[②] 我国宪法在保障社会权的过程中提出了"国家"与"社会"共同保障的理念，即保障社会权不仅需要国家履行基本义务，社会组织、企事业单位以及家庭也应参与社会权的保障。在政府机关进行社会权保障的过程中应强调公民自立和个人责任，重视家庭成员之间的互助义务，与此同时，发挥慈善组织等非营利组织的作用，并在此基础上由政府向市场购买相关社会服务，从而实现社会权保障的多元化。

就司法机关而言，提高社会权保障的司法能力主要表现在社会权的可诉性程度以及社会权救济的多元渠道上。提高社会权的可诉性程度要求司法机关积极受理有关社会权的纠纷，当然这不仅是在民事、行政诉讼领域，也包括宪法诉讼领域。由于我国当前缺少实质性的违宪审查，因此建立社会权与社会立法的合宪性审查制度也就成为当务之急。而在社会权救济的多元渠道上，本书认为司法救济固然重要，但是也不能忽视仲裁与调解在

---

① 尹建国、余睿：《公共行政给付中的裁量权治理》，《环球法律评论》2010年第4期。
② 吕艳辉：《行政给付限度论》，《当代法学》2011年第2期。

社会权保障中的作用，但是已有的仲裁和调解制度还需进一步完善。以劳动争议仲裁为例，有学者就认为，"现有立法虽然对劳动争议调解制度有所规制，但无论是在价值理念上还是在制度设计上，都存在错位和偏差，从而导致现有制度尚不能满足日益增长并且日益复杂劳动争议解决的客观需要"①。可见，已有的社会权救济渠道虽然成型但其中仍存在很多问题，在坚持多元化救济的同时还需要关注救济渠道本身的畅通和科学。

（四）以宪法的改革精神指引经济社会发展

关于"八二宪法"的定位，政治宪法学者与规范宪法学者秉持的观点有较大差异，前者认为现行宪法是处于转型期的宪法，具有鲜明的改革色彩；而后者虽承认现行宪法处于改革时期，但仍坚持宪法的规范属性，倡导宪法文本的规范价值。政治宪法学者认为可以从党的领导代表制、人民代表大会制度和政治协商会议制度三个方面论述"八二宪法"及现行宪法作为"改革宪法"的属性②，但本书认为"改革宪法"属性的典型代表应该是现行《宪法》中有关经济和社会制度的条款。

现行《宪法》中大量的经济和社会制度条款随着改革开放的不断推进而发生着变动，是影响宪法稳定性的最重要的条款。有学者在回答我国宪法中的大量经济制度条款应该如何看待时所言："在应然层面或者说在制度构建层面，同意法律原则不能过度受制于经济原则这一观点的法律家们，多半会愿意借鉴德国制度，也会同意将宪法权利条款作为今后——但愿是不太久远的将来——审查经济权力是否违宪的主要依据。"③ 可见，正视我国宪法中的经济和社会制度条款，采用合适的宪法解释方法消解当前经济制度内容中不一致之处，才是看待宪法文本相关内容的正确态度。那么，应当如何发挥宪法中经济和社会制度条款的作用呢？本书认为仍然是落实宪法的精神，为改革划定必要的宪法界限。

首先，宪法为我国经济社会发展提供制度架构和法治理念。市场经济就是法治经济，法治经济的发展离不开宪法精神的遵守和坚持。我国《宪

---

① 李雄：《我国劳动争议调解制度的理性检讨与改革前瞻》，《中国法学》2013 年第 4 期。
② 高全喜：《革命、改革与宪制："八二宪法"及其演进逻辑》，《中外法学》2012 年第 5 期。
③ 黄卉：《宪法经济制度条款的法律适用：从德国经济宪法之争谈起》，《中外法学》2009 年第 4 期。

法》中的经济和社会制度条款为进行经济和社会体制改革提供了规范依据，而相对于这些制度性条款而言，制度背后的人权理念和自由平等精神更为珍贵。《宪法》第 33 条的人权保障条款为一切经济和社会制度变革划定了界限，任何改革都应该遵循扩大人权保障范围、提高人权保障程度的原则，反之，都将失去宪法上的正当性。《宪法》第 13 条的私有财产权条款则是市场经济发展的重要保障，没有对私人财产权的保障，就无法形成市场经济体制，目前大力推进的产权体制改革可以说也是该条款的具体化。除了保障公民权利以外，宪法所彰显的平等精神，其内涵更为丰富，而对平等的追求也是中国社会几千年所不断发展的动力，甚至可以说社会权本身就是在追求形式和实质的双重平等。

其次，重视社会权保障对推进经济发展的重要作用。众所周知，经济发展水平决定社会权的保障程度，经济发展与社会权保障基本呈现正相关关系，那么公民的社会权获得充足保障对经济发展又产生何种作用呢？有人直接断言社会权保障会耗费大量人力、物力，会造成经济迟缓，影响经济社会的可持续发展。本书认为这种观点是值得商榷的。第一，我们并不反对社会权对经济发展产生一定的影响，甚至可能为企业和国家带来一定的经济负担，但是这种负担型的社会权保障显然已经超过了国家所能承担的范围，已然属于过度给付，可谓是广义的社会权限制了。第二，适度且合理的社会权保障会促进经济的发展，为经济发展提供良好的制度环境。正如有学者所言，社会权对于经济发展具有内在和外在双重价值，内在价值主要体现为社会权是经济发展的构成性要素，作为资本的社会权还是人力资本的核心内容；外在价值主要是社会权为经济发展提供公平有序的制度环境，同时也形成稳定和谐的精神环境。[①] 社会权对经济发展的促进价值充分体现了两者之间的内在联系，也间接证成了经济发展对社会权限制的可能性，可见，为经济社会可持续发展起见，社会权的限制也必须恪守一定的界限。

最后，以宪法理念为指引进行财税和预算体制改革。目前我国的财政体制在城乡公共服务提供、财政转移支付、财政支出的可持续性以及地方

[①] 龚向和：《论社会权的经济发展价值》，《中国法学》2013 年第 5 期。

政府的财务风险增大等方面影响着财政分配和公民的权利保障,尤其是社会权。社会权需要大量的财政投入,特别是贫困地区、农村地区,所以在宪法理念指引下进行深层次的财政体制改革,应该在合理增加财政转移支付规模,扩大对贫困地区健康、教育和最低生活保障的投入等方面加以推进。财政体制改革离不开预算机制的完善,我国宪法规定政府的预算必须交由人民代表大会来审议,但现实中预算体制仍存在很多问题,最为典型的莫过于"预算体制覆盖范围狭窄,缺乏有效的监督制衡机制"[1]。针对预算体制存在的一系列问题,2014年国务院颁布了《关于深化预算管理制度改革的决定》,提出了大量的改革举措。笔者认为,从宪法精神出发对预算体制进行改革的关键乃是加强法律监督,实现预算法治化。换言之,人民代表大会作为我国的权力机关具有对预算进行监督和管理的权限,这也是《宪法》的具体规定,因此把人大监督作为预算法治化的重中之重加以推进,不仅落实了宪法的具体内容和监督精神,同时也使财政预算朝着有利于民生保障的方向发展。

(五) 以宪法教育为核心建立人权和法治教育体系

社会权客观限制要素中的文化和意识形态要素深受一国文化传统和国民思想观念的影响,很难在短时期内改变。另外,文化要素因自身特征而具有难以规范化的弊端,在规范性审查方法无法发挥作用的情形下,要让文化传统对社会权实现的影响控制在合宪合法的范围之内,只能寻求一种持续性方法,而法治教育和宪法教育就是这种方法的典型。

法治教育就是对全体公民进行法治精神、法治内容等不同层面的教育,使其了解法律常识,领悟法律精神。法治教育的主要内容可以包括三大领域,一是涉及现代公民资格的法律基础概念;二是着重于人权保障、国家权力应受拘束的人权教育;三是培养学生了解法律并能遵守、应用的法律教育。[2] 现阶段,进行法治教育的重要场合是学校,被教育主体是青少年,而法治教育的重中之重是宪法教育。习近平总书记多次强调,宪法教育要

---

[1] 宋立:《深化财政税收体制改革的总体思路、主要任务与战略步骤》,《经济学动态》2008年第10期。

[2] 许育典:《教育宪法与教育改革》,五南图书出版公司,2005,第103页。

坚持从青少年抓起，把宪法、法律教育纳入国民教育体系。我国台湾地区学者许育典教授认为，法治教育的重点在于法治国理念的培养，法治教育首先是关于法治国的教育，而法治国原则的具体内涵首先就包括宪法的最高性和基本权的保障。可见，从宪法教育着手，培养公民的宪法意识和人权观念，尤其是宪法中所体现的社会主义核心价值观和自由、平等的理念，可以最大可能消除文化和意识形态领域的社会权限制要素。具体而言，宪法教育主要应从以下三个方面着手。

第一，人性尊严理念的培养。宪法学是关于"人"的学说，其最主要的体现就是人之尊严的保障。现当代宪法最为典型的特征就是尊重人的尊严，保障人的权利。宪法所表现出来的人本主义价值观念和"公民权利保障书"的现实意义都是建立于人性尊严的保障之上的。换言之，"宪法以人性尊严为中心的基本权利体系不但强调了人作为生物学主体存在的意义，而且也关注每个人的有尊严的、体面的幸福生活之实现，从而让宪法直接、全面、紧密地与公民的日常生活融为一体"①。正是基于这一理念，宪法学实现了道德意义上人之尊严的追求和现实生活中权利保障的融合，并进而成为国家政治规范与个人生活规范的统一体。可见，宪法的"人性尊严"为其提供价值基础，在这个意义上，宪法与公民生活之间的紧密关系也就无法回避，宪法教育实质上就是对全体公民实施的公民教育和人性尊严的教育，甚至可以说宪法教育就是培养公民成为理性、独立、自由的"人"的教育。具体到社会权领域，国家参与公民的社会权实现过程就是为了保障公民获取合乎人性尊严的生活水平，一切限制社会权的因素都不能否认公民获取符合人之尊严生活的权利。

第二，自由平等观念的倡导。现代宪法的自由理念，不仅体现在宪法文本之中，更是现代宪法的深层意蕴。自由的追求随着时代的发展不断被推进，社会权的保障就是积极自由与消极自由互动的产物。积极自由和消极自由并不是相互割裂的，相反两者之间存在紧密联系。没有消极自由作为前提，积极自由也就无法实现，而积极自由又反过来促进消极自由的彰

---

① 戴激涛：《宪法学应成为大学通识教育的核心课程——从"国家宪法日"的设立说起》，《江汉大学学报》（社会科学版）2017年第5期。

显。以选举权为例，作为政治权利，其具有明显的积极自由成分，但是如果公民没有思想自由、言论自由和一般行为自由，那么选举权的行使就是无源之水；如果没有选举权，则无法构成现代意义的国家，那么消极自由也会屡屡受到侵犯。具体到社会权亦是如此，没有基本的生活保障和良好的教育，谈论消极自由也是徒具形式，而无真正的人权保障意义。因此，宪法中的自由必然是积极自由和消极自由的联合体，而普及宪法教育就是对自由观念的倡导。

相对于自由观念，我国宪法具有更为深刻的平等意涵。平等既是宪法规定的基本原则之一，又是公民的基本权利。从文本上看，我国《宪法》第 33 条第 2 款规定"中华人民共和国公民在法律面前一律平等"。这一规定即是平等原则和平等权的渊源。总体而言，平等原则可以贯彻于所有基本权利之内，同时特别强调男女平等、民族平等等具体事项的平等权。无论是作为平等权利还是平等原则，宪法中的平等都应该通过宪法教育予以落实。在社会权领域，通过社会财富的国家再分配减轻社会的不公，维护公民的基本生活，实现民众之间的机会平等和形式平等。另外，社会权意义上的平等并不追求实质平等，或者说平均主义，而是国家通过合法手段对社会财富作出一定限度的调节，尽最大努力降低或减少极端贫困，促进公民合乎人性尊严的基本生活能够有效得到保障。

第三，基本权利一体保障的国家义务理念。宪法的精神和理念最集中的体现就是公民基本权利，"基本权的保障是法治国最重要的内涵型塑，基本权将法治国原则多面向地加以具体化，同时也表达了其他的宪法基本原则"[①]。可见，宪法教育最为关键的是宪法上的人权和基本权利教育，通过宪法教育让公民明晰自己的权利，明晰如何通过法律途径来实现权利。宪法教育中人权和基本权利教育具体到社会权层面主要需贯彻两种理念：一是社会权和自由权一体保障理念，即不可将自由权和社会权擅自二分，不能认为自由权优于社会权，而是应将两者一同看作是基本权利的构成内容，在具体实施和实现上不加区分地对待；二是基本权利的国家义务理念，或

[①] 许育典：《法治国与教育行政——以人的自我实现为核心的教育法》，元照出版公司，2013，第 71 页。

者说国家机关是实现公民基本权利的最主要义务主体,国家机关保障公民基本权利是其应履行的基本义务,尤其是对于社会权而言,国家提供相应的给付和服务是履行义务。

宪法教育,尤其是宪法自由平等理念及其基本权利层面的教育,能够提升公民的公民意识和权利观念。宪法要想成为普通民众和国家机关的行动指南,不仅应该树立其公民权利保障书的高位,更重要的是"要成为一种法律活的源头,使适用宪法的人以及受宪法恩惠的公民,受到良好的宪法教育,接受宪法的洗礼"[①]。社会对宪法的认同和对宪法理念的及时跟进并不是天然具有的,而是需要借助教育手段来达到。当下,普及宪法教育也已成为共识,实务界也认为"加强青少年宪法教育是全面依法治国战略的基础性工作,也是一项长远性工程"[②]。青少年的宪法教育可以从中小学阶段着手,毕竟"这一时期的宪法教育会深深植根于学生心中,使他们在内心形成对于人权、平等、民主、法治的坚定信念和真诚信仰"[③]。除了对青少年和大学生进行宪法教育以外,还需要对国家公职人员,尤其是公务员展开"宪法教育,通过采取警示教育、宪法宣誓制度、将道德的制约机制贯穿于宪法教育之中以及专业化的宪法教育"[④] 等形式,增强公务员的宪法意识,提高其履行宪法义务的能力。

---

① 李德龙:《论宪法教育对法治建设的价值构造》,《武汉大学学报》(哲学社会科学版) 2007 年第 2 期。
② 朱之文:《把宪法教育融入国民教育全过程》,《人民日报》2017 年 12 月 5 日。
③ 王晓君:《基础教育阶段的宪法教育研究》,《教育探索》2016 年第 10 期。
④ 韩大元:《论公务员的宪法教育》,《当代法学》2015 年第 1 期。

第六章　社会权规范限制的合宪性审查模式与原则

功能主义视角下的社会权客观限制要素虽然可以部分规范化，但大体上都有独立存在的意义，这些独立存在的客观限制要素将宪法中所表达的精神、观念作为实践的价值指引，从而降低客观限制要素对社会权实现程度的限制。对社会权客观限制要素的宪法控制固然存在流于宏观的缺陷，但是通过对宪法文本的解释以及宪法价值目标作用的发挥，提升国家治理能力和经济社会发展水平，实现对限制要素的合理限制，从而促使社会权的客观限制要素与宪法所蕴含的价值观念相一致。相对于社会权的客观限制要素而言，规范文本中的限制内容则大多需要通过对规范的合宪性审查来加以控制。我国正处于合宪性审查制度改革的关键时期[①]，建立何种合宪性审查模式仍处于商榷阶段，而社会权的规范限制也因其内容特殊、权利属性多元等对合宪性审查模式有更高的要求。

第一节　社会权限制规范合宪性审查的正当性证成

"三层次"的基本权利限制理论提出专门的宪法审查机关或者司法机关需要对国家机关限制权利的行为进行审查和限制，故称之为"限制的限制"，或谓之基本权利限制的阻却违宪事由。基本权利限制理论的中心意旨就是：凡是对基本权利作出限制的国家行为（包括立法行为）都应该接受

---

① 李少文：《推进合宪性审查，深化全面依法治国》，《学习时报》2017年11月13日，第3版。

特定机关的审查，这种审查因为机关的不同而存在差异。在我国，就社会权的限制而言，因限制因素的不同而存在差异：对客观限制要素的审查本书称之为合宪性控制或宪法控制；对规范层面的限制要素进行审查本书称之为合宪性审查。可见，无论社会权受制于功能主义的客观条件，还是受制于文本中的规范因素，都需要接受宪法的审查和控制。

一　社会权限制规范合宪性审查的必要性分析

从基本权利限制理论出发，所有基本权利的限制行为都应该受到合宪性审视，其中最主要是立法机关对基本权利的形成、限制和具体化而进行的立法。立法机关在对基本权利进行具体化保障的过程中，难免会对权利内涵加以详细规定，甚至也会根据当时的经济社会发展情形对部分权利加以限制。无论是描述意义上对基本权利的内容直接具体化，还是对权利内容进行限制都应该对这种立法行为进行合宪性检讨，尤其是后者更应该接受严格的合宪性审查，无论是事前审查还是事后审查。宪法上社会权的构成和内容同样具有抽象性，甚至需要立法加以具体化的需求更为迫切，这就导致法律、法规等对社会权的具体化和限制程度更高，更易偏离宪法所保护的范围，因此也就更需要对其进行合宪性控制。

相对于社会权的客观限制条件而言，社会权的限制规范具有更强的可审查性。换言之，社会权的限制规范因其规定于文本之中，并且可能与具体个案联系在一起，因此可以由专门的审查机关根据审查程序和特定的审查方法，对宪法和法律文本作出解释，从而对立法中的社会权限制内容作出是否合宪的判断。另外，对社会权的限制规范作出审查不一定只局限于合宪性审查，还可以进行备案审查和附带审查。全国人民代表大会内部的备案审查室依据《立法法》《监督法》《法规、司法解释备案审查工作办法》的相关规定，对相关规范性文件进行的备案和审查；而附带审查则是《行政诉讼法》第53条第1款的规定，即"公民、法人或者其他组织认为行政行为所依据的国务院部门和地方人民政府及其部门制定的规范性文件不合法，在对行政行为提起诉讼时，可以一并请求对该规范性文件进行审查"。法规备案审查和法院的附带性审查的审查范围一般是层级较低的规范性文件,与之相对应的是包含社会权内容的规范性文件大多层级也不高,因此对社会权限制的规范性文件不仅可以进行合宪性审查,同样也可以进行备案审查和附带性审查。需要注意的是,由于规范性文件的附带性审查技术不够成熟,并且层级较低,且与宪法的关系不够紧密,因此本书对社会权相关的规范性文件的司法审查不作过多涉及。全国人大常委会法工委下属的法规备案审查室作出的备案审查往往与合宪性审查在方法、技术等层面较为相像,两者在实践中也具有较多的共通之处,因此本书在技术层面将之与合宪性审查一并研究。

社会权限制规范之所以具有可审查性,除了其规范本身具有的特点以外,还因限制规范的种类繁多、内容复杂、数量庞大等原因需要进行审查。社会权是一个权利系统,因其与公民的社会生活紧密相关,形成了十分复杂的权利体系,这些权利体系在通过立法予以保障的过程中又形成了数个法律系统。而广义的社会立法则涉及劳动、教育、健康、社会保障等多个层面,因此其立法规模十分庞大。而一些立法机关由于立法技术不够成熟,立法过于抽象,或立法主体的不同而导致法律文件相互冲突,造成社会权保障过程中保障标准、保障方法和保障内容的不同,不利于司法适用和公民权利保障。因此,社会权立法的庞大规模和法律法规之间大量扞格的现象要求对社会权限制规范进行合宪性审查。

二 社会权限制规范合宪性审查的可能性条件

合宪性审查在党的十九大报告中首次被明确提出,自此这一概念不再只是停留于理论层面,而在维护宪法权威、加强宪法实施和监督制度的构建实践中也将发挥重要作用。第十三届全国人民代表大会第一次会议表决通过的《宪法修正案》将"法律委员会"更名为"宪法和法律委员会",对此有专家表示这种修改其实质上是为推进合宪性审查所做的必要准备。[1]而第十三届全国人大宪法和法律委员会主任李飞也直言,全国人大"法律委员会"更名为"宪法和法律委员会",在继续承担统一审议法律案工作的基础上,增加推动宪法实施、推进合宪性审查、加强宪法监督等职责,这

---

[1] 张吕好:《开启合宪性审查的制度化》,《民主与法制》2018 年第 12 期。

是新时代提出的新任务、新要求。① 可见,合宪性审查制度的构建已经箭在弦上,社会权限制规范的合宪性审查即将有实质性的制度依托。

我国已有的备案审查制度在理论上讲可谓是合宪性审查的雏形,但仍不成熟,且两者具有明显不同。由此观之,我国的合宪性审查制度仍处于建构之中,其将以何种形态展现出来,又将如何运作仍是未知之数。因此,在制度形成之初,其功能之定位不仅关系到制度自身的组织架构,同时也能够保障制度构建的目的正当性。目前,将我国合宪性审查制度的功能定位为法制统一还是权利救济,抑或两者兼而有之,仍待讨论。合宪性审查制度的功能直接或间接影响着司法权或者司法机关在合宪性审查运作中的作用,现在已基本不提同时也为厘清司法在合宪性审查制度中的角色定位,纾解合宪性审查制度构建过程中的权力分配冲突提供理论资源。有鉴于此,社会权限制规范的合宪性审查应立足于我国合宪性审查制度的基本功能定位,通过厘清司法在合宪性审查制度构建中的地位这一主线,建构以立法机关为主体的对话式合宪性审查机制,从而保障社会权限制规范能够得到有效监督。

第二节　社会权限制规范的对话式合宪性审查模式

当前,合宪性审查制度正在构建之中,对于作为其基本理论的功能论也早已有所探讨,而基本定位就是:保证宪法实施;实现宪法价值;解决宪法冲突;树立宪法权威;维护宪法尊严;保障公民基本权利等抽象性价值。当前违宪审查的功能在原有的基础上,主要集中于两点争论,即法制统一功能和权利救济功能。② 法制统一与权利救济是合宪性审查的基本功能,其直接决定合宪性审查制度的建构,如合宪性审查的主体、程序和效果等。尤其是我国正处于合宪性审查的初创阶段,功能的定位则显得更为

---

① 李飞:《坚决贯彻宪法精神 加强宪法实施监督》,《人民日报》2018年3月29日。
② 王蔚:《客观法秩序与主观利益之协调——我国合宪性审查机制之完善》,《中国法律评论》2018年第1期。

重要。国外有违宪审查制度的国家,因合宪性审查的模式不同,其所表现的功能也有所差异,这些差异为我国合宪性审查的制度建构提供经验借鉴。

一 域外合宪性审查模式及其功能分类

宪法审查制度最早起源于美国,各国又因不同的制度背景和政治传统,对宪法审查的态度和观点存在较大差异,宪法审查模式也各有千秋。最典型的莫过于美国的普通法院审查制、法国的宪法委员会审查制、德国的专门法院审查制。

1. 以权利救济为主要功能的美国模式

美国司法审查制度的发展有浓厚的普通法背景作为依托,法院在整个国家的权力配置中具有重要地位,更是其"三权分立"中的重要组成部分。图什内特教授直言,美国宪法审查模式具有三个典型特征:(1)宪法审查分散于整个司法系统;(2)宪法审查并没有被局限于一个专门法院;(3)宪法审查可能由不同的主体启动。[1] 换言之,美国模式中基本上每个法院都有权力宣布初级文件违宪,与此同时,凡具备起诉资格者也都有权利提出宪法审查的申请。此外,美国模式中的司法审查与一般诉讼都在普通法院进行,诉讼程序无须中断,司法审查的结论与普通诉讼的裁决混合在同一张判决书中。[2] 可见,美国宪法审查模式离不开公民权利救济的具体案件,其运作过程中所表现的功能也明显具有保障公民普通权利不受侵犯的色彩。

2. 以法制统一为主要功能的法国模式

法国现在专司宪法审查的机构为1958年设立的宪法委员会,其成立之初所进行的审查活动政治性色彩十分突出,设立者的初衷乃是实现强化行政权力,抑制议会立法权力的功能,这一点从其典型的审查方式中可窥见一二。传统上,法国宪法委员会的审查方式主要是事前审查,即在法律公布实施之前就其合宪性进行预防性审查,同时也采用抽象审查、全面审查

---

[1] 〔美〕马克·图什内特:《比较宪法:高阶导论》,郑海平译,中国政法大学出版社,2017,第62~63页。

[2] 马岭:《德国和美国违宪审查制度之比较》,《环球法律评论》2005年第2期。

等方式，但是其最主要的功能还是"在于保证宪法的权威和维护宪法秩序，强调在法律公布之前使其内容与宪法保持一致，防止与宪法相冲突的法律在公布实施以后，对宪法秩序构成侵害"①。2008年，法国为纠正宪法委员会事前审查方式的弊端进行改革，引入了事后审查模式，初步形成了事前与事后审查相结合的复合式审查方式。这虽然一定程度上是对传统的法制统一功能的发展，但宪法委员会的主要目的仍然是"审查议会立法的合宪性，以保证他们限于宪法第34条所规定的权能领域"，即使是在事后审查已经确立的情形下，宪法委员会的功能"不能片面地理解为突出个人权利保护"②。

3. 两者兼而有之的德国模式

在德国，联邦宪法法院是专门的宪法审判机构，其功能与美国的普通法院和法国的宪法委员会都存在差别。联邦宪法法院并不是如美国一样停留于司法权的范围之内，而是在传统的"三权分立"之上独立存在，拥有对全部三种国家权力的广泛的审查权。这一点从其管辖事项上可以得到证明。一般认为联邦宪法法院的管辖事项主要包括：机构争议；联邦争议；宪法诉愿；以及特别的宪法保护程序、选举审查程序和授权审查程序等。③上述争议在《德国联邦宪法法院法》第13条规定的15项管辖内容中有具体体现，其主要表现为对公民基本权利的救济和法律规范的审查。其中宪法诉愿制度是德国联邦宪法法院的独创，其是赋予公民基本权利救济的最后的和补充性的法律手段，而宪法诉愿的功能其实并不局限于对个人基本权利进行保护，同时也具有维护客观的宪法、服务于宪法的解释和法的续造作用，因此宪法诉愿同时也是一种特别的对客观宪法的法律保护方式。④质言之，德国联邦宪法法院模式不仅在宏观上对公民基本权利和客观法秩序进行保障，在微观的宪法诉愿制度上也清晰反映出两种功能的结合。

---

① 吴天昊：《法国违宪审查制度的特殊经验及其启示》，《法国研究》2007年第1期。
② 吴天昊：《从事先审查到事后审查：法国违宪审查的改革与实践》，《比较法研究》2013年第2期。
③ 〔德〕克劳斯·施莱希、斯特凡·科里奥特：《德国联邦宪法法院：地位、程序与裁判》，刘飞译，法律出版社，2007。
④ 〔德〕克劳斯·施莱希、斯特凡·科里奥特：《德国联邦宪法法院：地位、程序与裁判》，刘飞译，法律出版社，2007。

从上述国家合宪性审查模式的功能描述中我们不难发现一个总体趋势：法制统一功能与权利救济功能的逐渐融合。毋宁说具有典型双重功能属性的德国模式，就是以往专注于法制统一功能保障的法国，也在通过审查方法的改革赋予宪法委员会以保障公民基本权利的功能。而美国的普通法院审查制本身也不仅专注于权利救济，联邦最高法院在保障公民权利的同时对联邦及各州涉嫌争议的法律进行审查，也在履行其法制统一之功能。即使奉议会主权理论为圭臬的英国，在人权保障的大势之下，其拒绝宪法审查的传统也随着人权委员会的设立悄悄发生着转变，这种弱型审查模式的创设以及多样性的违宪审查实践也间接反映了合宪性审查模式的可行性和功能复合性的趋势。[1] 国外的合宪性审查制度的功能选择能够为我国正在建立中的合宪性审查制度的功能定位提供借鉴，然而因制度建立的时代背景和政治传统的不同，我国合宪性审查制度的功能到底为何，还需要回归到我国已有的规范、制度和实践中去寻找答案。

二 我国合宪性审查制度功能的法制统一趋向

在我国，合宪性审查制度的确立虽然至关重要，但是其仍需建立在已有的制度资源的基础上，而并不能直接采用"拿来主义"的立场。当前我们的实践也正是朝着盘活已有制度资源，采取最小变动原则，力求渐进式建构的路径加以探索。这一探索的过程有意无意地已基本确立了我国合宪性审查制度的法制统一功能趋向，正如有学者所言："合宪性审查制度的发展，对于维护国家的法制统一，保证中央政令畅通，确保全党全国团结统一，具有重要的作用"[2]。这一功能趋向也影响着未来合宪性审查的运作机制。以下，本书将从规范、制度和现实等层面探讨我国合宪性审查制度的已有资源及其对法制统一功能确立的影响。

第一，合宪性审查法制统一功能的规范依据。从当前改革的进程来看，我国合宪性审查的主体乃是全国人大宪法和法律委员会，因此合宪性审查

---

[1] 何海波：《没有宪法的违宪审查——英国故事》，《中国社会科学》2005年第2期；李蕊佚：《议会主权下的英国弱型违宪审查》，《法学家》2013年第2期。

[2] 韩大元：《关于推进合宪性审查工作的几点思考》，《法律科学》2018年第2期。

的法制统一功能的规范依据可以从有关全国人大及其宪法和法律委员会的规定中去寻找。宪法层面上，我国《宪法》第 70 条规定全国人民代表大会可以设立宪法和法律委员会等专门委员会，这些委员会受全国人大和全国人大常委会的领导，其职能主要是"研究、审议和拟定有关议案"。因此，宪法和法律委员会主要负责全国人大及其常委会有关法律方面的事务，具体到合宪性审查工作中，其主要落实宪法规定的全国人大及其常委会执行宪法的职能。《宪法》第 62 条明确赋予全国人大修改宪法、监督宪法实施的职能。《宪法》第 67 条规定，全国人大常委会行使："（一）解释宪法，监督宪法的实施……（七）撤销国务院制定的同宪法、法律相抵触的行政法规、决定和命令；（八）撤销省、自治区、直辖市国家权力机关制定的同宪法、法律和行政法规相抵触的地方性法规和决议……"其中，后两项职能直接与合宪性审查紧密相关。除此之外，《宪法》第 5 条第 2 款和第 3 款分别规定，"国家维护社会主义法制的统一和尊严""一切法律、行政法规和地方性法规都不得同宪法相抵触"。它们为合宪性审查的法制统一功能提供了根本依据和总体基调。

除《宪法》以外，《立法法》更为详尽地对全国人大及其常委会的合宪性审查权限作出规定，其具体体现在第 87 条和第 97 条之中。其中第 87 条主要是重申《宪法》第 5 条第 3 款的规定，进一步明确宪法在整个法律体系中的统摄地位。《立法法》第 97 条主要解决法律、行政法规、地方性法规、自治条例和单行条例、规章等法律文件的改变和撤销权限。其中与全国人大及其常委会相关的有两项，即全国人大有权对其常委会制定的法律以及常委会批准的自治条例和单行条例进行改变和撤销；全国人大常委会则有权行政法规、地方性法规以及省级人大常委会批准的自治条例和单行条例加以改变和撤销。这就更加明确了全国人大及其常委会的合宪性审查权限，同时也就间接赋予了作为合宪性审查主体的宪法和法律委员会进行审查的权限，而从这些权限中我们不难发现，合宪性审查在当前《宪法》和《立法法》中的职能定位显然更加倾向于法制统一。

第二，合宪性审查法制统一功能的制度表现。当前之所以大力推进合宪性审查制度，除了该制度对于我国法治发展的重要作用以外，也离不开已有相关制度的运作，其中最为典型的莫过于法规备案审查制度。法规备案审查制度不仅为合宪性审查制度提供相关经验，其在运作过程中遇到的一系列问题同时也值得反思。法规备案审查制度起源于 2004 年全国人大常委会法制工作委员会成立法规审查备案室作为其内部工作机构。2017 年 12 月全国人大常委会听取和审议全国人大常委会法制工作委员会关于十二届全国人大以来暨 2017 年备案审查工作情况的报告，这也是全国人大常委会首次对备案审查工作进行审议。报告中对十二届人大以来法制工作委员会开展的备案审查情况作了介绍，十二届全国人大以来共接收备案 4778 件，接收公民、组织审查建议 1527 件，在建立健全备案审查制度和工作机制、推进备案审查信息化、指导和支持地方人大开展备案审查工作以及建立健全备案审查衔接联动机制等方面取得一定的成绩。[①] 2019 年全国人大常委会制定了《法规、司法解释备案审查工作办法》。

备案审查制度近年来虽然取得了一定成绩，但是不难看出其在运行过程中仍有许多需要进一步改进之处，例如备案审查机构本身的定位不清；备案审查工作透明度不够；备案审查反馈机制缺乏；审查标准和审查程序仍不明确等。除了备案审查制度自身存在的问题以外，我们仍需将备案审查与合宪性审查相区分。秦前红教授认为："严格意义上来说，这些备案审查工作只是合法性审查，没有真正达到合宪性审查的程度。"[②] 换言之，备案审查与合宪性审查在审查依据上存在差异，合宪性审查属于广义的备案审查范畴，只不过两者在审查阶段、审查依据、审查范围和审查主体等方面存在差异。然而，从当前备案审查机制的运行状况来看，其主要功能仍然是保障法制统一、消除不同层级之间法律法规相冲突的现象。基于此，我们不难看出作为备案审查制度深化的合宪性审查制度仍然会以法制统一为其主要功能。

第三，合宪性审查法制统一功能的现实考量。无论从规范依据还是已有制度的借鉴层面，我国合宪性审查制度都偏向于法制统一功能，其具体

---

① 沈春耀：《全国人民代表大会常务委员会法制工作委员会关于十二届全国人大以来暨 2017 年备案审查工作情况的报告》，《中国人大》2018 年第 1 期。
② 秦前红：《合宪性审查的意义、原则及推进》，《比较法研究》2018 年第 2 期。

表现为保障法律、行政法规、地方性法规、自治条例和单行条例等不与宪法相抵触。当前，构建中的合宪性审查制度的功能定位可以从部分运行中的现实实践加以考量。

（1）合宪性审查主体已基本确定为全国人大下设的宪法和法律委员会，这就决定了我国的合宪性审查机关为立法机关，其主要是保障法律秩序的协调统一。这一点可以从法制工作委员会的运行情况中窥测一二，然而宪法和法律委员会与法制工作委员会下的法规备案审查室在具体业务上应如何区分仍需进一步研究。

（2）从全国人大常委会对合宪性审查的相关机制进行的探索也可以看出其功能趋向。全国人大常委会法制工作委员会法规备案审查室主任梁鹰认为当前的合宪性审查制度应包括几项重要机制，如合宪性咨询机制、事前送审机制以及事后审查机制等。[①] 以合宪性咨询机制为例，其主要是让规范性文件的制定主体在起草文件过程中可以向全国人大常委会提出立法文件的合宪性咨询，并获得答复的制度。从这些即将建立的审查咨询制度中可以看出，当前制度设计机关仍然倾向于让合宪性审查主要围绕审查机关在事前对法律法规进行控制，以促使法制秩序的协调统一。

（3）当前的合宪性审查机制在运行过程中的权利救济功能表现不佳，甚至部分公民主动提出的审查建议也没有得到正面回复，这也进一步明确了合宪性审查制度的作用。我国仍然缺少系统完整的合宪性审查程序和合宪性解释方法，从而使权利救济的无预期性，即"首先不能预期何时能收到全国人大常委会的复函，其次即使审查请求获得支持，不能预期具体补偿措施"[②]。这一实例从侧面也反映出我合宪性审查功能的现实定位仍然以法制统一为主。

三　功能定位对构建社会权限制规范合宪性审查制度的影响

传统的结构功能主义一般认为社会组织的结构决定着其功能的构成和

[①] 朱宁宁：《维护宪法权威，合宪性审查如何破局》，《法制日报》2018年1月16日。
[②] 王蔚：《客观法秩序与主观利益之协调——我国合宪性审查机制之完善》，《中国法律评论》2018年第1期。

发挥，然而就制度设计而言，功能或者目的的定位往往又反作用于制度内部结构的形成。我国合宪性审查制度明显具有人为设计的色彩，虽然其构成不可能抛开已有的规范和传统，但是最终决定其制度架构的仍然离不开制度设计者的初衷。可见，当前的规范、制度和实践都将合宪性审查制度的功能指向为法制统一，这种功能趋向也必然影响着制度自身的建构，而影响本身也有积极和消极之分。

（一）法制统一功能对建构合宪性审查制度的积极影响

合宪性审查法制统一功能是多种因素相互考量、博弈之结果。在制度尚未成型之时，法制统一功能的确定对合宪性审查制度而言，具有减小构建阻力、降低制度运行成本等积极影响。具体而言，这种积极影响主要包括以下方面。

1. 有利于保障全国人大在国家权力架构中的最高宪法地位。合宪性审查主体为全国人大下属的宪法和法律委员会，其主要负责审查与宪法和全国人大及其常委会制定的法律相冲突的法规，从而保障宪法秩序的统一。这种设计是对宪法中规定的"中华人民共和国全国人民代表大会是最高国家权力机关"的遵守，是对西方国家设置宪法法院等独立机构的回应。我国实行的是"议行合一"体制，而设立独立的宪法司法机关以监督立法机关的做法明显具有权力分立的特色，与我国政治体制明显不符。因此，我国目前的合宪性审查制度以发挥法制统一功能为主线，显然能够更好地保障全国人大及其常委会在宪法权力架构中的最高地位，同时也有利于其履行监督宪法实施的职能。

2. 使合宪性审查制度可充分借鉴已有制度的经验。虽然合宪性审查制度是新时期树立宪法权威、保障宪法实施的新制度，然将已有的法规备案审查可视为合宪性审查制度的"试验田"。即使目前的法规备案审查工作仍存在大量问题，但其在运行过程中也积累了部分审查经验，尤其是以全国人大备案审查信息平台的建立为代表的基础性工作。[①] 这些前期的准备和经验为接下来的合宪性审查工作提供规范、人力和技术层面的支持，这也相

---

① 沈春耀：《全国人民代表大会常务委员会法制工作委员会关于十二届全国人大以来暨 2017 年备案审查工作情况的报告》，《中国人大》2018 年第 1 期。

对减轻了合宪性审查制度建立之初所面临的压力。法规备案审查与合宪性审查一样，都具有法制统一的功能，并且是最主要、最鲜明的功能。

3. 能够回应制度构建中的争议，减小制度构建的阻力。合宪性审查制度在我国之所以迟迟难以有效建立，其最主要的阻力就来自担忧其对现有政治制度，尤其是代议机关至上这一根本宪法制度的冲击。这种争议并不仅仅只发生在我国，在英国和法国也都出现，甚至阻力远甚于我国。在法国，传统上对人民主权理论的奉行使得其宪法审查制度一波三折，直到2008年对合宪性先决程序加以改革，才最终确立了事后审查和事前审查相结合的实质性宪法审查制度。[①] 可见，一项制度构建，尤其是事关国家根本的宪法保障制度，其阻力之大可见一斑，然这种阻力本身也属正常。

（二）单一法制统一功能对建构合宪性审查制度的消极影响

合宪性审查具有法制统一功能不仅有宪法规范依据，同时也是当前权力架构的要求，强调此功能可使建立合宪性审查制的阻力降低，从而有利于在我国形成具有实效的宪法监督制度。然而，只注重合宪性审查的法制统一功能，忽视其他功能，尤其是权利救济功能，也会给合宪性审查的有效运作带来不利影响。一般而言，合宪性审查具有法制统一和权利保障两种功能，而何者为主则存在争议。林来梵教授认为，合宪性审查应具有"法的统制功能"和"人权保障"两种功能，其中最重要的功能在于保护公民的基本权利和自由，第二位功能才是保障统一的法秩序。[②] 虽然，当前我国的合宪性审查制度的构建仍较多关注法制统一功能，但其人权保障功能也可通过保障法制统一而间接实现。况且两种功能在当前各国的宪法审查体制中逐渐走向融合，无法截然二分。因此，如果过分强调合宪性审查的法制统一功能而忽视其他功能的存在，则势必为合宪性审查制度带来消极影响，这些影响主要表现为以下方面。

1. 权利救济功能的忽视不利于公民权利的直接保障。合宪性审查具有权利救济功能在世界范围内也已成为大趋势，最为典型的莫过于法国进行的合宪性先决程序的改革和英国建立的人权司法保护制度。众所周知，宪

---

① 王建学：《法国式合宪性审查的历史变迁》，法律出版社，2018，第144页。
② 林来梵：《宪法学讲义》，法律出版社，2015，第426~430页。

法最重要的价值乃是人权保障，我国宪法中规定的大量基本权利都需要法律、行政法规予以具体化，这也是法律保留原则的题中之意。然而立法者，尤其是行政法规和地方性法规的制定者并不能保障所立之法尽善尽美，为维护宪法权威，保障公民基本权利，宪法审查机关通过具体案件来审查部分立法乃属当然。因此，宪法对公民基本权利的保障并不只停留于间接保障，也可以通过审查部分立法进行直接保障。如果只是强调合宪性审查的法制统一功能，则致使审查的启动主体、审查范围以及审查方法都受到局限，涉嫌侵犯公民基本权利的立法也无法通过合宪性审查予以否定。可见，过于强调合宪性审查的法制统一功能，而忽视其权利救济功能则有可能导致公民基本权利无法得到直接保障。

2. 合宪性审查主体无法避免"自己做自己案件的法官"的弊端。为了突出实现法制统一功能，保障全国人大在我国政治权力架构中的最高地位，目前合宪性审查的机构拟设置于全国人大之下的宪法和法律委员会。① 这种设置是充分尊重我国宪法中相关规定的体现，同时也能够保障合宪性审查制度顺利确立并运行。然而，将合宪性审查机构设置为宪法和法律委员会将面临一个难题，即合宪性审查机构将自己做自己案件的法官。换言之，全国人大及其常委会制定相关法律，而宪法和法律委员会又要去审查全国人大及其常委会制定的法律，这将违背"自己不做自己案件的法官"的常识。虽然有学者认为自作法官的难题是无法避免的困境，"一切政体之内，唯一且绝对的最高权力都必定存在于某处"②，美国联邦最高法院同样存在这一问题。不可否认，从政治学角度出发，国家之内必定存在终极权力，但是具体到合宪性审查，这种问题带来的弊端很大。因为从这种观点出发会引出法律是否应该接受审查的问题，从现实体制来看，为避免上述问题发生，将法律排除在审查之外是最好的解决办法。但是《立法法》明文规

---

① 2018 年 6 月 22 日第十三届全国人民代表大会常务委员会第三次会议通过的《全国人民代表大会常务委员会关于全国人民代表大会宪法和法律委员会职责问题的决定》第二条也明确了，该委员会的"推进合宪性审查"的功能。参见中国人大网宪法和法律委员会职责：宪法和法律委员会依法承担推动宪法实施、开展宪法解释、推进合宪性审查、加强宪法监督、配合宪法宣传等工作职责。

② 翟小波：《论我国宪法的实施制度》，中国法制出版社，2009，第 166 页。

定行政法规和地方性法规都是要向全国人大常委会备案的,那么是否应该将由全国人大常委会备案的法规也排除在合宪性审查之外呢?答案显然是否定的,否则合宪性审查制度的建立将毫无意义。可见,将合宪性审查机构设置于宪法和法律委员会,并一味强调其法制统一功能不仅无法避免"自己做自己案件的法官",也可能限缩合宪性审查的范围。

3. 面临审查方法论困境。强调合宪性审查的法制统一功能,即是强调合宪性审查机关一般多进行抽象性的事前审查。这种审查方法虽然对于提高立法质量起到相应的积极意义,但是会遇到一定的方法论困境。首先,事前抽象审查没有形成完备的审查方法。这一点无论在我国还是在法国都有所体现。如我国的法规备案审查机制,虽然该机制已运行并取得一定的成果,但是并未形成有效的体系化审查方法,尤其是进行所谓的合理性审查,"其标准比较抽象、笼统,且具有一定程度的不确定性,对调查和论证等工作的要求较高"[①]。在法国,2008年以前宪法委员会都是对相关法律草案进行事前审查,主要是书面审查,并且一般是秘密审查,整个审查活动不向外界公布,不能有任何听众,审查程序不透明。[②] 这些程序和方法上的瑕疵也使法国的违宪审查制度较之于有体系化审查方法的美国,在约束力上较弱,无论是对权力机关还是对社会公众。[③] 如果要发挥法制统一功能,一般要求审查机关进行抽象性审查和形式审查,而这种审查更多展现为一种政治平衡色彩,缺少法律性和教义性。因此,要想更好地发挥合宪性审查的法制统一功能,就必须形成体系化的审查方法和技术。

4. 引起审查启动主体的资格争议。合宪性审查一般有主动审查和被动审查之分,前者是审查主体对相关法律法规采取积极主动措施予以审查,主要发生在法律文件正式颁行之前;后者则主要是指审查主体在具有审查启动资格的组织和个人对相关法律文件提出审查要求时方进行合宪性审查。我国《立法法》第99条规定了启动合宪性审查的主体资格,主要可以分为

---

① 于浩:《备案审查的"忙"与"盲"》,《中国人大》2018年第1期。
② 吴天昊:《从事先审查到事后审查:法国违宪审查的改革与实践》,《比较法研究》2013年第2期。
③ 李晓新:《法美两国抽象性违宪审查效力的比较分析》,《安徽师范大学学报》(人文社会科学版)2009年第2期。

三类：(1) 全国人大专门委员会和常务委员会工作机构可主动对规范性文件进行审查；(2) 国务院、中央军事委员会、最高人民法院、最高人民检察院和各省、自治区、直辖市的人民代表大会常务委员会可以提出审查要求；(3) 除上述五种国家机关之外的其他国家机关和社会团体、企业事业组织以及公民可提出审查建议。从以上规定可以看出，我国合宪性审查的启动主体不可谓不广泛，但是全国人大常委会法制工作委员会法规备案审查室却很少公开受理和处理相关工作，导致我国备案审查工作仍不尽如人意，有学者认为其原因乃是"立法法所规定的启动主体资格过度宽泛，没有设定任何限制条件"[1]。笔者认为，立法法规定的启动主体资格过于宽泛当然是其原因，然而更为根本的乃是我国合宪性审查的功能定位问题。我国合宪性审查制度乃是以立法机关为核心，以保障法制统一为目标，因此其在制度设计过程中为了彰显立法过程的公开性和全面性，而将审查启动主体广泛赋予全体公民和组织。这一规定也可以看作是宪法序言中"全国各族人民、一切国家机关和武装力量、各政党和各社会团体、各企业事业组织，都必须以宪法为根本的活动准则，并且负有维护宪法尊严、保证宪法实施的职责"的具体化。因此，如何从这种具有鲜明政治色彩的规范语言转化为可以具体实施的操作标准，不仅需要重新考量我国合宪性审查的功能定位，也需要合理界定司法机关在合宪性审查中可以发挥的作用。

5. 针对法律规范进行形式审查易致审查效力受损，不利于树立审查的权威性。如果合宪性审查的最主要功能在于保障法律规范之间的协调统一，那么对规范性文件的审查往往强调形式上的审查，多采用书面审查的方法，而缺少应有的说理和辩论过程，从而使审查过程的公开性不足，这些问题也直接影响审查的效力。众所周知，合宪性审查的功能除了维护宪法法律秩序、保障法制统一以外，还应该维护宪法权威。应充分发挥宪法的效力，从而"让至高无上的宪法长出'牙齿'"[2]。如何实现宪法的效力，保障宪法权威，首先就应该从宪法审查的功能和方法着手，让宪法不再是"闲法"，让宪法审查不再流于形式，而具有实质效力。因此，合宪性审查若只

---

[1] 胡锦光：《论合宪性审查的"过滤"机制》，《中国法律评论》2018年第1期。
[2] 傅达林：《让至高无上的宪法长出"牙齿"》，《中国青年报》2014年10月31日。

奉行法制统一功能，显然不利于提高宪法实效、维护宪法权威，而应在保障法制统一功能的前提下，将宪法审查与公民基本权利建立有效联系，将形式审查发展为形式与实质审查相结合，既保障法制统一又实现对公民基本权利的直接保障。当然，这一双重功能的实现还需要更为合理的合宪性审查制度的建立。

以上，将法制统一功能对我国合宪性审查制度建构的影响作了梳理，虽然法制统一功能对顺利建立合宪性审查制度具有积极推动作用，但是过分强调或者只注重法制统一功能也为合宪性审查制度带来一系列消极影响。然而，在合宪性审查主体已基本确定的前提下，贸然改变合宪性审查的基本功能，乃不智之举。为了更好地发挥合宪性审查的功效，实现合宪性审查制度建立的初衷，根据我国政治权力架构和实践需要，可以从合宪性审查的方式、方法着手，建构一种立法与司法互动的对话式审查模式。

四　社会权限制规范的对话式审查模式的构建路径

合宪性审查如若只强调法制统一功能则难免会出现上述弊端，从而会导致合宪性审查制度本身在构建和运作层面出现问题。欲避免上述问题出现，从根本上讲扩展合宪性审查制度的功能，即在充分实现法制统一这一主要功能的前提下，辅之以权利救济功能，从而平衡法治与人权两大价值。承认并实现合宪性审查的权利救济功能并不意味着接受国外经验，否认全国人大之下的宪法和法律委员会作为合宪性审查机关，而是通过具体操作层面的完善来实现合宪性审查机构与其他权力机关，尤其是司法机关之间的对话和沟通。

（一）合宪性审查如何应对司法性质的主张

宪法司法化在我国是行不通的，法院审查法律、法规的合宪性不仅在规范上毫无依据，在现实中也基本上力所不能及。在我国，合宪性审查不能称之为司法审查，司法机关不可也不能对法律、行政法规、地方性法规是否合宪进行审查。合宪性审查应"保持在人民代表大会制度之下，设计在全国人大之内，确保合宪性审查的原意。使之符合我国的政体要求"，唯有如此才能将之与"真实的政治活动参与者有效互动，充分发挥其法治功能，正确处理它的政治性"①。因此，我国的合宪性审查主体必须在作为最高权力机关的全国人大之内寻求答案，目前的实践也正是基于此路径展开的。

既然我国的合宪性审查不是司法审查，那么是不是可以说我国的合宪性审查无法履行权利救济功能，即拒绝一切司法性质的操作呢？本书认为这一点有待商榷。合宪性审查实现权利救济功能、借鉴司法操作程序与所谓的司法审查在本质上存在差别。

首先，合宪性审查应该具有权利救济的功能。这不仅是世界各种合宪性审查模式的总体趋势，也是我国制度构建的必然选择，如学者所言"在世界范围内，宪性审查制度的作用也出现新转型，即保障公民基本权利、维护国家统一与价值观的有序"②。正如上文所言，如果合宪性审查只注重法制统一功能，则无法回避上述缺陷，在实际运作过程中也会出现权威性不足、方法论缺失等一系列问题。

其次，合宪性审查如果摒弃一切司法手段和程序，则无法实现权利救济功能，甚至无法良性运作。我国宪法中虽然没有司法机关进行合宪性审查的规范依据，但是司法机关，尤其是最高人民法院和最高人民检察院是有权提出规范性文件的审查要求的，可见司法并不应该被排斥在合宪性审查之外。有学者甚至明言，"仅当宪法审查成为司法性质的审查时，宪法才获得真实的保障"③，当然此时的司法性质的审查也只是在方法层面，而不是审查机关层面。另外，由于受限于审查方法和审查程序，当前的审查"大多是字面上的作业，非精细化的文面审查，只是通过字义解释的方法，发现一些肉眼看得出的明显违宪之处，难以期待它从规范原理的角度审查深层次的违宪问题"④。

最后，即使奉行合宪性审查的法制统一功能，也并不排斥司法机关的参与，以及司法方法和司法技术的借鉴。在合宪性审查中实现法制统一势

---

① 李少文：《合宪性审查的法理基础、制度模式与中国路径》，《比较法研究》2018 年第 2 期。
② 韩大元：《关于推进合宪性审查工作的几点思考》，《法律科学》2018 年第 2 期。
③ 包万超：《宪治转型与中国司法审查制度》，《中外法学》2008 年第 6 期。
④ 林来梵：《宪法学讲义》，法律出版社，2015，第 431 页。

必要求审查机关对已有的规范进行多种形式的审查，此时具有较为专业的司法机关如能参与到司法审查的过程中，则能够提高审查的效率和权威性。有学者为了给司法机关参与合宪性审查提供依据，提出将违宪分为表面违宪和适用违宪，而适用违宪应该由法院通过合宪性解释的方法进行合宪性审查。[1] 另外，正如上文提到的，司法机关参与合宪性审查是宪法赋予的义务，如果不积极履行这一义务则本身就存在违宪的风险。

可见，我国的合宪性审查与司法审查具有本质上的不同，两者是处于不同话语体系和制度环境下产生的不同的宪法监督模式。但是，我国的合宪性审查并不排斥司法机关的参与和司法技术的运用，相反，此乃司法机关的宪法义务，也直接关系到合宪性审查机关的良性运作。

（二）对话式合宪性审查模式的探索及其雏形

在法制统一功能的指引下，我国合宪性审查模式是以现有制度为基础，尊重全国人大的宪法地位，且以立法机关为核心的审查制度。这种定位使得我国合宪性审查模式主要强调各级法律规范的融贯一致，而无法对公民的基本权利起到实质的保障作用。欲要克服这一弊端，在现有审查机制的基础上探索吸收司法的相关属性，实现合宪性审查机关与司法机关的对话和沟通，并建立稳定的互动机制，乃是实现法制统一和保障公民基本权利双重功能的有效路径。

在美国，对话式审查模式的出现旨在解决法院审查的反多数难题，通过法院与立法机关的互动降低立法机关惰性，减少司法审查对法制体系的冲击，从而实现司法审查的双重功能：权利救济和法制统一。作为一种新型的审查模式，对话式审查是在传统审查模式的基础上作出的改进。一般审查遵从以下流程：（1）立法机构通过一项法律；（2）该法律在宪法法院受到挑战；（3）宪法法院认定该法律违宪。而对话式审查为第 4 步提供了另一种可能性：除了修宪通常所需的绝大多数之外，立法机构可以再次以多数票通过这一法律，即使这些多数票并不满足修宪通常所需的绝对多数。作为回应，立法机关可以通过说明"事实上并不存在限制更少的手段"来

---

[1] 杜强强：《试论对适用违宪的合宪性审查——基于不同违宪类型的分析》，《长白学刊》2018 年第 1 期。

支撑自己的结论。这就通向第 5 步——法院将会决定立法机关的回应是否充分。① 从对话式审查模式的流程来看,其最为关键的是在处理宪法法院判定法律违宪以后,其与立法机关之间的关系。可以看出,对话式的审查机制"使立法机构可以结合法院的意见对自己的原有立场加以重新评估。也许立法机构会认识到法院的意见比自己原来的意见更为合理,从而采纳法院的意见,并且不采取任何其他措施"②。当然,法院的意见并没有代替代议机关的看法,关于法律的变动,其主动权仍然掌握在立法机关手里,法院"就是让一些立法盲点引起立法者的注意,并为立法机关在权衡权利和自由时提供专业的论述"③。换言之,对话式审查主要是克服传统的严格"三权分立",将固定的权力机关之间的制约和监督,化解为一种沟通式的解决机制。

对话式审查并不只是出现在普通法院审查模式的美国,宪法委员会审查模式的法国在合宪性审查制度改革过程中,也从不同层面吸收对话式审查的优势。其中,最为重要的是法国进行了合宪性先决程序的改革,从而确立了事前审查与事后审查相结合的审查模式,实质上这种改革乃是将原来合宪性审查只注重单一的法制统一功能而转变为法制统一和权利救济双重功能并重。除此之外,在具体操作上,宪法委员会也积极参与与法官之间的对话,其主要表现为以下四个方面:(1)宪法委员会借鉴最高行政法院和最高司法法院的判例;(2)宪法委员会借鉴欧洲人权法院和欧洲法院的判例;(3)宪法委员会借鉴外国宪法审查机关的判例;(4)宪法解释技术与宪法审查标准的移植等。④ 可见,法国合宪性审查模式的创制与改革,无论是宏观的制度架构还是微观的审查技术,都离不开宪法委员会积极主动借鉴司法的相关经验,离不开宪法审查机关与司法机关的对话。

---

① 〔美〕马克·图什内特:《比较宪法:高阶导论》,郑海平译,中国政法大学出版社。2017,第 74~75 页。
② 〔美〕马克·图什内特:《比较宪法:高阶导论》,郑海平译,中国政法大学出版社。2017,第 76 页。
③ 李蕊佚:《对话式司法审查权——香港特别行政区法院的实践及其前景》,《当代法学》2017 年第 6 期。
④ 王建学:《法国式合宪性审查的历史变迁》,法律出版社,2018,第 108~114 页。

无论是美国的司法机关与立法机关就合宪性审查的对话，还是法国的宪法委员会对司法经验的借鉴，都体现了一种对话式的精神，虽然对话的主体和内容存在不同，但其所体现的对话方法和精神不容忽视。在我国，对话式审查概念虽然很少有人提及，但是践行对话式审查方法的探索早已有之，只不过没有形成统一的制度模式，例如林来梵教授提出的"合宪性审查优先移送"制度就是著例。"合宪性审查优先移送"制度就是充分发挥法院的作用，实现法院与全国人大常委会之间的对话，发挥两者之间的优势，从而形成一种联动机制。这种探索虽然能够实现公民权利救济功能，并可作为一种对个案审查的过滤机制[1]，但是不难看出其仍主要强调的是法院在案件筛选中的作用，或者说此种机制主要是事前审查，并没有实现充分的对话，而对话渠道本身也过于单一。除此之外，也有学者在对审查案件启动主体的规范分析中，对具有主动提起审查权的国家机关分为不办理具体案件的国家机关和办理具体案件的国家机关。[2] 从中可以看出，作者倾向于将作为司法机关的最高人民法院和最高人民检察院与其他机关相分离，突出其司法性质，强调其在合宪性审查中的作用，这也是对合宪性审查机关与司法机关互动对话的一种探索。

（三）合宪性审查模式的对话式建构路径

对话式审查模式在我国主要发生在合宪性审查机关与司法机关之间，即在全国人大宪法和法律委员会与作为最高司法机关的最高人民法院和最高人民检察院之间。这种对话式建构虽然有突出司法机关作用的嫌疑，但这里并不是旨在将目前的宪法和法律委员会改造为司法属性的审查机关，这不仅不现实，且在当前的规范和制度语境内也不可能。构建合宪性审查机关与司法机关的对话机制，主要是发挥司法机关长期以来在释法、用法和护法中的经验，提高合宪性审查的专业性、技术性和权威性，可以说这种构建仍是旨在加强"工作型合宪性审查制度"属性。基于这一理论和逻辑前提，建构对话式的合宪性审查模式可遵从以下路径。

1. 社会权限制规范的审查机关是对话式审查机制中的主导机关。将合

---

[1] 林来梵：《合宪性审查的宪法政策论思考》，《法律科学》2018年第2期。
[2] 胡锦光：《论合宪性审查的"过滤"机制》，《中国法律评论》2018年第1期。

宪性审查机关，即全国人大宪法和法律委员会界定为对话式审查机制的主导机关乃是宪法规范的内在要求，也是维护法制统一功能的需要。首先，对话式审查模式是合宪性审查模式，其建构应该在合宪性审查制度的职能范围内展开。当前合宪性审查机构已基本确立，其在运作过程中如何发挥司法机关的作用，如何进行对话，进行什么样的对话，都必须由合宪性审查机关根据实际需要加以规定，从而形成相应的机制。其次，即使对话式审查机制的相关内容由全国人大及其常委会或者全国人大宪法和法律委员会制定相关规范性文件加以确定，合宪性审查机关的主导地位仍需要在规范中加以明确。最后，虽然合宪性审查机关在对话式审查机制中处于主导地位，但这并不意味着其可以任意赋予司法机关以审查义务。我国《立法法》已明确规定人民法院和人民检察院的产生、组织和职权都属于法律保留的事项。可见，司法机关在对话式合宪性审查中的作用和权限还需要全国人大常委会制定或修改相关法律加以明确规定。

2. 建立以司法机关为主的社会权限制规范的合宪性审查案件移送制度。合宪性审查案件移送制度旨在解决合宪性审查案件的筛选与确定问题。当前各国合宪性审查制度在运作过程中大多面临着合宪性审查案件过多的问题。"启动主体资格和条件过宽，使案件数量太多，宪法法院根本无力审结当年启动的案件，日积月累，宪法法院只能审理七八年前的案件，致使宪法法院的审查活动丧失了现实功能。"[①] 因此，建立科学的合宪性案件筛选机制至关重要。上文提到的"合宪性审查优先移送"制度就是基于这一问题提出的，而发挥司法机关筛选和确定合宪性审查案件的作用基本上成为大多数国家的必然选择。司法机关进行合宪性审查案件移送，主要是要求其在审查具体案件的过程中如遇到规范性文件的违宪问题，就暂停案件的审理，逐级上报最高司法机关，由最高司法机关提请合宪性审查机关对相关问题作出审查。审查的过程也同时可以吸纳司法机关的相关意见，而司法机关必须将审查意见作为其审判和检察依据。

3. 社会权限制规范的合宪性审查应积极借鉴司法机关的宪法法律解释技术和解释标准。合宪性审查要想实现法制统一与权利救济双重功能，就

[①] 胡锦光：《论合宪性审查的"过滤"机制》，《中国法律评论》2018年第1期。

必须针对涉嫌违宪的法律法规进行审查,而审查的过程就是解释宪法和法律的过程。一般而言,拥有宪法审查权的机关同时也是宪法解释者,而宪法解释者就是通过确定宪法含义而作出是否违宪的判断,这就使得"整个法律体系可以在宪法之下得以整合,保证了法律规范与宪法规范的一致性,达到统一整个法律体系的目的"①。可见,合宪性审查机关最为重要的工作就是进行宪法解释,对解释所需要的技术和方法,合宪性审查机关可以借鉴国外宪法审查机关以及国内法院的解释经验加以完善。法国宪法委员会对解释技术与宪法审查标准的借鉴过程也反映了解释经验可资借鉴的可能性,同时可以看出,"好的宪法判决及其说理技术就像一粒优良的种子,必然会得到传播、模仿和继承"②。我国合宪性审查机关由于刚刚确立,还没有正式运作,在自我创制相关审查技术和方法的同时,不妨参考国外司法审查的经验,尤其是相关的宪法解释技术,如法律保留原则、比例原则等经典解释方法。另外,我国法院在审判说理过程中将相关宪法条文、原则和精神等应用于具体实践,这些应用虽然不属于严格意义上的宪法适用,但是同样具有借鉴意义,而已经运作的法规备案审查室的相关经验也同样可以总结和借鉴。

4. 构建司法机关参与的社会权限制规范的合宪性咨询机制。合宪性咨询机制主要发生在事前审查过程中,即合宪性审查机关在立法机关颁布法律规范之前对相关法律法规进行审查,并提出意见。一般而言,如果立法机关主动将尚未颁行之法律法规交由合宪性审查机关审查,并听取相关意见,可以看出这种审查的强制力较弱,所以可定义为咨询性审查。合宪性咨询机制多发生在合宪性审查机关和立法机关之间,是否需要司法机关参与存在争议。从我国的立法实践可以看出,本着立法的公开原则,法律草案大多都需要公开向社会征求意见,立法制定过程中也有大量司法机关工作人员参与,因此在缺少合宪性咨询机制的情形下,司法机关实际上已经参与到立法的对话过程中去了。另外,对话式合宪性审查中的对话应该是一种全过程的对话,合宪性咨询机制是作为事前审查出现的,为了最大化

---

① 韩大元、张翔:《宪法解释程序研究》,中国人民大学出版社,2016,第 8 页。
② 王建学:《法国式合宪性审查的历史变迁》,法律出版社,2018,第 114 页。

提高立法科学性，降低立法违宪的风险，将司法机关纳入合宪性咨询机制之中可谓顺理成章。

5. 社会权限制规范的适用违宪和司法解释的审查应注重独立审查与对话式审查的平衡。对话式合宪性审查虽然追求合宪性审查机关和司法机关的全过程对话，但是在特殊情况下还需保持合宪性审查机关的独立性，适用违宪和司法解释的合宪性审查就是典型。所谓适用违宪是指司法机关在适用法律过程中违反宪法。在我国，司法解释能够纳入合宪性审查的范围存在争议，然而从全国人大常委会通过的《法规、司法解释备案审查工作办法》中可以看出，其倾向于将司法解释纳入合宪性审查的范围之内。如果将适用违宪和司法解释纳入合宪性审查，那么对话式审查机制能否要求此时参与到审查中去呢？这无疑是一个难题。对话式审查作为合宪性审查的方式，其仍然需要遵从相关审查原则和基本的法治原则，而回避原则就是其中之一。因此，在对话式审查过程中仍需遵从回避原则，在涉及司法机关自身的相关审查内容时，应尊重合宪性审查机关的独立审查原则，保障审查的权威性。

习近平总书记一再强调宪法在当今法治建设中的重要作用，并指出加强宪法实施和监督，维护宪法权威。宪法的实施决定了宪法的权威，合宪性审查则直接影响宪法的实施程度。正在建设中的合宪性审查制度无论在功能定位上，还是运作程序上都需要进一步完善。对话式合宪性审查制度在恪守当前我国已有制度规范的前提下，旨在通过建立合宪性审查机关与司法机关之间的长效对话机制，澄清合宪性审查机关的司法争议，提高合宪性审查工作的科学性和权威性，以期实现合宪性审查法制统一功能的同时，为公民基本权利的救济提供宪法上的路径。

第三节　社会权限制规范的审查原则与审查基准

为了有效发挥合宪性审查对社会权限制规范的有效约束，上文在我国已有审查实践和法律规范的基础上，从合宪性审查机关的功能出发，倡导一种对话式的审查模式。对话式的审查模式要求在审查实践中遵循宪法与法律委员会作为合宪性审查机关的同时，为提高审查的效率和权威性，应在审查过程中发挥司法机关的重要作用，不仅实现合宪性审查传统的法制统一功能，也从侧面实现对公民权利的救济，将原有的审查方法由抽象性审查改造为抽象性审查与具体审查相结合。合宪性审查机关在对社会权限制规范进行审查的过程中，也应该做到事前审查与事后审查相结合，抽象审查与具体审查相结合。然而，对话式审查模式的构建并没有否认传统的审查方法，社会权限制规范的审查仍需遵循已有的审查原则和审查基准，并在此基础上探索更有针对性的审查技术。

一 社会权限制规范的合宪性审查原则

社会权限制规范必须接受合宪性审查机关的审查，而审查原则是审查机关对相关规范进行审查的指导方法。虽然，目前我国实质性的审查机制尚未有效运作，但是根据社会权的规范内容和法律形式，以及国外相关宪法审查机关的实践经验和理论总结，笔者认为可从以下三个层面对社会权限制规范的合宪性审查原则加以梳理，即形式审查原则、实质审查原则和立法不作为审查。形式审查原则顾名思义主要从社会权限制规范的程序层面加以审查，具体包括广义的法律保留原则和正当程序原则；实质审查原则主要针对法律规范的具体内容对社会权的实现作出的限制进行审查，其包括合乎人性尊严的社会权核心内容不受限制原则与比例原则等；立法不作为审查主要针对的是立法机关未履行社会权具体化的义务导致社会权限制缺少法律依据。

（一）社会权限制规范的形式审查原则

基本权利的限制的违宪阻却事由一般分为形式内容和实质内容两个层面，形式上的阻却违宪事主要包括立法机关制定限制基本权利之法律的前提是必须具有立法权，不侵犯其他机关之权限；另外，限制基本权利之法律在制定时必须无程序瑕疵，而且依据"法律明确性原则"，该法律规定必须十分明确。[①] 本书主要从法律保留原则和正当程序原则两方面出发，对社

---

① 法治斌、董保城：《宪法新论》，元照出版公司，2006，第179页。

会权限制规范在形式上的审查作出梳理。

1. 法律保留原则下社会权的立法限制

法律保留原则是指行政机关和司法机关在对基本权利加以限制的过程中，必须且只能按照法律（狭义的法律）规定的范围、程序、程度以及方式方法进行，如果法律没有规定，则可视为是宪法保留或者法律保留，立法机关和行政机关不能逾越相关规定，否则可视为违宪或者违法。广义之法律保留基本上可以包含四个层面。第一，宪法保留事项，即宪法直接规定了相关基本权利的限制，具体法律不再涉及。宪法保留规范主要旨在通过宪法对立法权予以约束，从而更大程度上保护基本权利。宪法保留主要表现在十分重要的基本权利领域，"各国宪法设置宪法保留较多的是生命权、拒绝人体试验的权利、新闻出版自由、财产权、刑事被告人权利等"[①]。第二，绝对的法律保留事项，又称为国会保留，是指某些事项只能通过法律加以规定，立法机关不得通过授权等其他形式将之委托给其他机关。绝对的法律保留从宪法层面考量，乃是一种宪法要求，它是法律保留中禁止授权的部分，乃是法律保留之"核心"[②]。我国立法中就有直接的绝对法律保留的相关规定，如《立法法》第9条中的"犯罪和刑罚、对公民政治权利的剥夺和限制人身自由的强制措施和处罚、司法制度等事项"。第三，相对的法律保留主要是指由法律直接规定，或者由法律和有权机关授予行政机关等通过制定行政法规的形式加以规范。我国《立法法》第8条对此作了规定。第四，无法律保留事项，此事项较容易理解，即对于有些不十分重要的事项，如执行法律或者细节性规定等，法律不做限制。

具体到社会权限制规范层面，对于社会权有关的规范是否适用法律保留原则是存在争议的。传统上认为法律保留原则一般只适用于对公民权利具有较大影响的侵害行政领域，并认为给付行政并未侵害公民的自由和权利，且给付行政主要靠公共资金的使用，只需要严格按照预算法定主义即可，因为预算法已构成了对行政给付的充分授权，而"预算法本身在西方

[①] 蒋清华：《基本权利宪法保留的规范与价值》，《政治与法律》2011年第3期。
[②] 刘莘：《立法法》，北京大学出版社，2008，第73页。

国家已属于全面保留的事项"①。然而,有学者认为,"在给付行政领域,国家拒绝给付对于人民所产生的危害,不亚于单纯自由权利之侵犯所产生的危害,如果将法律保留局限于干预行政,则是对这一实际问题的漠视"②。可见,法律保留原则不仅应该适用于干预行政领域,也应该同样适用于给付行政领域,陈慈阳教授对此认为,"法律保留原则之适用范围,已从对基本权造成侵害之事项,扩展至关于基本权实现之重要事项,乃至更广泛的所谓'攸关全体国民福祉至巨'之给付行政,暂且不论由于重要性理论欠缺明确界定标准所隐含的司法或立法恣意,但就其发展趋势来说确已扩大了权利保障法治化之范围"③。实质上,社会权的保障与限制规范,即给付行政领域适用法律保留原则并不是可否的问题,最为关键的乃是适用的程度、范围的裁量问题。

社会权限制规范应在何种情形下适用法律保留原则?笔者认为,正如有些学者指出的,在给付行政领域适用法律保留原则必须"建立层级化的法律保留体系"④,除此之外还应对社会权的限制内容进行层级划分,从而形成更为体系化、层级化的社会权限制规范适用的法律保留原则。首先,在宪法保留层面上,社会权的限制规范在我国宪法文本中并无宪法保留的相关事项,可以不予考虑。其次,在绝对法律保留层面上,我国《立法法》中规定了几种绝对法律保留事项,其中包括对公民政治权利的剥夺以及限制人身自由的强制措施和处罚事项,从这一项中我们可以推导出对社会权的消极自由层面的内涵,尤其是与生存权、职业自由等密切相关的权利内容应该坚持绝对法律保留事项。最后,在相对法律保留领域,笔者认为公共利益一般是国家限制公民的社会权的重要理由,与之相联系的其他公民的权利和自由以及法律具体规定的相关情形等也属于相对法律保留的事项。除此之外,社会权规范限制中还包括一些内涵上的限制、主体限制以及保

---

① 〔德〕汉斯·J. 沃尔夫、奥托·巴霍夫、罗尔夫·施托贝尔:《行政法》(第一卷),高家伟译,商务印书馆,2002,第 142 页。
② 黄学贤:《给付行政适用法律保留原则若干问题探讨》,《江海学刊》2006 年第 6 期。
③ 陈慈阳:《宪法学》,元照出版公司,2005,第 421 页。
④ 喻少如:《论给付行政中法律保留原则的适用》,《武汉大学学报》(哲学社会科学版)2011 年第 2 期。

障内容的限制等，同样应该受到法律保留原则的制约，其中多为相对法律保留。所谓的无法律保留事项在社会权限制规范中主要表现为各地根据自身经济社会发展状况而对已有的给付内容作出的实施细则和操作规程等。

当然，给付行政和社会权限制规范等需要接受法律保留原则的涵摄，但是这种作用在现代社会也应该有一定的界限。毕竟国家保障社会权的程度受制于一系列因素的影响，社会权的实现也需要政府及时根据社会发展状况随时调整，如果法律保留完全涵盖给付行政领域，则不可避免有瑕疵出现，如有可能使公民彻底丧失要求给付的法律依据，也有可能影响到行政机关的相对独立地位。① 因此，从理论和逻辑层面将给付行政和社会权限制规范纳入法律保留原则的控制之中具有相应的法理基础，但是在实践上也可能出现一定的阻力和瑕疵，因此目前应该在适用法律保留原则时做到理论与实践的平衡。

2. 社会权规范性限制的正当程序原则

程序正当是现代法治的基本要求，而正当程序原则也在公法的基本原则中具有特别重要的地位，尤其是英美法系国家中的正当程序原则已然成为宪法中的核心内容之一。程序性正当程序主要是指一切国家权力在剥夺公民生命、自由和财产的过程中都必须听取当事人的意见，而当事人也具有要求听证和救济的权利，即"合理的告知、获得庭审的机会、提出主张、进行抗辩等，是程序性正当程序的基本要素"②。实质性正当程序是指国家立法机关制定的法律必须符合公平正义的理念，如果立法机关通过的关于剥夺公民生命、自由和财产的法律不符合上述公平正义理念，则会产生违宪的后果。简言之，"程序正当是指当政府作出剥夺一个人的生命、自由、财产的决定时，必须遵循的程序要求；实体正当是指在某些情形下，即使政府采取了最公平的程序剥夺了一个人的生命、自由和财产，该行为仍应受到禁止"③。正当法律程序的上述内容决定了其对于宪治社会建设的作用，这种作用首先表现为树立宪法信仰和宪法权威的功能，即正当法律程序有

---

① 刘志刚：《论法律保留原则在给付行政中的适用》，《国家检察官学院学报》2005年第6期。
② 汪进元：《论宪法的正当程序原则》，《法学研究》2001年第2期。
③ Ryan C. Williams, "The Once and Only Substantive Due Process Clause", *Yale L. J.*, 2010: 120.

利于人们感知宪法的生动活力,增强人们对宪法的确信,从而在道德性和政治性层面加深公民宪法信仰,维护宪法权威。[①]

正当法律程序的人权保障功能主要表现在两个方面:一是通过正当法律程序限制国家权力对公民权利的限制,从而实现人权保障的程序价值;二是通过正当法律程序发展人权,对宪法未列举的人权类型,通过宪法解释和司法审查加以发展。有学者认为,从美国联邦最高法院所确立的关于正当程序的"自由"含义出发,在学理上对以正当程序条款为依据证立的未列举基本权利加以概括,大致可分为以下领域:(1)基于"美国历史或传统中的正义原则"而保护的权利,如婚姻家庭生活方面的权利与结社自由权等;(2)基于"权利本位"观念而保护的权利,如个人资料以及私密空间的隐私权等;(3)基于"程序性正当程序"而保护的权利,如接受公平的刑事审判权和要求公正对待的权利等。[②] 实质上,美国社会出现的福利权也同样受正当程序的影响,甚至平等地享有福利权乃是直接渊源于正当法律程序。在"洛克纳时代",美国联邦最高法院根据正当法律程序条款,通过行使积极主义的审查方式,对大量社会经济案件进行干预,从而贯彻自身保守的自由主义理念,而这一行动本身就是对公民社会经济领域利益主张的打压。伴随着时代发展,罗斯福新政时期又通过正当程序条款的运用对国家的社会经济政策采取低限度审查基准。直至戈德伯格诉凯利案,美国联邦宪法法院通过正当法律程序条款保障公民"生存权",从而使福利从恩赐向权利转变。[③] 正当程序原则对国家机关的约束不仅指向司法权,实质上包含整个国家机关,尤其是立法权,这不仅是英美法系的要求,大陆法系亦如此,正当程序在社会权限制规范的审查具体包括以下内容。

第一,立法机关和行政机关制定的社会权限制规范需要有明确授权。立法和行政机关在制定社会权有关的立法的过程,是其履行宪法义务的具体体现,而这一义务的履行实质上是获得了宪法授权。立法在限制基本权利的过程中更要遵守授权明确性原则,即在对宪法规定的基本权利作出一

---

① 李龙、徐亚文:《正当程序与宪法权威》,《武汉大学学报》(人文社会科学版)2000年第5期。
② 余军:《正当程序:作为概括性人权保障条款》,《浙江学刊》2014年第3期。
③ 王希:《原则与妥协:美国宪法的精神与实践》,北京大学出版社,2014,第743~747页。

定的限制时，立法机关和行政机关需要有明确的授权，我国《立法法》第10~12条就明确规定了全国人大及其常委会对国务院的立法授权方法。根据宪法授权立法限制的不同方式，可以将宪法授权限制分为确定性授权限制、原则性授权限制和放任性授权限制。这三种授权方式呈现的普通立法机关的自由裁量空间逐次递增。就我国《宪法》关于社会权的规定而言，最为典型的是第44条"国家依照法律规定实行企业事业组织的职工和国家机关工作人员的退休制度"，这一规定明显是将社会权的具体化和限制都交由立法机关来完成。就社会权的权利属性而言，社会权限制规范的授权限制应属于原则性授权限制和放任型授权限制相结合，且更偏向于放任型授权限制，此时赋予立法机关较大的裁量权，而进行合宪性审查时也多采用合理性审查标准。

第二，社会权限制规范的立法过程应符合正当程序原则。正当法律程序原则具体可分为创设法律权力的程序正当和执行法律的程序正当。创设法律权力的程序主要是立法机关的立法程序，社会权限制规范受正当立法程序的制约，具体表现为社会权限制规范要严格遵循法律规定的一系列立法程序，如立法规划、立法调研、形成立法草案、征求立法意见等。就社会权限制规范制定的正当程序而言，尤为需要注意的是立法过程中的公众参与。立法的正当程序在《立法法》中已有详细规定，尤其是全国人大及其常委会的立法程序，以及行政法规、地方性法规、自治条例和单行条例以及规章等具体法律法规的制定程序都应当按照规定程序加以履行，公众参与程序在社会权限制规范的制定中需要特别强调。社会权，又可称为民生权利，与民众生活紧密相关，关涉公民的切身利益，因此对该类权利作出限制的程序，公民既有必要也有积极性去参与。另外，在我国，社会权限制规范并不局限于上述《立法法》规定的形式，还有大量规范性文件，这些文件对社会权保障的具体标准、内容、流程和程序等都作了规定，其中不乏限制内容。这些位阶较低的规范性文件在其制定和实施过程中的公众参与度及其参与可能性都有所提升。

第三，社会权限制规范在执行过程中也需要考量正当程序原则。社会权限制规范的执行主要表现在给付行政和行政给付上。然而，传统上大多将正当程序原则应用于干预行政,而忽视给付行政过程中的程序正当与否,这也造成"给付行政正当程序的立法很不完备,滞后于服务型政府建设,不利于民生保障实践"[1]。以我国的社会救助为例,其中存在大量的程序瑕疵,最典型的莫过于救助标准的制定与调整规范缺失、家庭经济状况核查程序不完善、社会救助的简易应急程序不健全。除此之外在具体操作程序上也存在大量问题,如各地社会救助的公示时间、范围等不一致;社会救助的办理程序,尤其是办理日期等差异较大;社会救助的信息公开机制不健全;社会救助中的听证程序没有有效发挥作用。[2] 这些问题的存在不仅不利于社会救助权的实现,也会造成国家的社会救助政策目标发生偏离,同时也不利于农村等贫困地区的社会稳定。可见,社会权限制规范在具体的执行过程中因缺少必要的正当程序而存在问题,因此需要在规范和实践两个层面重视给付行政的正当程序原则,在制定《行政程序法》的过程中对给付程序予以特别强调。除此之外,在社会保险、社会救助以及最低生活保障等领域的立法也要特别注意程序的完善,尤其是更低层次的社会权规范性文件,不仅需要在备案审查过程中注意程序的一致与协调,同时在符合条件的情况下,在行政诉讼中也应对此进行附带性审查。

(二) 社会权限制规范的实质合宪性审查原则

社会权限制规范的合宪性审查原则有形式和实质之分,实质的合宪性审查原则不仅涉及社会权的权利内涵和保障法益,同时还包括社会权限制的目的、手段和结果等。实质的合宪性审查原则因为法治传统和国家制度的不同而存在差别,其内容也非常庞杂,我国台湾地区有学者就直言:"实质违宪阻却事由,内容则较为丰富,主要包括:个案法律之禁止、指明条款之要求、比例原则、实质内容禁止侵犯(笔者认为该条已无任何实质意义,早被比例原则所取代)和未侵害其他基本权利(不适宜作为实质条件)等。"[3] 笔者认为,社会权限制规范实质的合宪性审查原则主要从社会权本质内容不受限制原则和比例原则两个方面展开。

---

[1] 罗英:《我国给付行政正当程序的立法现状研究》,《时代法学》2011 年第 4 期。
[2] 朱勋克:《我国社会救助正当程序之实践及修正》,《社会保障研究》2011 年第 6 期。
[3] 法治斌、董保城:《宪法新论》,元照出版公司,2006,第 178 页。

1. 合乎人性尊严的社会权核心内涵不受限制

基本权利的本质内容不受侵犯,是德国《基本法》第 19 条第 2 款规定的"本质内容保障"的真实意涵。这一条款是对基本权利保护的重要表达,其不仅拘束立法者,要求立法者在基本权利限制立法中保障基本权利的本质内容,同时也拘束一切国家机关,要求行政机关和司法机关履行保障基本权利本质内容的义务。当然本质内容条款并不仅针对基本权利的限制,在对基本权利的具体内容进行界定和保护时也应该遵循这一原则。那么,基本权利的本质内容和核心价值是什么,在学界存在很大争议。

我国台湾地区学者陈慈阳总结出确定基本权利核心内涵的方法,其步骤如下:所谓本质核心事物在此本来就应存在该事物中,即在法律保留与法律授权事项中之本质重要核心部分,亦是应从此中来探求之。"基本权利核心的确定:1. 其涉及的为基本法中以人性尊严为基础之可加以限制之基本权,如基本权无保留限制适用时,则除非有基本法直接限制要件出现,否则更是为所有国家权力行使所不得侵犯之对象,当然最后决定者在于德国联邦宪法法院。2. 其所要求最低限度之享有与行使必须与作为所有个别基本权基础之人性尊严有密切关联性,而不是基本权上非必要或非重要之部分。3. 在自由民主宪治秩序下,所谓权利保障必须具备以下二前提要件,即首先是其请求具可实践性,其次必须客观上可确定在何要件下可行使此项权利。4. 就实质基本权核心之内容为何的探究,则必须从法规范本身之无漏洞存在之不可能性观点出发,特别是宪法作为基本规范之价值填补需求性强于其下位阶规范的特性"。[①] 从以上可知,基本权利的核心内涵基本上可以总结为以下特征:第一,基本权利的内涵离不开将人性尊严作为总体价值;第二,基本权利的本质内容应从其最低限度要求出发;第三,基本权利的核心内涵必须是可实践的、可行使的;第四,基本权利的本质内容应从规范中去寻找。

在德国、日本等大陆法系国家,将基本权利的核心内涵和本质内容视为人性尊严已基本成为通说。德国联邦宪法法院在一项判决中明确指出:"基本权利本质内容的不可侵犯与人的尊严的不可侵犯密切相关",在此基

[①] 陈慈阳:《宪法学》,元照出版公司,2005,第 470 页。

础上学者认为"所有的基本权利都应视为是人的尊严在不同领域的实现手段,所有的基本权利也都应以人的尊严为其保护核心","人的尊严具有整合所有基本权利的特性,也是所有基本权利的本质"[1]。日本同样将人的尊严性作为基本人权的根据,日本《宪法》第 13 条规定,"所有国民,均作为个人而受尊重。国民对于生命、自由及追求幸福之权利,以不违反公共福祉为限,于立法及其他国政上,须受最大之尊重"。因此,芦部信喜认为这种人之尊严的原理又被称为"个人主义",之一规定的原理恰恰反映了这一思想。[2] 也有学者认为日本《宪法》第 13 条作为其基本权利的概括性条款,不仅彰显日本宪法的性质,同时也是发展新型基本权利的关键,所以日本宪法"以人性尊严为核心构建了一个严密的基本权利核心概念体系,为基本人权的保障提供了哲学基础"[3]。可见,人性尊严理论已然成为基本权利不可否认的核心内涵。两大国际人权公约中也规定了人性尊严,彰显该理论业已成为世界共识。我国学界也主张通过解释《宪法》第 38 条的人格尊严条款,为基本权利体系注入人性尊严的价值理念。笔者认为,即使不对其做解释,其实对人性尊严的地位也影响不大,毕竟我国也是两大国际人权公约的加入国,其同样可以适用于我国人权体系,"中国公民权利体系的核心价值应该是人性尊严"[4]。

既然人性尊严可以作为我国基本权利的核心价值,那么社会权的本质内容和核心价值也离不开人性尊严。正如本书第一章提到的,社会权的内涵可以从"人"的层面和国家层面加以展开,而相对于国家层面而言,"人"的层面则更具核心价值。因此,我国社会权的核心内涵主要表现为实现最低限度的尊严、实现公民实质平等、主要实现积极自由、追求更高层次的幸福等,在这一内涵体系中,实现公民最低限度的尊严、保障公民获得合乎人性尊严的生活水准成为社会权内涵中不可限制的核心部分。无论

---

[1] 赵宏:《限制的限制:德国基本权利限制模式的内在机理》,《法学家》2011 年第 2 期。
[2] 〔日〕芦部信喜:《宪法》(第六版),林来梵、凌维慈、龙绚丽译,清华大学出版社,2018,第 61 页。
[3] 秦前红、韩永红:《宪法"基本权利核心概念"研究——基于中日比较的视角》,《广东社会科学》2008 年第 1 期。
[4] 汪进元:《基本权利的保护范围:构成、限制及其合宪性》,法律出版社,2013,第 26 页。

社会权是通过立法予以保障,还是通过位阶更低的规范性文件加以具体落实,作为其核心内涵的合乎人性尊严的生活水准永远都不可受到国家的强制干预和不当限制。如果国家不能够保障公民享有合乎人性尊严的生活水准,社会权即失去存在的价值,而此时国家本身的正当性就会存在质疑,公民此时则可以动用选举权、抵抗权,甚至非宪法手段重组国家机器。

2. 社会权限制应合乎比例原则

体系化的比例原则在德国法上最早是从警察法发展出来,其主要解决国家权力和公民基本权利之间如何进行利益衡量的问题。具体到基本权利限制领域,比例原则实质上是衡量国家限制基本权利的目的和手段之间的关系,从而对国家恣意侵害公民权利的行为加以审查和救济。不可否认的是,比例原则最早是行政法一般原则,而后经过发展才成为宪法原则,不论是警察法或行政法领域,法院适用比例原则所要审查的都是具体个案的行政行为,而非抽象的法律规范。如果从这个层面上考虑,也许引起争议的是为何一个原本用来审查行政机关具体行为的审查标准,可以理所当然、不加修正地适用于抽象法律规范的审查?这一问题虽然随着德国联邦宪法法院的实践已经得到证明,但是比例原则如何应用于社会权限制规范的审查仍然需要探讨。

"比例相当性原则拘束所有国家权力行使,特别是立法权在为基本权限制考量时及行政权在干预行政或执行公权力时之行为具重大意义"[①],其在实践中不断发展,基本形成了最为经典的三个子原则,也是比例原则审查的三个不同阶段,即适合性原则、必要性原则和狭义比例原则。适合性原则又称适当性原则、妥适性原则等,其内涵主要是国家公权力行为或者制定法作为手段必须有助于目标的达成。具体到各个国家机关而言,行政机关的行政性必须有助于实现法律规定的目的;立法机关所制定的限制基本权利的立法必须以实现公共利益为目的;司法审查中,法官所采取的审判措施必须符合公平正义的要求。必要性原则,又称为最小侵害原则,是在肯定了适当性原则之后所做的审查,主要是一种手段的选择,即在所有能够实现目的的手段中,应该选择一种对公民权利侵害最小的手段。可见,必要性原则实现的前提是存在"一目的、多手段"的情形,换言之,此时

---

① 陈慈阳:《宪法学》,元照出版公司,2005,第421页。

必须强调各个手段之间具有相同的有效性。狭义比例原则，又称为法益相称性原则、损益平衡原则，是指一个国家行为和法规规范虽然能够达成目的，且是最小之侵害，但所选择的目的与手段之间必须成比例，即不可给予人民过度负担，对基本权利作出过度限制。随着实践的发展，上述三层次的比例原则在适用过程中出现了重要问题，即不涉及目的正当性的审查，即三层次的比例原则只过问手段与目的之间的关联性，而不去解释立法目的本身是否存在违宪的嫌疑，因此学者纷纷提出在三层次比例原则的基础上另外加上一个目的正当性的审查步骤，将之列为第一审查对象。

从以上内容可以看出国家机关与比例原则之间的紧密关系，可以说国家本身存在的正当性都源于比例原则思想，比例原则只可能由人的尊严和人权导出，毕竟法治的目的也是保障人的尊严，甚至有学者明言："毫不夸张地说，只要国家存在，比例原则必然存在"[1]。比例原则在审查法律规范时主要强调是对立法权的审查，此时法律作为达成立法者履行宪法任务所使用的手段和措施，必须能够实现这一目标，否则就可被认定为不合乎目的性，因此基本权利对立法机关的拘束作用，"其意义并不完全在于法律之制定，而在于立法者有无遵守比例原则来限制人民基本权"[2]。可见比例原则适用于立法者具有特殊作用，然而其对社会权限制规范的审查效果还需要进一步讨论。

对于比例原则应用于社会权保障及其给付行政领域，有学者提出反对意见，认为"必要性原则对于自由权的防御功能固有其保障效果，但对于给付请求权性质的权利，先天上就有难以直接适用的困难。因为最小侵害手段是从防御权出发的，其目的在于控制国家权力，因此这一审查标准面临国家资源分配者与福利提供者的角色时是无力的"[3]。该观点认为比例原则难以适用于给付行政，不仅是因为其形成背景，也是因其具体内容难以对社会权作出审查，这一观点虽然具有合理性，但是并不能代表比例原则在应用中的发展方向。因为，"比例原则之适用领域：除对传统的'干涉行

---

[1] 陈征：《国家权力与公民权利的宪法界限》，清华大学出版社，2015，第11页。
[2] 陈慈阳：《宪法学》，元照出版公司，2005，第421页。
[3] 黄昭元：《宪法权利限制的司法审查基准——美国类型化多元标准模式的比较分析》，《台大法学论丛》2004年第3期。

政'加以限制外，于'给付行政上'，亦有适用，近者更扩及'国家保护义务'的层次。"① 社会权的保障不仅强调给付，也具有干预行政的色彩，因为社会权的实现不仅需要国家提供实现条件，也需要国家排除公权力的侵害，此时就需要国家恰当地厘清国家权力行使的边界。因此"国家的主动作为虽然是社会权实现的前提，但给付也可能构成侵害，比如，因给付不足、给付不及时导致权利人的利益受损，因给付不均导致权利人的平等权受到侵害"②。比例原则在社会权限制的适用过程中，首先应该做到的是在坚持上述四种子原则的前提下，禁止国家干预过度，而就其给付属性而言，比例原则可以具体化"给付禁止过多原则"和"保护禁止不足原则"。③ 可见，社会权的实现过程乃是一种平衡过程，也是原则衡量的过程，这一过程离不开比例原则的应用，然而比例原则在具体操作上又该如何发挥作用，在德国形成了不同的审查基准，这将是接下来需要重点探讨的问题。

（三）社会权立法不作为的合宪性审查

社会权限制规范的审查原则离不开形式与实质的结合，尤其是法律保留原则与比例原则的应用。然而，这些原则解决的都是社会权限制内容已经由规范具体列出的情形。换言之，合宪性审查机关对限制规范进行审查时可直接适用上述原则，但还有一种特殊情形，即立法机关不作为时的审查。就社会权而言，因为其规范内容涉及不断变化的经济社会现实，因此立法有时难以跟上，甚至存在滞后情形，面对立法不作为情况该如何动用宪法予以审查乃是需要解决的重要问题。

所谓立法不作为，又可称为立法怠惰，我国台湾地区学者认为立法怠惰有广义和狭义之分，广义的立法怠惰是指"以整体法秩序为标准，由此可得确认之实证法之违反计划之不圆满性，即以整体之法秩序，包括宪法各规定及宪法原则为标准，得以确认就特定事件，甚至某特定法律生活领域全体，因欠缺实证法规范，致不能据之而为符合整体法秩序（包括宪法秩序）所要求之规范"；狭义的立法怠惰则主要以宪法秩序为对象，指"基

---

① 李惠宗：《宪法要义》，元照出版公司，2006，第111页。
② 于文豪：《基本权利》，江苏人民出版社，2016，第190页。
③ 李惠宗：《行政法要义》，元照出版公司，2006，第111页。

于宪法秩序所要求之,具有特定内容之法规范之欠缺,则欲探讨于'立法怠惰'时得对于立法者如何之回应"①。简言之,立法怠惰就是宪法赋予立法机关的立法或修法义务,立法机关无正当理由不去履行该作为义务的情形。②

立法不作为在现实中的具体形态多种多样,陈慈阳认为具体有三种类型。"第一,应是指规范制定者基于法案之庞杂与我国法治现实,无法在'适当时间'内完成立法任务,造成行政权与司法权行使时存有法律漏洞,而由释宪权在合宪审查时,予以填补之现象。第二,系指立法者所制定之法律,由于无意识地未为规定,所形成的漏洞,然却使得国家机关适用该法律时,有所歧义,此时规范制定者亦无法'适时'地制定法规范来填补此一漏洞,而期盼能由解释者来填补漏洞,以使得能适用于具体事件上。第三,是立法者有意识地未为规定时——此时是立法者基于时代演进需要,使得法律适用者为适用法律时,能有现实适应力所预留之行政及司法形成空间——所形成的漏洞,然却使得国家机关适用该法规范时,有所歧义,而期盼能由释宪者填补漏洞,以使得能适用于具体事件上之情形,此类型可视为'不可归责于立法者'之现象,然仍属于立法不作为之态样。"③ 一般认为,真正的立法不作为主要包括前两者:(1)立法者受立法能力的限制无法完成相关立法任务,此时该领域的立法是缺失的,完全不存在;(2)立法者已经制定了法律,但法律本身存在漏洞,即所谓的立法不充分。就这两者而言,前者主要涉及立法裁量权的问题,其是否可以受司法机关审查存在争议,而后者属于立法不充分,此情形纳入违宪审查应无异议。

就社会权的限制规范而言,对于立法机关未通过制定立法明确的限制内容是否纳入宪法审查是存在争议的。社会权的限制规范一般与社会权具体内涵等内容一同规定在法律规范之中,如若社会权的限制规范并没有纳入社会权立法中,即此时是属于立法机关完全没有规定的情形,那么国家机关对社会权的限制则无法律依据,此时社会权限制规范不存在,也将

---

① 陈爱娥:《立法怠惰之回应》,《宪法时代》2003年第1期。
② 陈爱娥:《立法怠惰之回应》,《宪法时代》2003年第1期。
③ 陈慈阳:《宪法学》,元照出版公司,2005,第768~769页。

无宪法审查的可能。因此，社会权限制规范的宪法审查主要存在于立法已经作出了相应规定，但是若其本身存在漏洞，造成限制内容的不充分，才涉及宪法审查的问题。就立法不作为是否涉嫌违宪，一般主要考虑两个要件：一是立法机关在宪法上的立法义务是否成立；二是立法机关是否怠于行使立法义务，即立法不作为是否经过了合理的期间。[①]

就立法机关对社会权限制规范是否具有立法义务问题，一般而言，立法机关对社会权限制规范具有立法义务，这种义务应该属于社会权的内在要求，同时也是宪法的要求。除了立法义务以外，社会权限制规范是否存在合理期间呢？此处的合理期间在确定上还应根据具体案件加以具体处理，日本宪法学上的通说认为应考虑以下几点：应该明确立法不作为违宪状态的开始时间；应该配合适用违宪警告的手段；应设定一定的上限；判断是否经过合理期间除立法必要性和难度等客观条件以外，还应考虑立法机关的努力程度等。就我国社会权限制规范而言，笔者认为主要考虑的是全国人大及其常委会以及国务院制定的立法规划，如果一项社会权立法长期出现在立法规划之中却始终没有完成，则可能会面临立法不作为的质疑。而就立法漏洞而言，还需要合宪性审查机关综合运用相关解释方法对现有法律规范做合理解释。

立法不作为能否接受宪法审查虽然决定于上述两个要件的满足情况，但是在现实中司法对立法不作为的判断相当微妙，"限于司法审查的界限等问题，往往限于重要性的权利如选举权等，才有可能成立立法不作为的认定"[②]。即使这种重要权利的认定，"对立法不作为审查时，释宪者应遵循的一般作用界限、基于不作为者特性与释宪者填补作用之不同等规定，可得出释宪者在此填补作用之特殊界限"[③]。因为，即使合宪性审查机关对立法不作为违宪加以认定，但由于立法机关自身的特性——"立法者在宪法委托内扮演着一个不仅是执行宪法，又是充实宪法的角色"[④]——无论审查机关要求即时立法还是限期立法，均无法保证立法机关将会遵守审查决定，

[①] 林来梵：《宪法审查的原理与技术》，法律出版社，2009，第 188 页。
[②] 林来梵：《宪法审查的原理与技术》，法律出版社，2009，第 190 页。
[③] 陈慈阳：《宪法学》，元照出版公司，2005，第 775 页。
[④] 陈新民：《德国公法学基础理论》（上），法律出版社，2010，第 225 页。

而此时只能寻求提高立法者对宪法的忠诚程度来予以配合。在我国这一情况会更加突出，因为目前的合宪性审查机关乃是设置在全国人民代表大会下的宪法和法律委员会，其本就属于立法机关，而要赋予其对立法不作为加以裁量和审查则很难实行，即使对具有立法权的行政机关，如国务院的立法不作为进行审查也同样会面临上述问题。故而，社会权限制规范的立法不作为审查还需要通过具体案例，在实践的不断发展中逐步明确。

二　社会权限制规范的合宪性审查基准

如果说审查原则是社会权限制规范的合宪性控制之"纲"的话，那么审查基准可以称为合宪性控制之"目"，确定审查原则，并在原则的指导下在实际操作中形成体系化的审查基准，才能做到"纲举目张"。合宪性审查基准，在采用司法审查为主要形式的合宪性控制模式的国家，主要是司法机关在审查基本权利限制规范和国家行为时形成的审判准则和操作方法，其主要是对上述审查原则的具体化落实。审查基准在不同国家存在不同的表现形式，其中最具代表性的乃是美国和德国，美国主要表现为阶层式的三重审查基准，而德国则主要为运用比例原则而形成的三层次审查标准，这两种审查存在一定的差异，但在审查操作上具有异曲同工之妙。以下，围绕已有的合宪性审查基准，旨在探索社会权限制规范在我国合宪性审查中的具体运用。

（一）作为确定合宪性审查基准之原则的合宪性推定

合宪性推定作为一种重要的宪法方法，一直以来在我国存在相当大的分歧：或是将之与合宪性解释等同；或是将之与合宪性审查等相混淆。实质上的合宪性推定乃是对制定法是否合宪的一种判断方法，是指"违宪审查机关在实施违宪审查时，原则上应当推定系争法律合宪，推定支持该立法的事实是存在的，详言之，在未经判明有'相当可疑'的理由，足以证明相关法律确系抵触宪法之前，应当推定其合宪"[①]。合宪性推定作为宪法方法，其主要表现为以下特点。（1）合宪性推定原则的形成源于具体的司法实践和判例制度。以美国为例，合宪性推定在宪法审查过程中扮演着重

[①] 柳建龙：《合宪性推定原则：一个被误解的概念》，《浙江社会科学》2009年第10期。

要地位，但其主要形成于对具体案例的分析与总结，主要包括"洛克纳案""西岸宾馆案"等。即使是在大陆法系国家，合宪性推定仍然主要是一种以判例为渊源的方法。（2）合宪性推定原则只是合宪性审查之前提，并不是审查结论，相反合宪性推定必须要有对抗和申辩。合宪性推定本身就要求合宪性审查的提出者对系争法律提供相应的驳斥观点。（3）合宪性推定在举证责任层面主要要求提出法律审查的主体承担相应的举证责任，以此来证明国家的立法行为涉嫌违宪。（4）合宪性推定具有受约束的裁量空间，即合宪性推定赋予司法机关一定的裁量权，虽然司法实践中已经形成了合宪性推定之惯例，但并不意味着司法机关在个案中应严格遵守，而不能加以改变。相反，司法机关在实施过程中往往可以根据具体案情进行价值判断和利益衡量，从而维护自身的裁量权。当然，这种裁量权也存在一定的界限，如受制于外在的其他国家权力，以及内在的自身职权等。[①]

合宪性推定原则主要起源于美国，是建基在美国三权分立基础上的，是要求司法权对立法权的尊重。合宪性推定之所以具有正当性，乃是因为立法权自身具有民主性，而传统的司法权主要强调的是其谦抑品格，并且司法机关在进行立法审查时一贯坚守消极主义的立场，采取尊重立法权和社会实践的态度。可见合宪性推定原则具有浓厚的西方权力分立的色彩。我国立法机关是人民代表大会，其同时也是权力机关，地位较之于行政权和司法权而言具有超然性。立法权在我国的这种独立地位，虽然合宪性审查机关对其作出审查是必然的，但是从尊重立法机关的独立性和公民选举权的层面出发，合宪性推定原则仍具有实在意义。

无论是美国的三重审查基准还是德国比例原则下形成的三层次审查标准，它们的内容确定都离不开合宪性推定原则的指引。首先，无论何种原则都是建立在对立法机关和立法权的承认之上的，尤其是合理性审查基准和宽松审查基准等，都是直接尊重立法机关对经济与社会发展的调整。其次，合宪性推定原则划定了司法审查机关的职权界限，从而保障司法机关在具体审查之中有所依托，并进而形成多层次的审查基准。再次，合宪性推定原则具有的可反驳性又赋予司法机关对具体案件的审判有一定的裁量

[①] 王书成：《合宪性推定论：一种宪法方法》，清华大学出版社，2011，第29页。

空间，正是这种裁量空间的存在才为其形成多重标准提供制度保障。正如上文提到的，裁量空间是有限制的，是受到约束的，三重审查基准在不同情形下的适用使司法权既能动又受制约。最后，合宪性推定原则之下形成的三重审查基准在人权保障层面也具有实在意义。合宪性推定是对现有国家权力机制的尊重，而国家权力之间的平衡作用恰恰是人权保障的必需。另外，三重审查基准是对立法权调整社会经济发展的尊重，发挥了立法权保障人权的积极功能。可见，"合宪性推定虽然站在国家权力一边，在很大程度上便是以权力范畴为起点，这并不意味着就违背了人权保护的逻辑，相反在很大程度是通过维持国家权力间的制衡来发挥其独特的人权保障功能"①。

（二）美国、德国审查标准的具体内容

"有司法审查的地方，就会有审查标准的问题"②，虽然我国拟构建的宪法审查机制为立法机关之下设置合宪性审查机构，然而合宪性审查本身也需要技术和方法论，无论审查国家行为、法律规范还是基本权利案件。审查标准的确定不仅反映了一国司法介入的情况，同时也能够进一步促进民主，精准保障基本权利，并在实践中发展权利保护规则。各国因为宪法审查模式和法治传统的不同而存在不同的基本权利限制的审查标准，其中最具代表性的莫过于美国的多元审查基准模式和德国以比例原则为中心形成的三层次审查标准模式。

1. 美国多元的三重审查基准

美国司法审查的审查基准并不是一蹴而就的，而是伴随着联邦最高法院的实践逐步确立的。在"洛克纳时代"之前的绝大多数判决中，美国联邦最高法院所适用的标准都较为宽松，只有国会立法出现明显错误或不合理时，法院才宣告违宪，这一标准明显具有后期合理性审查基准的色彩。进入"洛克纳时代"，一段时期之内法院以契约自由、财产权优先保障等理念否决一系列社会立法，此时法院提高了审查基准，但所适用的内容尚未

---

① 王书成：《合宪性推定论：一种宪法方法》，清华大学出版社，2011，第72页。
② 黄昭元：《宪法权利限制的司法审查基准——美国类型化多元标准模式的比较分析》，《台大法学论丛》2004年第3期。

固定，也无严格标准的名称，在"以洛克纳诉纽约州案及其他相关判决中，美国联邦最高法院已经提高了相关审查标准，而不只是宽松审查标准"[1]。洛克纳时期，联邦最高法院按照自身的政治价值观，采取司法积极主义态度对一系列社会经济政策予以否决并不符合美国经济的发展需要，到新政时期便受到更多的质疑。1937 年以后，在罗斯福总统"填塞法院"计划的影响下，联邦最高法院开始转变态度，不再宣告任何新政立法违宪，并将社会经济管制层面的立法审查基准降到最低，可以说基本上无审查可言。这种转变可以说是从一个极端突然转变到另一个极端，其实过犹不及，从而遭到批评。[2]

美国双重审查基准雏形初现于斯通大法官在 Carolene Products 判决中的注解 4，分为三段，内容大致如下：第一，政府立法或措施如涉及与民主程序无关的基本权利，即通说所认为的经济社会方面的基本权利，法院采取尊重态度，仅适用宽松审查基准；第二，宪法明定禁止的基本权利，合宪性推定原则的适用将受到限制；第三，政府限制的基本权如与民主程序有关的话，法院该依据《宪法修正案》第 14 条采取更为严格的审查。[3]注解 4 的核心观点是认为法院应当对"优位自由权"、限制政治程序的法律、造成少数人与社会隔离的歧视性法律采取更为严格的审查，而不能只采用宽松审查基准。在这双重基准的基础上，联邦最高法院首先在性别平等案件中发展出"中度审查基准"，从而逐步形成了三重审查基准架构。

从以上对三重审查基准的历史梳理可以看出，美国联邦最高法院所使用的三重审查基准，包括合理审查标准（Rationality Review Test；Rational Basis Review Standard）、中度审查标准（Intermediate Scrutiny Test）与严格审查标准（Strict Scrutiny Test）。三重审查基准的具体内容和适用方法参见表 6-1。

---

[1] Kathleen M. Sullivan & Gerald Gunther, Constitutional Law, 465-466（14th ed. 2001）.
[2] 黄昭元：《宪法权利限制的司法审查基准——美国类型化多元标准模式的比较分析》，《台大法学论丛》2004 年第 3 期。
[3] 何永红：《基本权利限制的宪法审查：以审查基准及其类型化为焦点》，法律出版社，2009，第 87 页。

表 6-1　美国联邦最高法院三重审查基准

审查基准	审查依据 目的	审查依据 手段	系争政府立法或措施之类别	举证责任	审查密度
合理审查标准	追求政府正当合法之利益或公共利益	政府手段与目的达成之间只要具有合理关联性即可	(1) 一般性分类之立法或措施：基于财产地位、犯罪前科等分类； (2) 一般社会经济立法或措施	人民负有举证责任	(1) 宽松； (2) 适用合宪性推定原则； (3) 罕见例外违宪
中度审查标准	追求政府"重要的"或"实质的"利益或公共利益	政府手段与目的达成之间要具有"实质的"或"紧密契合"之关联性	(1) "准可疑分类"之立法或措施：如基于性别、非婚生子女之分类； (2) 涉及重要性权利之立法或措施：如教育、服公职等； (3) 非针对言论内容之规制	政府负有举证责任	(1) 中度； (2) 不适用合宪性推定原则； (3) 容许较大之个案衡量
严格审查标准	追求政府"极为重大迫切"利益或公共利益	政府手段与目的达成之间须有"必要且从严限缩适用范围"或"完全契合"之关联性	(1) "可疑分类"之立法或措施：如基于种族、肤色、族裔之分类； (2) 涉及基本性权利之立法或措施：如隐私、妇女中止怀胎、旅行； (3) 涉及政治性权利之立法或措施：如选举权、结社自由权； (4) 针对言论内容之规制中的"高价值言论"	政府负有举证责任	(1) 严格； (2) 不适用合宪性推定原则； (3) 推定违宪，罕见例外合宪

资料来源：参见陈文政《实际宪法判决——布希控高尔案之分析》，五南图书出版公司，2006，第336页。

当然，三重审查基准并不是美国法院宪法审查中的唯一标准，随着实践的发展，根据具体的权利类型和限制手段，慢慢又发展出针对特定内容的审查标准，如针对言论自由的审查，法院逐渐形成了所谓的"双轨理论"和"双阶理论"。

另外，从审查结果角度看，美国法上的严格审查标准和合理审查标准，其适用结果基本确定，可以被称作是"规则"式的审查标准；而中度审查标准的适用结果相对不确定，其赋予法院较大的裁量空间，被认为是"基准"式标准。但是随着案件的复杂化，这种一般规则正在被打破，严格审查标准也出现了合宪判决，而合理审查标准则可能被法院宣布违宪。

2. 德国比例原则下的三层次审查标准

德国法院在司法审查过程中一般坚持比例原则适用的单一审查模式，然而在具体适用适当性原则、必要性原则和狭义比例原则过程中，法院对立法事实进行判断时为避免恣意，发展出三种宽严不同的认定标准，称为明显性审查标准、可支持性审查标准以及强烈内容审查标准。明显性审查标准要求系争法律规范只要"一望即知地""任何人均可辨认地""显而易见地""明显地""毫无疑义地""显然地"违反宪法规范时，宪法法院才会将之宣告为违宪[①]；可支持性审查标准主要是要求立法者所作出的决定出自"合乎事理并可以支持的判断"，亦即立法者依其所能接触到的信息作出判断，必须达到能使宪法法院具体理解而可以支持的程度；强烈内容审查标准的要求最为严格，立法者所做的规范必须是基于"充分之真实性"或"相当之可靠性"的事实判断或预测决定，宪法法院必须对立法者的判断作出具体而详尽的分析，并在实质正确的观点下审查其合宪性。三层次审查标准的具体内容见表 6-2。

表 6-2　德国联邦宪法法院三层次审查标准

审查标准	要求内涵	主要适用案型	审查方法
明显性审查标准	立法者所为决定不得抵触宪法的最外围界限；只有当立法决定"明显"抵触宪法时，宪法法院才能加以非难	（1）当作为审查基准的是如统一要求、一般平等原则以及一般宪法原则等特别具有开放性与不确定性的宪法规范时；（2）其适用案型其实有辨识的困难	内容审查（限于明显错误的指摘）
可支持性审查标准	（1）立法者所为评价决定必须合乎事理并可以支持（2）立法者是否负有谨慎立法的宪法义务有争议	审查涉及复杂社会事实之经济性或者财税性的立法	（1）内容审查；（2）行为审查（有争议）
强烈内容审查标准	立法者所为事实论断或者预测决定，必须具有充分之真实性或者相当之可靠性	（1）涉及传统核心之个人自由权的案型；（2）涉及与民主政治具有直接关联性之基本权利的案型；（3）其他对于基本权利干预程度较强的案型	内容审查（只要证明立法决定的正确性存有合理怀疑即可）

资料来源：参见苏彦图《立法者的形成余地与违宪审查》，硕士学位论文，台湾大学法律学研究所，1997，第 80~81 页。

---

① 　许宗力：《基本权的保障与限制》（下），《月旦法学教室》2003 年第 14 期。

3. 德国模式与美国模式的比较

美国的类型化、多元标准模式，即三重审查基准模式，与德国单一比例原则下的三层次审查标准之间既存在区别，又有一定的相同之处。从相同点上考量，学者认为"适合性原则类似美国模式合理审查基准对于手段所要求的合理关联性手段，必要性原则类似严格审查标准对手段所要求的'严密剪裁'或'别无更小侵害的替代手段'，狭义比例原则原为利益衡量，但因需要先适用必要性原则，因此法院不是对所有可能的限制手段进行利益衡量，而只是就已被认为最小侵害手段者进行衡量"[①]。另外，美国法上的中度审查标准与德国法上的比例原则在性质上具有一定的共同之处，两者都属于基准性质的标准，而非规则，都将赋予法院较大裁量权，也正是在这个意义上，比例原则和中度审查标准都需要法院在个案上进行利益衡量，这也能进一步实现权利保障的最大化。

德国模式和美国模式的差别如下。首先，德国注重比例原则模式，强调除平等权外的各种权利都一视同仁，受到同等保障，适用单一审查标准；美国模式则认为宪法权利的地位并不相同，有"优位权利"和"非优位权利"之别，其在审查基准上采用多元而非单一的标准。其次，比例原则模式下的单一标准适用于所有基本权利，因此其确定就与具体权利的内涵发生分离，最终可能发展成为总论式价值中立的单一空洞公式；美国模式则相反，其与各个基本权利的实质内涵相结合，倾向于发展个论式多元标准。另外，美国的审查基准与基本权利的内涵界定和保障范围的明确有密切关系，"审查基准其实就是法院透过解释来实践各个抽象宪法权利的具体法则，也是宪法释义学的体现"[②]，而德国理论基本上是将基本权利保障范围的确定与比例原则下审查标准的适用分阶段加以处理。最后，德国的比例原则模式主要从行政法上"提级"而来，就宪法和行政法层次的司法审查看，两者最大的区别莫过于目的审查，即宪法的审查对象经常就立法本身展开，而行政法的司法审查不涉及立法目的问题。虽然目前宪法层面的

---

① 黄昭元：《宪法权利限制的司法审查基准——美国类型化多元标准模式的比较分析》，《台大法学论丛》2004 年第 3 期。
② 黄昭元：《宪法权利限制的司法审查基准——美国类型化多元标准模式的比较分析》，《台大法学论丛》2004 年第 3 期。

比例原则已经发展出合目的性的审查，但这种审查效果如何仍需继续观察。

（三）审查标准在社会权限制规范审查中的应用

无论是美国的类型化的三重审查基准，还是德国比例原则主导下的三层次审查标准，都是立基于本国实践产生的司法审查经验，这种经验虽然有鲜明的本土色彩，但是其他国家也在司法实践中予以借鉴。然而正如比例原则的适用一样，审查标准也"必须具体地考虑人民情感与历史文化社会背景"[1]，因为"任何审查标准都不可能完全机械式地适用，而不考虑立法事实"[2]。我国合宪性审查制度处于草创期，无论是合宪性审查机构的运作，还是合宪性审查的方法和技术，都处于探索阶段，虽然审查标准本身具有本国实践色彩，但是从方法论视角出发，美国和德国的实践经验和方法探索都可以为我国合宪性审查的建立提供镜鉴。

具体到社会权限制规范的审查，比例原则下发展出的三层次审查标准是否可以在社会权限制规范中直接适用呢？有学者认为"比例原则其实只能在国家侵害人民权利（以自由权为主）的案件，对于因为国家授益行为而引起的宪法争议，则难以直接适用"，甚至也难以处理社会权的给付请求权争议，换言之，自由权案件适用比例原则，平等权适用"合理差别待遇"之审查标准。[3] 与之相反，有学者认为虽然比例原则下的三层次审查标准主要审查干预行政案例，但20世纪强调的社会法治主义要求国家必须透过提供给付手段，积极保障并增进人民的福利（授益行政），故因此衍生出授益行政领域是否适用比例原则的问题，其答案应该是肯定的。[4] 相对于比例原则的争议，美国的三重审查基准由于其克服了比例原则传统上具有的无法进行合目的性审查的弊端，将基本权利加以分别处理，从而形成多元而非单一基准，因此其在能否适用于授益行政和社会权保障层面上并无较大

---

[1] 聂鑫：《宪法基本权利的法律限制问题：以中国近代制宪史为中心》，《中外法学》2007年第1期。

[2] 李恺其：《第七届大法官违宪审查标准之研究——以平等权、自由权案例为中心》，硕士学位论文，台湾师范大学，2007，第56页。

[3] 黄昭元：《宪法权利限制的司法审查基准——美国类型化多元标准模式的比较分析》，《台大法学论丛》2004年第3期。

[4] 蔡茂寅：《比例原则在授益行政领域之适用》，《月旦法学杂志》1998年第4期。

争议。因此，从这一层面出发，可借鉴德国、美国共有的严格审查标准、中度审查标准和宽松审查标准的层次分类方法，结合社会权保障实践，从不同视角构建我国社会权限制规范的多层次审查标准。

1. 社会权权利内涵下的不同层级审查基准

德国法上关于基本权利的本质内容不受侵犯理论明确指出基本权利具有内涵和外延的区别，从而呈现权利内容的层次性。换言之，每个权利都有一个最低标准，"如果能够对每个权利的最低核心内容作出定义，则可以帮助每个人了解他可以从这些权利中享受到或得到什么，同时也能知道国家到底有哪些义务"①。从权利的核心内涵出发，其越是接近基本权利的核心内涵，越不可被限制，越应该采用较为严格的审查基准；对基本权利的外延限制上，与权利核心内容的距离越远，其审查基准则越宽松。

这一理论的经典案例则是德国法上著名的药店判决，正是通过这一判决，德国联邦宪法法院形成了对职业自由限制的"三阶层"审查标准。德国联邦宪法法院对职业自由的限制，按照对自由的限制强度从小到大的顺序加以分阶层梳理。第一个阶层是对从事职业自由进行限制，只要基于对公共利益的合理考量就可以对其加以限制。此时立法者只是对职业的从事进行规范，对职业方式进行调整，而不对职业的选择产生影响，那么立法机关就具有较大的形成空间。第二个阶层是对选择职业的人员设定主观要求，即个人必须经过一定的努力方能达到要求，此时对公民的职业自由限制较大，运用比例原则审查的是主观要求与从事职业的适当目的之间不得有不合比例的情形。第三个阶层则是对选择职业的人员设定客观要求，公民努力后无法实现这些客观条件，此时对公民自由的限制力度最大，这时候立法只有为了防御对非常重要的公共利益的存在可以证明的或者极有可能的危险，才可采取这样的措施。②

德国联邦宪法法院在审理职业自由限制中开创的三阶层理论，实质上是从国家行为对基本权利内容的限制程度出发的，国家行为越是限制基本权利的核心内容，就越应该受到最为严格的审查。具体到社会权领域，虽

---

① 蒋银华：《国家义务论》，中国政法大学出版社，2012，第154页。
② 张翔：《德国宪法案例选释·基本权利总论》，法律出版社，2012，第56~58页。

然社会权的类型复杂（职业自由也是劳动权的一部分），但是上文提到社会权最核心的内涵乃是国家应提供合乎人性尊严的生活水准，如果国家行为限制了社会权的这一核心内容，势必受到严格审查。当然，抽象的理论并不能解决所有社会权限制的审查问题，其最终将形成何种审查方式还需要在实践中予以探索。

2. 社会权规范制定主体层面考量限制的审查基准

从社会权规范的制定主体出发考量规范限制的审查基准，主要就是以法律的位阶为前提，结合规范制定主体与全国人大及其常委会的关系确定宪法和法律委员会对规范的审查强度和审查基准。学界一般认为，目前的合宪性审查内容主要包括法律、行政法规、地方性法规、自治条例和单行条例、规章以及司法解释，其制定主体分别是全国人大及其常委会、国务院、省级人大及其常委会和设区的市的人大及其常委会、民族自治地方的人大及其常委会、国务院各部委与省级和设区的市及自治州的人民政府、最高人民法院和最高人民检察院。从以上社会权规范的制定主体出发，根据民主程度、规范的制定质量与数量，以及与宪法和法律委员会的关系可分为三类：（1）具有法律制定权的全国人大及其常委会；（2）国务院、省级人大及其常委会、最高人民法院和最高人民检察院；（3）设区的市的人大及其常委会、民族自治地方的人大及其常委会、国务院各部委与省级和设区的市及自治州的人民政府。

笔者根据上述分类而对其不同的审判基准加以划分。（1）对于具有法律制定权的全国人大及其常委会所制定的社会权限制规范，应采取较为宽松的合理性审查基准，因为全国人大及其常委会在制定法律之前都会通过宪法和法律委员会的事前咨询机制对相关规范是否违宪进行事前咨询，这种事前咨询机制以及全国人大及其常委会本身就具有的释宪功能消解了其制定的社会权限制规范的违宪可能性。（2）对设区的市的人大及其常委会、民族自治地方的人大及其常委会、国务院各部委与省级和设区的市及自治州的人民政府制定的社会权限制规范，应该采取较为严格的审查基准，不仅是因为上述规范制定机构在立法技术和立法方法上存在欠缺，还因为上述机构往往具有地方色彩，其制定的规范一般主要适用于本地区，因此其在对上级规范进行细化的过程中涉嫌违宪和违法的可能性要较之于前两类机构大得多。(3) 相较于上述两类，国务院、省级人大及其常委会、最高人民法院和最高人民检察院虽然在民主化层面弱于全国人大及其常委会，而在立法技术层面又高于设区的市的人大及其常委会等机构，因此应对其制定的社会权限制规范采取中度审查基准。

3. 国家义务内容层面建构社会权限制规范的审查基准

基本权利的实现需要国家履行相应的义务，基本权利具有的防御权功能、客观价值秩序功能和受益权功能分别要求国家履行消极义务、保护义务和给付义务。① 国家义务已然成为公民权利保障的主轴，而"现代社会产生的国家义务存在的唯一目的是公民权利，其作用是对公民权利的保障，且是根本保障"②。社会权的实现也离不开国家义务的履行，甚至可以说公民的社会权更需要国家履行相应的义务来保障其实现。国家义务履行的不及时、不充分都会构成对社会权的限制，而社会权限制规范的内容也较多表现为国家不当履行义务，或者国家对自身义务的回避和否认等。因此，社会权限制规范的审查基准可以从国家义务的不同层次和不同程度上去着手展开。

一般认为，社会权的国家义务主要由尊重义务、保护义务和给付义务构成，尊重义务是指国家不妨碍和干预公民的社会权义务；保护义务要求国家积极采取措施预防、制止和惩罚第三人侵害社会权的义务；给付义务是要求国家在公民无法通过自身努力实现社会权时国家予以救助的义务。③ 社会权的限制与国家义务的履行可以看作是问题的"一体两面"，具体而言，社会权的国家尊重义务，主要要求立法机关在保障公民的社会权时受法律保留原则和公共利益理由的限制；行政机关不得违法干预公民自我实现社会权，也不得滥用裁量权；司法机关不得枉法裁判。社会权的国家保护义务，一般分为制度性保障义务和狭义保护义务，后者又包括事前预防义务、事中排除义务和事后救济义务。社会权的国家给付义务首先

---

① 张翔：《基本权利的体系性思维》，《清华法学》2012 年第 4 期。
② 龚向和：《国家义务是公民权利的根本保障》，《法律科学》2010 年第 4 期。
③ 龚向和：《社会权的可诉性及其程度研究》，法律出版社，2012，第 78~79 页。

要求行政机关履行行政给付责任；立法机关通过制定立法确定社会权实现所需要的物质条件和给付范围等；司法机关主要是一种社会权的司法救济义务。

　　从审查基准的角度考量以上社会权的国家义务。首先，无论何种义务类型，其最低程度的核心义务内容必须履行，如果不予履行则必须接受严格审查基准的审查，例如尊重义务中的不歧视义务，给付义务中的紧急情况下的即时性给付和事关基本生活的最低限度的给付等。其次，国家保护义务中的制度性保障义务是赋予立法机关通过制定法律构建社会权保障制度的义务，这一义务具有鲜明的宪法委托属性，立法机关具有较大的裁量空间，其审查标准较为宽松；而与之类似的则是社会权给付义务中除紧急情况下的即时性给付、事关基本生活最低限度给付以外的其他给付类型，如服务性给付、制度性给付等常规给付类型，只需要接受宽松的合理性审查即可。最后，社会权尊重义务中的核心义务和不歧视义务之外的其他义务，以及国家保护义务中的狭义保护义务，如事前预防义务、事中排除义务和事后救济义务等可以适用介于严格审查标准和宽松审查标准之间的中度审查标准。

　　上述从社会权的权利内涵、社会权限制规范层级以及社会权国家义务内容三个视角出发，借鉴美国和德国不同的审查基准模式，试图建构适应我国审查实际的社会权限制规范的审查基准。这一审查基准目前还处于理论探索阶段，我国合宪性审查仍处于草创时期，尚未形成详细的成体系的审查技术和审查方法。或许理论上所谓"超前"的探索，正是为指导实践上的不足而提前准备。

结　语

　　本书对社会权限制的一些基础理论问题展开了探讨，着重研究了社会权的内涵与外延，社会权限制的正当性基础及其具体形式，规范主义视野下社会权的文本限制内容，功能主义视野下社会权的客观限制要素，以及社会权限制要素的合宪性控制和审查技术等问题。本书采用一种宏观视角，从权利束的维度考察社会权的限制问题，然而构成社会权内容的生存权、劳动权、受教育权等权利在具体实施过程中受到哪些法律法规和现实要素的限制，还需要从具体案例和生活实践中去总结和提炼。归根结底，社会权的限制问题仍需结合公民权利保障过程中的生动案例和相关法律文件，根据基本权利限制理论和社会权限制理论的分析框架，运用教义学的方法进行处理，而本书所研究的就是一种理论框架，旨在为国家机关对相关立法和侵权行为进行审查时提供理论依据。

　　无论是社会权的规范限制，还是客观限制，所涉及的限制要素都要接受合宪性审查机关的审查。目前，我国合宪性审查的制度构建正在如火如荼地进行，涉及合宪性审查制度的一系列规范、程序和技术也都处于探索阶段。因此，就社会权的限制内容而言，其研究并非是理论上的自说自话，而是依托相关的法规备案审查、规范性文件司法审查，以及未来要建立的合宪性审查等制度，并为之提供方法论上的遵循。

参考文献

一 中文著作类

龚向和:《作为人权的社会权:社会权法律问题研究》,人民出版社,2007。

龚向和:《社会权的可诉性及其程度研究》,法律出版社,2012。

龚向和:《从民生改善到经济发展:社会权法律保护新视角研究》,法律出版社,2013。

汪进元:《基本权利的保护范围:构成、限制及其合宪性》,法律出版社,2013。

汪进元:《〈国家人权行政计划〉的实施保障》,中国政法大学出版社,2014。

何华辉:《比较宪法学》,武汉大学出版社,2013。

许崇德:《宪法》,中国人民大学出版社,1999。

李龙:《良法论》,武汉大学出版社,2005。

郭道晖:《社会权力与公民社会》,译林出版社,2009。

李步云:《论人权》,社会科学文献出版社,2010。

林来梵:《宪法学讲义》,法律出版社,2015。

林来梵:《从宪法规范到规范宪法——规范宪法学的一种前言》,法律出版社,2001。

林来梵:《宪法审查的原理与技术》,法律出版社,2009。

韩大元、林来梵、郑贤君:《宪法学专题研究》,中国人民大学出版社,2008。

韩大元、张翔：《宪法解释程序研究》，中国人民大学出版社，2016。

张千帆：《宪法学导论》，法律出版社，2010。

张千帆：《美国联邦宪法》，法律出版社，2015。

张千帆：《法国与德国宪政》，法律出版社，2011。

张翔：《宪法释义学：原理·技术·实践》，法律出版社，2013。

张翔：《基本权利的规范建构》，高等教育出版社，2008。

周佑勇：《行政裁量基准研究》，中国人民大学出版社，2015。

周佑勇：《行政裁量治理研究：一种功能主义的立场》，法律出版社，2008。

王世杰、钱端升：《比较宪法》，商务印书馆，2009。

苏永钦：《合宪性控制的理论与实践》，月旦出版社，1994。

陈新民：《宪法导论》，新学出版股份有限公司，2008。

陈新民：《德国公法学基础理论（上、下）》，法律出版社，2010。

陈慈阳：《宪法学》，元照出版公司，2005。

法治斌、董保城：《宪法新论》，元照出版公司，2006。

李惠宗：《宪法要义》，元照出版公司，2005。

吴庚：《宪法的解释与适用》，三民书局，2004。

李建良：《宪法理论与实践（一）》，学林文化事业有限公司，1999。

李建良：《宪法理论与实践（二）》，学林文化事业有限公司，2000。

葛克昌：《租税国的危机》，厦门大学出版社，2016。

谢荣堂：《社会法规汇编》，元照出版公司，2006。

陈清秀：《税法总论》，元照出版公司，2012。

葛克昌：《税法基本问题·财政宪法篇》，北京大学出版社，2004。

陈清秀：《税法总论》，台湾翰芦图书出版有限公司，2001。

蔡维音：《全民健保财政基础之法理研究》，正典出版文化有限公司，2008。

黄茂荣：《法学方法与现代税法》，北京大学出版社，2011。

钟秉正：《社会保险法论》，三民书局，2005。

许育典：《法治国与教育行政——以人的自我实现为核心的教育法》，

元照出版公司，2013。

许育典：《教育宪法与教育改革》，五南图书出版公司，2005。

郑贤君：《社会基本权利理论》，中国政法大学出版社，2011。

郑贤君：《基本权利原理》，法律出版社，2010。

夏正林：《社会权规范研究》，山东人民出版社，2007。

黄金荣：《〈经济、社会和文化权利国际公约〉国内实施读本》，北京大学出版社，2011。

陈征：《国家权力与公民权利的宪法界限》，清华大学出版社，2015。

于文豪：《基本权利》，江苏人民出版社，2016。

柳华文：《论国家在〈经济、社会和文化权利国际公约〉下义务的不对称性》，北京大学出版社，2005。

胡敏洁：《福利权研究》，法律出版社，2008。

秦奥蕾：《基本权利体系研究》，山东人民出版社，2009。

王旭：《宪法实施原理：解释与商谈》，法律出版社，2016。

谢立斌：《宪法解释》，中国政法大学出版社，2014。

李强：《自由主义》，东方出版社，2015。

王绍光：《选主批判：对当代西方民主的反思》，欧树军译，北京大学出版社，2014。

王惠玲：《成文宪法的比较研究：以107部宪法文本为研究对象》，对外经济贸易大学出版社，2010。

王方玉：《人权视野下的经济权利研究》，北京大学出版社，2015。

何永红：《基本权利限制的宪法审查：以审查基准及其类型化为焦点》，法律出版社，2009。

〔德〕伯阳：《德国公法导论》，北京大学出版社，2008。

王希：《原则与妥协：美国宪法的精神与实践》，北京大学出版社，2014。

刘作翔：《权利冲突：案例、理论及解决机制》，社会科学文献出版社，2011。

戴瑞军：《国际人权条约的国内适用研究：全球视野》，社会科学文献出版社，2013。

刘连泰：《宪法文本中的征收规范解释》，中国政法大学出版社，2014。

俞可平：《社群主义》，东方出版社，2015。

朱晓青：《欧洲人权法律保护机制研究》，法律出版社，2003。

杜晓郁：《全球化背景下的国际劳工标准》，中国社会科学出版社，2007。

王培英：《中国宪法文献通编》，中国民主法制出版社，2007。

马岭：《宪法权利解读》，中国人民公安大学出版社，2010。

何志鹏：《权利基本理论：反思与构建》，北京大学出版社，2012。

翟小波：《论我国宪法的实施制度》，中国法制出版社，2009。

李和中：《走向善治：转型期中国政府社会保障体制优化研究》，武汉大学出版社，2014。

郭彦卿：《中国适度财政收入规模理论与实证》，南开大学出版社，2012。

林毓铭：《社会保障与政府职能研究》，人民出版社，2008。

郭维真：《中国财政支出制度的法学解析：以合宪性为视角》，法律出版社，2012。

刘剑文、熊伟：《财政税收法》，法律出版社，2017。

张勇：《民生财政》，中国发展出版社，2015。

朱孔武：《征税权、纳税人权利与待议政治》，中国政法大学出版社，2017。

张守文：《财税法学》，中国人民大学出版社，2016。

刘剑文：《财税法总论》，北京大学出版社，2016。

王绍光：《安邦之道：国家转型的目标与途径》，三联书店，2007。

何欣：《社会福利与社会工作简论》，中国社会出版社，2013。

孙洁：《英国的政党政治与福利制度》，商务印书馆，2008。

周怡君：《社会政策与社会立法新论》，洪叶文化视野有限公司，2012。

王建学：《法国式合宪性审查的历史变迁》，法律出版社，2018。

二　译著类

〔英〕以赛亚·伯林：《自由论》，胡传胜译，译林出版社，2011。

〔英〕弗里德里希·奥古斯特·冯·哈耶克：《通往奴役之路》，王明毅、冯兴元译，中国社会科学出版社，2015。

〔英〕马丁·洛克林：《公法与政治理论》，郑戈译，商务印书馆，2013。

〔英〕约翰·密尔：《论自由》，许宝骙译，商务印书馆，2014。

〔英〕大卫·李嘉图：《政治经济学及赋税原理》，周洁译，华夏出版社，2013。

〔英〕詹姆斯·格里芬：《论人权》，徐向东、刘明译，译林出版社，2015。

〔英〕克莱尔·奥维、罗宾·怀特：《欧洲人权法：原则与判例》，何志鹏、孙璐译，北京大学出版社，2006。

〔美〕罗斯科·庞德：《法理学（第三卷）》，廖德宇译，法律出版社，2007。

〔美〕杰克·唐纳利：《普遍人权的理论与实践》，王浦劬等译，中国社会科学出版社，2001。

〔美〕史蒂芬·霍尔姆斯、凯斯·R.桑斯坦：《权利的成本——为什么自由依赖于税》，毕竞悦译，北京大学出版社，2004。

〔美〕凯斯·R.桑斯坦：《罗斯福宪法：第二权利法案的历史与未来》，毕竞悦译，中国政法大学出版社，2016。

〔美〕马克·图什内特：《比较宪法：高阶导论》，郑海平译，中国政法大学出版社，2017。

〔美〕马克·图什内特：《宪法为何重要》，田飞龙译，中国政法大学出版社，2012。

〔美〕罗纳德·德沃金：《认真对待权利》，信春鹰、吴玉章译，上海三联书店，2008。

〔美〕罗纳德·德沃金：《法律帝国》，许杨勇译，上海三联书店，2016。

〔美〕罗纳德·德沃金：《至上的美德：平等的理论与实践》，冯克利译，江苏人民出版社，2012。

〔美〕伊恩·夏皮罗、卡西亚诺·海克考登：《民主的价值》，刘厚金译，中央编译出版社，2015。

〔美〕约翰·R.康芒斯：《制度经济学（上）》，商务印书馆，1997。

〔美〕帕普克：《知识自由与秩序——哈耶克思想论集》，黄冰源等译，中国社会科学出版社，2001。

〔美〕亚伯拉罕·马斯洛：《动机与人格》，许金声等译，中国人民大学出版社，2012。

〔美〕弗兰克·G.戈布尔：《第三思潮：马斯洛心理学》，吕明、陈红雯译，上海译文出版社，2001。

〔美〕富勒：《法律的道德性》，郑戈译，商务印书馆，2016。

〔美〕路易斯·亨金、阿尔伯特·J.罗森塔尔：《宪政与权利》，郑戈等译，三联书店，1996。

〔美〕E.博登海默：《法理学：法律哲学与法律方法》，邓正来译，中国政法大学出版社，2004。

〔美〕塞缪尔·亨廷顿：《变化社会中的政治秩序》，王冠华等译，上海人民出版社，2008。

〔奥〕凯尔森：《法与国家的一般理论》，沈宗灵译，商务印书馆，2013。

〔奥〕凯尔森：《纯粹法理论》，张书友译，中国法制出版社，2008。

〔德〕卡尔·施密特：《宪法学说》，刘锋译，上海人民出版社，2016。

〔德〕格奥尔格·耶利内克：《主观公法权利体系》，曾韬、赵天书译，中国政法大学出版社，2012。

〔德〕克劳斯·施莱希、斯特凡·科里奥特：《德国联邦宪法法院：地位、程序与裁判》，刘飞译，法律出版社，2007。

〔德〕黑格尔：《法哲学原理》，范扬、张企泰译，商务印书馆，2014。

〔德〕伯恩·魏德士：《法理学》，丁晓春、吴越译，法律出版社，2013。

〔德〕汉斯·察赫：《福利社会的欧洲设计：察赫社会法文集》，刘冬梅、杨一帆译，北京大学出版社，2014。

〔德〕齐佩利乌斯：《德国国家学》，赵宏译，法律出版社，2011。

〔德〕卡尔·拉伦茨：《法学方法论》，陈爱娥译，商务印书馆，2015。

〔德〕康拉德·黑塞：《联邦德国宪法纲要》，李辉译，商务印书馆，2007。

〔德〕罗伯特·阿列克西：《法理性商谈：法哲学研究》，朱光、雷磊译，中国法制出版社，2011。

〔德〕哈贝马斯：《在事实与规范之间：关于法律和民主法治国的商谈理论》，童世骏译，三联书店，2004。

〔德〕贡塔·托依布纳：《宪法的碎片：全球社会宪治》，陆宇峰译，中央编译出版社，2016。

〔日〕桑原洋子：《日本社会福利法制概论》，韩君玲、邹文星译，商务印书馆，2010。

〔日〕大沼保昭：《人权、国家与文明：从普遍主义的人权观到文明相容的人权观》，王志安译，三联书店，2003。

〔日〕阿部照哉、池田政章等：《宪法（下）——基本人权篇》，周宗宪译，中国政法大学出版社，2006。

〔日〕大须贺明：《生存权论》，林浩译，法律出版社，2001。

〔日〕三浦隆：《实践宪法学》，李力、白云海译，中国人民公安大学出版社，2002。

〔日〕芦部信喜：《宪法》（第三版），林来梵、凌维慈、龙绚丽译，北京大学出版社，2006。

〔比〕丹尼·皮特尔斯：《社会保障基本原理》，蒋月译，商务印书馆，2011。

〔印度〕阿玛蒂亚·森：《以自由看待发展》，任赜、于真译，中国人民大学出版社，2012。

〔荷〕亨克·范·马尔赛文、格尔·范·德·唐：《成文宪法：通过计算机进行的比较研究》，陈云生译，北京大学出版社，2007。

〔荷〕弗朗斯·彭宁斯：《软法与硬法之间：国际社会保障标准对国内法的影响》，王锋译，商务印书馆，2012。

〔法〕路易·若斯兰：《权利相对论》，王伯琦译，中国法制出版社，2006。

〔法〕狄骥：《公法的变迁》，郑戈译，商务印书馆，2013。

三 期刊论文类

龚向和：《社会权与自由权区别主流理论之批判》，《法律科学》2005年第5期。

龚向和：《国家义务是公民权利的根本保障——国家与公民关系新视角》，《法律科学》2010年第4期。

龚向和：《论社会权的经济发展价值》，《中国法学》2013年第5期。

龚向和：《论社会、经济权利的可诉性——国际法与宪法视角透析》，《环球法律评论》2008年第3期。

汪进元：《基本权利限制的合宪性基准》，《政法论丛》2010年第4期。

周佑勇：《裁量基准的制度定位——以行政自制为视角》，《法学家》2011年第4期。

王鹏翔：《论基本权的规范结构》，《台大法学论丛》2004年第2期。

陈清秀：《量能课税与实质课税原则》，《月旦法学杂志》2010年第8期。

林来梵：《人的尊严与人格尊严——兼论中国宪法第38条的解释方案》，《浙江社会科学》2008年第3期。

林来梵、张卓明：《论权利冲突中的权利位阶——规范法学视角下的透析》，《浙江大学学报》（人文社会科学版）2003年第6期。

林来梵：《合宪性审查的宪法政策论思考》，《法律科学》2018年第2期。

张翔：《基本权利限制问题的思考框架》，《法学家》2008年第1期。

张翔：《基本权利的受益权功能与国家的给付义务——从基本权利分析框架的革新开始》，《中国法学》2006年第1期。

张翔：《公共利益限制基本权利的逻辑》，《法学论坛》2005年第1期。

王锴：《论立法在基本权利形成中的作用与限制——兼谈"公有制"的立法形成》，《法治研究》2017年第1期。

王锴：《论我国宪法上的劳动权与劳动义务》，《法学家》2008年第4期。

谢立斌：《论基本权利的立法保障水平》，《比较法研究》2014年第4期。

谢立斌：《宪法社会权的体系性保障——以中德比较为视角》，《浙江社会科学》2014年第5期。

郑贤君：《非国家行为体与社会权——兼议社会基本权的国家保护义务》，《浙江学刊》2009年第1期。

郑贤君：《宪法"人格尊严"条款的规范地位之辨》，《中国法学》2012年第2期。

陈鹏：《论立法对基本权利的多元效应》，《法律科学》2016年第6期。

陈征：《国家征税的宪法界限——以公民私有财产权为视角》，《清华法学》2014年第3期。

刘志刚：《限制抑或形成：论关涉基本权利法律之功能的二元性》，《河南省政法管理干部学院学报》2005年第6期。

高慧铭：《论基本权利的滥用禁止》，《清华法学》2015年第1期。

赵宏：《限制的限制：德国基本权利限制模式的内在机理》，《法学家》2011年第2期。

石文龙：《论我国基本权利限制制度的发展——我国〈宪法〉第51条与德国〈基本法〉第19条之比较》，《比较法研究》2014年第5期。

张青波：《宪法平等原则对立法分类审查的体系性标准——以美国和德国的实践为参照》，《法商研究》2015年第5期。

熊静波：《表达自由和人格权的冲突与调和——从基本权利限制理论角度观察》，《法律科学》2007年第1期。

王新生：《论社会权领域的非国家行为体之义务》，《政治与法律》2013年第5期。

邓炜辉：《社会权概念界定之批判与重塑》，《北方法学》2013 年第 4 期。

张震：《宪法上住宅社会权的意义及其实现》，《法学评论》2015 年第 1 期。

葛先园：《试论代际生育平等权的社会权属性》，《法学论坛》2016 年第 3 期。

广州大学人权理论研究课题组：《中国特色社会主义人权理论体系论纲》，《法学研究》2015 年第 2 期。

陈佑武：《中国特色社会主义人权理论体系论纲》，《政治与法律》2012 年第 5 期。

成海鹰：《论尊严》，《伦理学研究》2012 年第 4 期。

胡玉鸿：《人的尊严的法律属性辨析》，《中国社会科学》2016 年第 5 期。

甘绍平：《作为一项权利的人的尊严》，《哲学研究》2008 年第 6 期。

张薇薇：《论作为日本宪法概括权利的"幸福追求权"》，《河北法学》2010 年第 10 期。

付子堂、崔燕：《民生法治视野下的法律激励功能探析》，《法学论坛》2012 年第 6 期。

陈端洪：《人民主权的观念重构：重读卢梭〈社会契约论〉》，《中外法学》2007 年第 3 期。

向玉乔：《社会制度实现分配正义的基本原则及价值维度》，《中国社会科学》2013 年第 3 期。

姚大志：《分配正义：从弱势群体的观点看》，《哲学研究》2011 年第 3 期。

刘作翔：《权利相对性理论及其争论》，《清华法学》2013 年第 6 期。

梁迎修：《权利冲突的司法化解》，《法学研究》2014 年第 2 期。

何志鹏：《权利冲突：一个基于"资源—需求"模型的解释》，《环球法律评论》2011 年第 1 期。

王博：《权利冲突化解路径的经济法律分析》，《法学》2016 年第

11 期。

王宝志:《社会权力概念、属性及其作用的辩证思考》,《法制与社会发展》2011 年第 4 期。

马岭:《宪法权利冲突与法律权利冲突之区别》,《法商研究》2006 年第 6 期。

徐振东:《基本权利冲突认识的几个误区》,《法商研究》2007 年第 6 期。

范进学:《宪法实施:到底实施什么?》,《学习与探索》2013 年第 1 期。

范进学:《定义"公共利益"的方法论及概念诠释》,《法学论坛》2005 年第 1 期。

莫静:《论受教育权的国家给付义务》,《现代法学》2014 年第 3 期。

刘国:《税收法定主义的宪法阐释》,《华东政法大学学报》2014 年第 3 期。

汤喆峰:《税收合宪性的判别标准》,《法学》2017 年第 9 期。

廖添土:《台湾全民健康保险财务危机论析》,《重庆工商大学学报》2007 年第 1 期。

朱铭来、龚贻生、吕岩:《论台湾地区全民健康保险财务危机》,《保险研究》2010 年第 6 期。

上官丕亮:《论宪法上的社会权》,《江苏社会科学》2010 年第 2 期。

任喜荣:《"社会宪法"及其制度性保障功能》,《法学评论》2013 年第 1 期。

陈颐:《论建立健全与经济发展水平相适应的社会保障体系》,《江海学刊》2006 年第 6 期。

李运华:《论社会保障权之宪法保障》,《江苏社会科学》2011 年第 6 期。

潘昀:《论宪法上的"社会主义市场经济"》,《政治与法律》2015 年第 5 期。

朱淑丽:《挣扎在理想与现实之间:功能主义比较法 90 年回顾》,《中外法学》2011 年第 6 期。

陈海嵩：《国家环境保护义务的溯源与展开》，《法学研究》2014 年第 3 期。

高培勇：《财政在改善民生中的"角色"定位》，《中国财政》2008 年第 2 期。

张鹏飞、苏畅：《人口老龄化、社会保障支出与财政负担》，《财政研究》2017 年第 12 期。

欧阳景根、张艳肖：《国家能力的质量和转型升级研究》，《武汉大学学报》2014 年第 4 期。

杨宝：《政社合作与国家能力建设——基层社会管理创新的实践考察》，《公共管理学报》2014 年第 2 期。

王绍光：《国家治理与基础性国家能力》，《华中科技大学学报》（社会科学版）2014 年第 3 期。

刘练军：《自然资源国家所有的制度性保障功能》，《中国法学》2016 年第 6 期。

张文显：《党规国法互联互通》，《法制与社会发展》2017 年第 1 期。

周叶中、汤景业：《论宪法与党章的关系》，《中共中央党校学报》2017 年第 3 期。

秦前红、苏绍龙：《党内法规与国家法律衔接和协调的基准与路径》，《法律科学》2016 年第 5 期。

张新宁：《特朗普为何废除"奥巴马医改计划"？》，《红旗文稿》2014 年第 4 期。

马怀德：《中国社会立法现状分析》，《法治社会》2016 年第 1 期。

徐凤英：《设区的市地方立法能力建设探究》，《政法论丛》2017 年第 4 期。

陈康团：《政府行政能力与政府财力资源问题研究》，《中国行政管理》2000 年第 8 期。

孙首灿：《论行政规范性文件的司法审查标准》，《清华法学》2017 年第 2 期。

吴天昊：《从事先审查到事后审查：法国违宪审查的改革与实践》，《比较法研究》2013 年第 2 期。

韩大元：《关于推进合宪性审查工作的几点思考》，《法律科学》2018 年第 2 期。

秦前红：《合宪性审查的意义、原则及推进》，《比较法研究》2018 年第 2 期。

王蔚：《客观法秩序与主观利益之协调——我国合宪性审查机制之完善》，《中国法律评论》2018 年第 1 期。

胡锦光：《论合宪性审查的"过滤"机制》，《中国法律评论》2018 年第 1 期。

李蕊佚：《对话式司法审查权——香港特别行政区法院的实践及其前景》，《当代法学》2017 年第 6 期。

王旭：《论我国宪法实施中的商谈机制：去弊与建构》，《中外法学》2011 年第 3 期。

王旭：《宪法实施的商谈机制及其类型建构》，《环球法律评论》2015 年第 6 期。

李德龙：《论宪法教育对宪政建设的价值构造》，《武汉大学学报》（哲学社会科学版）2007 年第 2 期。

韩大元：《论公务员的宪法教育》，《当代法学》2015 年第 1 期。

高全喜：《革命、改革与宪制："八二宪法"及其演进逻辑》，《中外法学》2012 年第 5 期。

黄卉：《宪法经济制度条款的法律适用》，《中外法学》2009 年第 4 期。

李雄：《我国劳动争议调解制度的理性检讨与改革前瞻》，《中国法学》2013 年第 4 期。

尹建国、余睿：《公共行政给付中的裁量权治理》，《环球法律评论》2010 年第 4 期。

吕艳辉：《行政给付限度论》，《当代法学》2011 年第 2 期。

李少文：《地方立法权扩张的合宪性与宪法发展》，《华东政法大学学报》2016 年第 2 期。

吴汉东：《国家治理能力现代化与法治化问题研究》，《法学评论》2015年第5期。

封丽霞：《法治与转变党的执政方式——理解中国特色社会主义法治的一条主线》，《法制与社会发展》2015年第5期。

姜明安：《论中国共产党党内法规的性质与作用》，《北京大学学报》（哲学社会科学版）2012年第3期。

四　博士论文类

吴德帅：《阶层和谐视阈下的社会权研究》，博士学位论文，吉林大学，2014。

钱俊文：《国家征税权的合宪性控制》，博士学位论文，苏州大学，2006。

潘文卿：《经济发展视野下的社会权保障研究》，博士学位论文，东南大学，2017。

李碧云：《当代中国社会发展的人权尺度》，博士学位论文，湘潭大学，2017。

徐闻：《哈贝马斯的商谈民主论研究》，博士学位论文，山东大学，2011。

陆玉胜：《商谈、法律和社会公正——哈贝马斯法哲学研究》，博士学位论文，复旦大学，2012。

五　英文文献类

Stephen Holmes & Cass R. Sunstein, *The Cost of Rights: Why Liberty Depends on Taxes*, W. W. Norton & Company Press, 1999.

Aharon Barak, Proportionality: *Constitutional Rights and their Limitations*, Cambridge University Press, 2012.

Alexandre Kiss, "Commentary by the Rapporteur on the Limitation Provisions", *Human Rights Quarterly*, Vol. 7, 1985.

Emile Durkheim, *In Anthony Giddens: Durkheim on Politics and the State*,

Cambridge Polity Press, 1986.

J. G. Brouwer, "National Treaty Law and Practice: The Netherlands", in Duncan B. Hollis, Merritt R. Blakeslee, Benjamin Ederington (ed.), *National Treaty Law and Practice*, Leiden: Martinus Nijhoff Press, 2005.

Peter Cane and Joanne Conaghan, *The New Oxford Companion to Law*, Oxford University Press, 2008.

World Bank, *World Development Report: The State in Changing World*, Oxford University Press, 1997.

Mark Dincecco, "The Rise of Effective States in Europe", *The Journal of Economic History*, 2015 (9).

Henry Shue, *Basic Right: Subsistence, Affluence and U.S. Foreign Policy*, Princeton University Press, 1996.

Audrey R. Chapman and Sage Russell (eds.), *Core Obligations: Building a Framework for Economic, Social and Cultural Rights*, Intersentia Press, 2002.

Michaelo Oakeshott, *Hobbes on Civil Association*, Oxford University Press, 1975.

John Dewey, "The Motivation of Hobbes' Political Philosophy", In Ralph Ross Herbert W. Schneider Theodore waldman (ed.), *Thomas Hobbes In His Time*, University of Minnesota Press, 1974.

Gerald J. Postema, "Law's Autonomy and Public Practical Reason", Robert P. George (ed.), *The Autonomy of Law: Essays on Legal Positivism*, Oxford Clarendon Press, 1996.

Fon Coomans, "In Search of the Core Content of the Right to Education", In Audrey R. Chapman and Sage Russell (eds.), *Core Obligations: Building a Framework for Economic, Social and Cultural Rights*, Inersentia Press, 2002.

Robert Alexy, *A Theory of Constitutional Rights*, Translated by Julian Rivers, Oxford University Press, 2002.

Leonor Moral Soriano, "A Modest Notion of Coherence in Legal Reasoning: A Model for the European Court of Justice", *Ratio Juris*, 2003 (16).

Alexsander Peczenik，Scientia Juris，*Legal Doctrine as Knowledge of Law and as a Source of Law*，Springer，2005.

六 报纸

苗华杰、刘俊超：《制度建设一体化 公共服务均等化》，《中国劳动保障报》2014 年 12 月。

李飞：《坚决贯彻宪法精神 加强宪法实施监督》，《人民日报》2018 年 3 月。

朱宁宁：《维护宪法权威，合宪性审查如何破局》，《法制日报》2018 年 1 月。

胡润忠：《"协商民主"还是"审议民主"——关于"Deliberative Democracy"的翻译问题》，《中国社会科学报》2009 年 9 月。

朱之文：《把宪法教育融入国民教育全过程》，《人民日报》2017 年 12 月。

图书在版编目(CIP)数据

社会权限制的原理、要素及其控制机制 / 朱军著. -- 北京：社会科学文献出版社，2021.6
ISBN 978-7-5201-8659-9

Ⅰ.①社… Ⅱ.①朱… Ⅲ.①公民权-研究 Ⅳ.①D911.04

中国版本图书馆 CIP 数据核字（2021）第 136458 号

社会权限制的原理、要素及其控制机制

著　　者 / 朱　军

出 版 人 / 王利民
责任编辑 / 高　媛

出　版 / 社会科学文献出版社·政法传媒分社（010）59367156
　　　　　地址：北京市北三环中路甲 29 号院华龙大厦　邮编：100029
　　　　　网址：www.ssap.com.cn

发　行 / 市场营销中心（010）59367081　59367083
印　装 / 三河市尚艺印装有限公司

规　格 / 开　本：787mm×1092mm　1/16
　　　　　印　张：19　字　数：292 千字

版　次 / 2021 年 6 月第 1 版　2021 年 6 月第 1 次印刷

书　号 / ISBN 978-7-5201-8659-9
定　价 / 98.00 元

本书如有印装质量问题，请与读者服务中心（010-59367028）联系

版权所有 翻印必究